NA ARENA DO MARKETING POLÍTICO

Dados Internacionais de Catalogação na Publicação (CIP)
(Câmara Brasileira do Livro, SP, Brasil)

Na arena do marketing político : ideologia e propaganda nas campanhas presidenciais brasileiras / Adolpho Queiroz (organizador). – São Paulo : Summus, 2006.

Bibliografia.
ISBN 85-323-216-5

1. Campanha eleitoral – Brasil 2. Eleição – Brasil 3. Marketing político – Brasil 4. Partidos políticos – Brasil I. Queiroz, Adolpho.

06-4870 CDD-324.730981

Índices para catálogo sistemático:

1. Brasil : Campanhas presidenciais : Marketing político : Ciência política 324.730981
2. Brasil : Marketing político eleitoral : Ciência política 324.730981

Adolpho Queiroz
(organizador)

NA ARENA DO MARKETING POLÍTICO

IDEOLOGIA E PROPAGANDA NAS CAMPANHAS PRESIDENCIAIS BRASILEIRAS

summus
editorial

NA ARENA DO MARKETING POLÍTICO
Ideologia e propaganda nas campanhas presidenciais brasileiras

Editora executiva: **Soraia Bini Cury**
Assistente de produção: **Claudia Agnelli**
Edição de texto: **Waldemar Kunsch**
Capa: **Ana Lima**
Projeto gráfico: **Sheila Fahl / Casa de Idéias**
Diagramação: **Raquel Coelho / Casa de Idéias**
Fotolitos: **Casa de Tipos**

Summus Editorial
Departamento editorial:
Rua Itapicuru, 613 – 7º andar
05006-000 – São Paulo – SP
Fone: (11) 3872-3322
Fax: (11) 3872-7476
http://www.summus.com.br
e-mail: summus@summus.com.br

Atendimento ao consumidor:
Summus Editorial
Fone: (11) 3865-9890

Vendas por atacado:
Fone: (11) 3873-8638
Fax: (11) 3873-7085
e-mail: vendas@summus.com.br

Impresso no Brasil

Sumário

Prefácio

Eis aqui uma densa contribuição para a compreensão de alguns ciclos políticos do período republicano, analisados a partir de um olhar sobre o fenômeno que se convencionou chamar de marketing político, dentro do qual se dá ênfase ao eixo da comunicação em campanhas presidenciais. De início, uma observação que julgo pertinente para balizar esta ligeira reflexão. Marketing é um sistema-meio, com regras e métodos próprios de produção, e, como tal, se propõe servir à esfera mais ampla que o abriga, no caso, a esfera maior, o próprio sistema político. Ainda: o marketing não se restringe ao eixo da comunicação, como se tem feito entender no país. Abriga, além de vasta rede de comunicação, outros vetores como a pesquisa, o discurso, a articulação social e política e a mobilização das massas. Com esse escopo, o marketing político expressa um conjunto de formas e meios de operar a política, mudando seu *modus operandi* no tempo e no espaço. O marketing político é ciência, arte e técnica que se alimentam dos climas sociais, das identidades de atores principais e secundários, da geografia ambiental, do clima das circunstâncias, do sistema normativo, e, por conseqüência, é um espelho que projeta a imagem da própria cultura política.

Nesse sentido, a leitura de abordagens, perfis, nuanças, eventos e estratégias de marketing político – objeto do presente conjunto de estudos – aponta para alguns ciclos políticos por que tem passado o país. Se há, porém, vetores imutáveis e intransferíveis nas etapas históricas do marketing desenvolvido entre nós, certamente incluem-se entre eles a improvisação, a intuição, a relatividade. Somos uma civilização dos Trópicos e, assim, acolhedora de uma maneira de ser identificada com vícios e mazelas provenientes do primeiro estágio civilizador. Quem não esbarra, todos os dias, com a(s) linguagem/atitudes do patrimonialismo autoritário ("você sabe com quem está falando?"), do corporativismo, da criatividade/sinuosidade ("jeitinho" brasileiro), da desorganização, do fingimento, cacoetes culturais que uma cultura anglo-saxã jamais admitiria? O Brasil, dentro dessa configuração, pode dizer que tem especificidades bem interessantes. Diz-se, até, que dos quatro tipos de sociedade que se conhecem, nosso país é uma delas: a inglesa, a mais civilizada, que permite tudo, com exceção do que é proibido; a alemã, em que tudo é proibido, salvo o que é permitido; a totalitária, em que tudo é proibido, mesmo aquilo que é permitido; e a brasileira, em que tudo é permitido, inclusive o que é proibido.

Convivemos com um estado de anomia e desorganização, desvios que se transferem para os mecanismos de operação da política. Por isso, as atividades de marketing, entre nós, são eivadas de desconfiança. Vende-se, freqüentemente, gato por lebre. Não por acaso, profissionais do marketing contemporâneo estão no olho do furacão que devasta as imagens dos sistemas político e governamental. É evidente que a modernização acarreta mudanças na ação e nas atitudes políticas. Já não podemos contar com a matreirice das velhas raposas políticas, que ditavam costumes e moda. Ontem, víamos um fingimento com certo traço de vivacidade, brincadeira, compadrio, alegria e festa. A expressão manhosa dos grandes mestres da política fez história. Benedito Valadares encontra José Maria Alkmin no aeroporto de Belo Horizonte. Pergunta: "Alkmin, para onde você vai?". Resposta: "Para Brasília". O matreiro Valadares despede-se, sai de lado e revida: "Ele está dizendo que vai para Brasília para eu pensar que ele vai para o Rio. Mas ele vai é para Brasília mesmo". Hoje, os caminhos de Brasília levam direto aos corredores das CPIs.

Naqueles tempos, a improvisação falava alto. Digamos que o marketing era essencialmente movido pela intuição dos personagens. Uso a brecha que este livro me concede, quando retrata o perfil de Getúlio Vargas, encaixando-o na moldura do Estado Novo, para dizer que, na campanha presidencial de 1950, o chamado espírito de marketing começou a se infiltrar no corpo político. Ao percorrer todos os estados brasileiros, fazendo pronunciamentos que expressavam a realidade imediata das localidades, demonstrando conhecer as demandas das populações locais, Vargas se apresentava como precursor do marketing contemporâneo. Foi um mestre na arte de dizer bem as mensagens para as massas certas no lugar adequado, um dos segredos do marketing. Foi exímio até na ênfase que deu ao personalismo. Em São Gabriel, no Rio Grande do Sul, no comício de 29 de setembro de 1950, dizia: "Eu não venho, propriamente, em nome de partidos. Eu fui chamado pelo povo e venho em nome do povo para a defesa de seus interesses, só tendo compromissos com este povo".

Pegando carona nos bem construídos estudos expostos neste livro – aliás, maneira mais ligeira de ajustar o prefácio –, não me furto a pequenos comentários sobre outros perfis descritos. A Juscelino, por exemplo, pode-se atribuir a inauguração de uma proposta de campanha mais estruturada, com eixo forte no discurso (50 anos em 5 – Plano Qüinqüenal), deslocamentos rápidos pelo território a bordo de um DC-3, ampla mobilização das massas e, ainda, uma caminhada cívica pelo país regada de simpatia e emoção, ingredientes presentes no largo sorriso e nos abraços acolhedores que repartia com todos. Ponho ênfase na emoção, pela forte presença desse fator nos episódios e campanhas políticas que se arrastam no Brasil, desde a década de 1950, e que chega exaurido nesse começo de terceiro milênio.

De Jânio, pode-se garantir que foi o mais intuitivo e criativo dos nossos presidentes em matéria de marketing político. Figurava nos espaços da mídia quando queria, pois sabia engendrar versões para os fatos. Tancredo Neves, que não chegou a assumir, era um sábio. Por ocasião dos debates entre os pré-candidatos, em 1985, foi à Faculdade Cásper Líbero debater com uma grande platéia a sua visão de Brasil, convidado pelo Departamento de Jornalismo, sob minha chefia. Depois, fomos jantar em um restaurante dos Jardins, acompanhados de alguns professores e do ex-prefeito Olavo Setúbal, seu grande amigo. Depois do banquete, com vinhos, de repente, lá pela meia-noite, no meio de uma pergunta que lhe fiz, fechou os olhos como se estivesse embalado nos braços de Morfeu. Olavo Setúbal, diante do meu pequeno susto, arrematou com um jeito brincalhão, para risos gerais: "Quando ele fecha os olhos, é para dizer que está na hora de ir embora. Mas não está dormindo, não". Confesso que vi um ligeiro sorriso cair pelos cantos da boca. Era uma raposa.

José Sarney inaugurou a comunicação em grande estilo. Seu assessor de imprensa, Fernando César Mesquita, organizou um Conselho de Comunicação, composto de 25 nomes do primeiro time da comunicação brasileira – jornalistas, publicitários, relações públicas – no qual desempenhei o papel de secretário executivo, que era, no fundo, o organizador dos encontros do grupo. Planos, idéias, projetos foram apresentados. Concluímos: o governo precisa gerar fatos positivos. A comunicação não faz milagres. Sugeri a dissolução do Conselho de Comunicação, como forma de sustar a reversão de expectativas dos profissionais integrantes. Collor inaugurou o marketing exacerbado, aquele do *cooper* diário, ele na frente, os jornalistas atrás. Era um marketing de *performances*. O homem chegou a pilotar um supersônico. Coisa de maluco. Deu no que deu. O marketing não sustenta governantes que constroem castelos de areia. Itamar passou rápido, com seu jeito histriônico e um topete que apontava ora para a esquerda, ora para a direita. Não se sabia o que falaria, para quem e quando. Mas fez o Plano Real e isso justificou a passagem. Fernando Henrique Cardoso, o nosso *scholar*, deu muitas aulas na Escola do Planalto e o marketing pegou bem a sua identidade, principalmente na carona da estabilidade econômica e do programa de privatizações, sobre os quais montou a base para projeção de imagem.

E aí Lula chega com toda a pompa e circunstância, banhado de emoção, iluminado de razão, cheio de aplausos, locupletado de ética. Mais de 53 milhões de votos e esperanças renovadas. O marketing lulista não conseguiu segurar as pontas do maior escândalo de corrupção da história contemporânea. Mas Lula fala para os fundões. Por isso, tem imagem melhor do que a de seu governo. Dá poucas entrevistas, mas é um verborrágico. Fez, em três anos, mais discursos do que todos os seus antecessores no período pós-militar.

Concluo essa rápida achega na certeza de que preparei apenas um aperitivo. As diversas abordagens sobre personagens e sua comunicação, contempladas por essa importante coleção de estudos, serão seguramente sorvidas com mais gosto. O professor Adolpho Queiroz mostra, mais uma vez, que é um craque em matéria de organização de trabalhos de comunicação, sendo ele mesmo um mestre na pesquisa.

São Paulo, 9 de março de 2006.

GAUDÊNCIO TORQUATO
Professor, jornalista e consultor de comunicação

Apresentação

O livro *Na arena do marketing político* discute aspectos contemporâneos da pesquisa científica sobre esta temática. Foi desenvolvido em torno de dois grandes eixos: a discussão teórica sobre a utilização do marketing político; e as estratégias comunicacionais de campanhas presidenciais brasileiras no período republicano.

Contribuíram decisivamente, para sua concretização, professores e estudantes do Programa de Pós-Graduação em Comunicação Social da Universidade Metodista de São Paulo, onde desenvolvemos há anos um projeto de pesquisa ligado à recuperação da história das eleições presidenciais da óptica da propaganda política.

A primeira parte reproduz três estudos mais abrangentes. O primeiro relaciona-se com a origem e o significado dos estudos sobre marketing político no continente latino-americano, a partir da literatura já disponível. O segundo analisa as questões da linguagem no tratamento das campanhas eleitorais pela mídia impressa, tomando como base o segundo turno das eleições de 2002, em que concorreram os candidatos José Serra (PSDB) e Luiz Inácio Lula da Silva (PT). E o terceiro deixa entrever como é possível fazer política explorando essa nova arma estratégica de comunicação a distância que é a rede digital do ciberespaço.

A segunda parte traz nove trabalhos sobre as eleições presidenciais brasileiras de períodos distintos de nossa história republicana, do primeiro presidente civil, ainda na Velha República, Prudente de Moraes (1894-1898), até o penúltimo presidente da Nova República, instaurada em 1985, Fernando Henrique Cardoso (1995-2002). Elas são analisadas por uma série de autores que, nos últimos anos, pesquisaram como os candidatos se valeram da imprensa, do rádio, da televisão e, mais recentemente, da internet, além de uma infinidade de outros recursos em suas campanhas para a presidência da República.

Se os eleitores brasileiros se surpreenderam com o marqueteiro Duda Mendonça vestindo Lula com ternos Armani e gravatas italianas, nas eleições de 2002, é porque desconhecem a vaidade de Prudente de Moraes, que, mais modesto, recorreu ao seu alfaiate no Rio de Janeiro, no final do século XIX, encomendando-lhe jaquetões novos para se apresentar ao público eleitor. Ou se alguns ainda ficaram meio atônitos ao ver o candidato Lula começando a manhã em Macapá (AP), no extremo Norte, passando outra parte do dia em Palmas (TO), no Centro-Oeste, e terminando a noite em um comício em Joinville (SC), perto do extremo Sul, é porque ignoram que, já na década de 1950, Juscelino Kubitscheck fez uso intenso do avião ("JK tá cá e lá..."), levando sempre na pasta uma agenda pré-formatada de encontros, que incluíam invariavelmente, nesta ordem, a imprensa, a Igreja e, por fim, os políticos locais.

Das fotografias que, nas décadas de 1930 e 1940, Getúlio Vargas, inspirado no regime fascista de Benito Mussolini, fazia espalhar nas repartições públicas brasileiras, à famosa vassoura de Jânio Quadros, o mais notório ícone do marketing brasileiro contemporâneo, no final dos anos 1950. Dos *jingles* cantados pelos maiores artistas de meados da década de 1960, na campanha de José Sarney para o governo do Maranhão, antes de tornar-se, depois, presidente do Brasil, ao profissionalismo da campanha de Tancredo Neves, construída por um *pool* de catorze agências de publicidade, nos anos 1980. Tudo isso retrata um pouco do vasto e diversificado universo de artifícios comunicacionais empregados para seduzir a sociedade em torno do voto e da construção da imagem pública dos candidatos.

E, mais recentemente, das estratégicas encenações rituais de Fernando Collor de Mello ("repare que isto parece um teatro de arena"), no final dos anos 1980, à leitura atenta que os consultores de Fernando Henrique Cardoso, em meados da década de 1990, fizeram de Peter Burke, trazendo à tona indícios das origens do marketing político, iniciado de alguma forma com o monarca francês Luís XIV, é possível compreender a sofisticação por que passaram os suportes midiáticos como instrumento de aproximação entre os candidatos, os veículos e a sociedade.

Um passeio ao longo das próximas páginas levará o leitor a conhecer um pouco mais de nossa história política republicana, escrita, de forma talvez inédita, com base em conceitos da propaganda política e ideológica, mostrando que cada um dos presidentes eleitos teve um comportamento singular e único nos diferentes períodos eleitorais. E a entender como a mídia do país, em sua evolução, desvelando novidades a cada campanha, contribuiu para transformar idéias em debate; convicções, em arte; criatividade, em votos.

Que esta obra inspire pesquisadores e estudantes, profissionais e políticos, a compreender adequadamente e com respeito o aporte da comunicação aos processos eleitorais brasileiros da contemporaneidade. Cremos que ela preenche parcialmente uma lacuna existente neste campo. Nosso trabalho de pesquisa continuará e, certamente, outras histórias e percepções ainda virão.

Adolpho Queiroz
Membro da Associação Brasileira de
Consultores Políticos (Abcop),
vice-presidente da Sociedade Brasileira de
Estudos Interdisciplinares da Comunicação (Intercom).

PRIMEIRA PARTE

Na arena do marketing político

*Habermas lamenta que "uma representação pública de interesses privados individuais ou, então, coletivos" tenha sido, desde o início, comprometida pela falta de separação entre os interesses econômicos e políticos, a começar pelos jornais. "À mesma época em que, através da propaganda publicitária, penetrava na esfera pública a concorrência horizontal dos interesses dos donos de mercadorias entre si, os fundamentos do capitalista concorrencial já haviam penetrado enquanto tais nas lutas dos partidos. Também a concorrência vertical entre contraditórios interesses de classes havia ingressado no âmbito da esfera pública." Mattelart chama a atenção para o que Habermas via como a restauração dos traços feudais da opinião, provocada pela substituição da argumentação pública (a troca de argumentos racionais entre os indivíduos, o confronto de idéias e pontos de vista divergentes) por opiniões e consensos fabricados (manipulados, padronizados, massificados) pela cultura de massa, conforme os interesses comerciais em jogo. Habermas aponta que o desenvolvimento das técnicas de relações públicas, a partir dos anos 1950, é um outro fator a contribuir para o que chama de "encenação". Se antes a propaganda tinha como destinatários consumidores imediatos, agora os "*public relations*" atuavam mascarando intenções comerciais ou políticas como se fossem de interesse geral.*

Eduardo Cavalcanti e Sebastião Squirra

1

Ideologia e propaganda política na literatura latino-americana

Adolpho Queiroz*

O continente latino-americano tem experimentado, ao longo de sua história, impactos diferentes para as ações comunicacionais no campo do marketing político. Esta expressão começou a ser utilizada por profissionais dos Estados Unidos para definir ações estratégicas de comunicação aplicada em eleições democráticas de todos os níveis, que propiciaram a militantes e pesquisadores do campo um perfil técnico muito desenvolvido e uma produção científica bastante respeitada.

Sobre essa herança norte-americana o Brasil tem assistido a debates que, entre outros aspectos, destacam que "todos os candidatos de esquerda ou direita estão em busca do que dizer, pois é a economia globalizada que dá o tom dos acontecimentos. Políticos são ir-

* Adolpho Queiroz, membro da Associação Brasileira de Consultores Políticos (Abcop), é docente do Programa de Pós-Graduação em Comunicação Social da Universidade Metodista de São Paulo, onde é responsável pelo projeto de pesquisa "Comunicação e Marketing Político". Este texto foi originalmente apresentado no VII Celacom - Colóquio Internacional sobre a Escola Latino-Americana de Comunicação, promovido pela Cátedra Unesco-Umesp de Comunicação para o Desenvolvimento Regional, em 2003. Integra também outra obra, coordenada pelo autor, *Marketing político brasileiro: ensino, pesquisa e mídia* (Queiroz, 2005). E-mail: adolpho.queiroz@metodista.br.

relevantes num mundo administrado globalmente", conforme disse Dick Morris no Maxivoto, encontro internacional de marketing político realizado em abril de 2002, em São Paulo (cf. Queiroz, 2002). Ou como salientou, no mesmo evento, Joe Napolitan, um dos mais antigos e conceituados consultores de marketing político:

> Hoje os consultores americanos dão sugestões em eleições nos vários continentes, porque os aviões a jato reduziram as distâncias, a internet nos aproximou dos vários problemas mundiais e a pesquisa aplicada ganhou relevo, a ponto de existir na Manchúria, uma antiga parte das repúblicas socialistas soviéticas, empresas especializadas em marketing político da maior qualidade e eficiência, coisa impensável há cinqüenta anos (*apud* Queiroz, 2002).

Aliás, hoje a Rússia possui um dos mais prestigiados institutos de pesquisa de opinião pública, o Russian Public Opinion and Market Research, organização independente sediada em Moscou, que mostra como as pesquisas de opinião podem orientar os discursos dos candidatos a vários cargos públicos. Os resultados das primeiras eleições parlamentares pós-soviéticas e pós-comunistas na Federação, em 1993, chocaram cidadãos, políticos e analistas políticos russos e foram ainda mais importantes porque, diferentemente do que ocorrera nas décadas anteriores, a opinião pública tem agora um papel no país e, de fato, influencia a política russa.

Na América Latina, em razão dos vários períodos de ditadura vividos em países que a compõem, o desenvolvimento das ações profissionais, bem como da pesquisa científica, sofreu as pressões e indiferenças peculiares aos tipos de regimes implantados: do jornal Granma do partido único de Cuba, passando pelo período da ditadura militar no Brasil, de 1964 a 1985, quando os jornais publicavam receitas de bolo e poemas para preencher os espaços de matérias censuradas, coube ao jornalismo engajado a primazia de oferecer suporte profissional aos políticos para a realização de campanhas eleitorais diferenciadas. Só algum tempo depois é que publicitários, relações-públicas e sociólogos, com suas pesquisas de opinião pública, empresários de segmentos como gráficas e fábricas de brindes, além de compositores populares, passaram a prestar atenção à propaganda política como atividade de mercado.

Outro fator que contribuiu para a expansão do tema e do interesse de profissionais e pesquisadores por ele, especialmente a partir dos anos 1990, foi a inserção, no universo virtual, de *sites* especializados em propaganda política, como os norte-americanos vote.com, freedomchanel.com, grassroots.com, speakout.com ou politicalwag.com, que oferecem uma cobertura contínua das campanhas e veiculam desde *video-on-demand* até notícias e documentários sobre os candidatos. Além destes, o universo virtual oferece hoje artigos especializados, referências a cursos de marketing político, notícias, debates, difusão de atividades partidárias que têm incentivado a troca de idéias e o repensar das atividades neste campo. O provedor Google, um dos *sites* especializados em pesquisa, disponibiliza, por exemplo, milhares de documentos sobre marketing político a quem se dispuser a acessá-lo, passando informações não só sobre acontecimentos no continente latino-americano, mas também da Europa, da América do Norte, da Ásia e da África.

Ressalte-se igualmente o esforço das sociedades científicas ligadas à comunicação – e também aos campos de história, sociologia e psicologia –, que têm reservado espaço, em seus congressos anuais, para a difusão de assuntos de marketing político e publicidade eleitoral, bem como o estudo da imagem pública dos atores políticos. Mencionem-se, por exemplo, a Intercom (Sociedade Brasileira de Estudos Interdisciplinares da Comunicação), com seu Núcleo de Pesquisa sobre Publicidade e Propaganda, a Compós (Associação Nacional de Programas de Pós-Graduação em Comunicação), com seu Grupo de Trabalho sobre Comunicação e Política, e a Alaic (Asociación Latinoamericana de Investigadores de la Comunicación), com seu Grupo de Trabalho sobre Comunicação e Política.

Além disso, temos entre nós a experiência da Abcop (Associação Brasileira de Consultores Políticos), fundada em junho de 1991, por Carlos Manhaneli, que promove seminários, palestras e congressos em todo o país. A entidade possui também o *site* www.abcop.com.br, que funciona como fórum para a discussão de profissionais e pesquisadores. Ela é filiada às congêneres latino-americana e internacional, que são, respectivamente, a Alacop (Asociación Latinoamericana de Consultores Políticos) e a IAPC (International Association of Political Consultants).

Estudos pioneiros no Brasil e na América Latina

A tradução do livro *A mistificação das massas pela propaganda política*, do russo Serge Tchakhotine, em 1967, feita por Miguel Arraes, é, sem dúvida, o marco para a compreensão destes estudos em nosso país. Tchakhotine faz uma leitura cuidadosa da utilização de técnicas psicológicas para o convencimento das massas. Discute a psicologia como ciência exata, mostra aspectos do mecanismo psíquico, aponta os impactos da psicologia social sobre o comportamento dos indivíduos e chega finalmente a uma densa discussão teórica sobre o simbolismo da propaganda política, buscando exemplos no nazifascismo europeu e mesmo na antiga União Soviética após Lênin, Trotski e Stalin. Outra tradução marcante, publicada na época pela Difusão Européia do Livro, foi a do livro do francês Jean-Marie Domenach, *A propaganda política,* editada originalmente pela Imprensa Universitária Francesa, em 1950, em que o autor caracteriza as categorias históricas e sociais da propaganda política no mundo.

A compreensão teórica do marketing político no Brasil inicia-se pela publicação de estudos de especialistas da área, jornalistas e publicitários, que começaram a colocar no papel experiências profissionais vivenciadas, como os casos de José Marques de Melo, Nelson Jahr Garcia, Nei Figueiredo, Joseph Luyten, Ronald Kuntz, Carlos Brickmann e Gaudêncio Torquato.

Do ponto de vista ideológico, dois estudos marcam o pioneirismo deste campo no Brasil: os livros, editados na década de 1980, *O que é propaganda ideológica* e *Sadismo, sedução e silêncio*, de Nelson Jahr Garcia, falecido em 2002. No primeiro, o autor identifica do ponto de vista teórico o que representam: a propaganda ideológica, para formar as idéias e os comportamentos dos indivíduos e com isso orientar o comportamento social; o controle ideológico, para que grupos e indivíduos não tenham condições de perceber a realidade e fiquem impedidos de ter sua própria opinião; a contrapropaganda, pelo emprego de técnicas que visam amenizar o impacto das mensagens opostas; a difusão, através de uma codificação ideológica, especialmente de forma oral e não-sistemática; e, por fim, os efeitos da propaganda ideológica, que busca persuadir a sociedade para as idéias de determinados grupos que buscam o poder. No segundo livro, Garcia fez um inventário das ações comunicacionais durante o regime militar do Brasil, mostrando os esforços feitos pelos sucessivos governos ditatoriais para manter as consideráveis distâncias existentes entre a emergente indústria nacional/multinacional, contra o poder de sindicatos e associações profissionais organizadas, para garantir o discurso desenvolvimentista, apregoado especialmente por ideólogos instalados na Aerp (Assessoria Especial de Relações Públicas), criada para garantir a visão unilateral do governo sobre a sociedade nos meios de comunicação social da época.

Década de 1980: dos manuais à compreensão histórica

Dos anos 1980, várias contribuições foram balizadoras e permanecem bastante atuais para o estudo do marketing político e da comunicação especializada nesta área. Em *Comunicação e populismo*, José Marques de Melo reuniu um conjunto de especialistas que trataram do tema-título no III Congresso Brasileiro de Estudos Interdisciplinares da Comunicação, da Intercom. Destacam-se na obra os artigos sobre a emergência do populismo no contexto latino-americano, de Maria Ligia Prado; a comunicação populista no Brasil, de José Salvador Faro, discorrendo sobre o DIP (Departamento de Imprensa e Propaganda) e a Secom (Secretaria de Comunicação); e o populismo na imprensa, de Maria Helena Capelato, abordando os jornais *Última Hora* e *Notícias Populares;* além das interfaces do populismo no rádio e na televisão, em textos assinados por Elizabeth Carmona, Geraldo Leite e Luis Fernando Santoro. O livro, conforme dizia Marques de Melo no prefácio, representava "uma busca do significado político da comunicação nos processos de manipulação das massas em governos que buscam a legitimação para projetos reformistas destinados a neutralizar a ascensão hegemônica das classes trabalhadoras".

Depois disso vamos encontrar na obra *A eficiência a serviço do candidato,* de Ronald Kuntz e Joseph Luyten, uma primeira tentativa de construir um manual de orientação aos candidatos, discutindo questões como o marketing político e as condições brasileiras, sua aplicação às campanhas eleitorais, a escolha da plataforma, imagem, símbolo e *slogan*, a propaganda e os veículos de comunicação, a importância da informação, o poder da imprensa e a necessidade de constituição de uma boa assessoria neste campo. O livro traz ainda informações sobre como confeccionar materiais eleitorais, como orientar cabos eleitorais, como acertar o alvo estratégico e atingir o eleitorado. Mostra também como planejar campanhas e construir orçamentos adequados, além de defender a necessidade de realização de um marketing político pós-eleitoral.

Eleições no Brasil pós-64, de Raimundo Pereira, José Carlos Ruy e Álvaro Caropreso, editado em 1984, inicia a trajetória da contribuição dos jornalistas como observadores dos processos eleitorais brasileiros. Neste livro, da Global Editora, os autores recuperam suas percepções sobre o golpe militar que não deu certo, elencando suas convicções sobre um Brasil democrático a ser construído no futuro. A obra discute temas como as regras eleitorais sob o regime militar, a violação das regras eleitorais e seus respectivos resultados, bem como analisa os votos oposicionistas e termina com uma síntese cronológica sobre a legislação eleitoral no Brasil.

Em 1985 foi editado o livro *Direto ao poder: estratégias de marketing político*, escrito pelo advogado, publicitário, jornalista e administrador Nei Lima Figueiredo, que já naquela época apontava para a necessidade de profissionalização dos comunicadores para esta importante área estratégica. No primeiro capítulo do livro, o autor discute a presença do marketing político a partir da escola norte-americana, passando pelos efeitos da guerra psicológica nas duas grandes guerras mundiais. Trata-se de um relato histórico e balizador para compreender o fenômeno mundial.

No mesmo ano, foi editado o livro *Marketing político e governamental*, de Gaudêncio Torquato, que, além de noções gerais sobre a ação prática do marketing político no Brasil, dedica capítulos a nichos de mercado específicos do interior do país e ao marketing político governamental. Dele vieram as primeiras noções oferecidas a políticos de todo o Brasil, não apenas sobre como fazer marketing político em períodos eleitorais, mas também sobre como manter as suas estratégias de comunicação quando de sua eleição para cargos públicos. Gaudêncio Torquato também lançaria, em 2002, outras duas obras, que se somam à sua intensa contribuição para a percepção do campo. Na primeira, *Tratado de comunicação organizacional e política*, discute conceitos da área e formas e usos do poder, além de mostrar nuances de comunicação e marketing em campanhas eleitorais. Na outra, *A velha era do novo: visão sociopolítica do Brasil*, reúne suas crônicas políticas editadas em mais de sessenta jornais diários do país, apresentando cenários e atores deste intrincado jogo e seu tangenciamento com a área de comunicação.

Do jornalista José Nêumanne vamos encontrar, em 1989, um livro-reportagem que procura reconstituir os bastidores da primeira eleição direta para presidente da República no Brasil após a ditadura militar encerrada em 1985. O autor descreve os bastidores daquela eleição, que lançou cerca de trinta candidatos ao cargo: do então desconhecido Fernando Collor de Mello, passando por Lula, Mário Covas, Aureliano Chaves, Leonel Brizola, Ulysses Guimarães, entre outras figuras de maior ou menor peso no cenário político do Brasil naqueles dias. *Atrás do palanque: os bastidores da eleição de 1989* é um livro que ajuda a compreender bem aquele momento.

Os anos 1990: das práticas ao profissionalismo

Com a liberalização do regime militar e a realização de eleições diretas em vários níveis, também os acadêmicos e profissionais ligados ao campo do marketing político foram deixando contribuições de um novo caráter para os leitores. Como, por exemplo, o livro *A vida é um palanque: os segredos da comunicação política*, do jornalista e consultor Carlos Brickmann, editado em 1994, em que o autor é apresentado por figuras colocadas no amplo espectro do cenário eleitoral brasileiro, como Marco Maciel, José Serra, Paulo Maluf, Aloizio Mercadante, Luiz Antonio Fleury Filho e José Eduardo de Andrade Vieira[1]. Com isso Brickmann dizia – com o seu bom humor peculiar – que a tarefa do marqueteiro é profissional e que os políticos colocados nas prateleiras ideológicas, do socialismo ao liberalismo, precisavam, todos eles, do apoio de entendidos nesta importante área. Este livro é a reunião de um conjunto de percepções do autor sobre personagens e ações de comunicação política, enveredando por Jânio Quadros e por políticos mais contemporâneos.

Brickmann voltaria a nos brindar, em 1998, com um livro intitulado *1º guia básico do candidato*, que, escrito em parceria com Norma Alcântara e Fernando Natividade, se propunha ser um manual de orientação para os candidatos. Ele discute como nasce uma candidatura, como se faz para entrar em uma disputa eleitoral, regras básicas de planejamento, processos de captação de recursos para o financiamento de campanhas, a importância de um comitê para esta atividade, além de orientar os leitores-candidatos quanto aos procedimentos corriqueiros nesta área. A grande novidade do guia é que,

---

[1] O livro contém as diferentes percepções que essas personalidades tiveram da convivência com Brickmann.

após as primeiras noventa páginas do texto, ele se transforma em um indicador de empresas especializadas em materiais de campanhas (camisetas, bonés, *bottons, jingles*, impressos, peças sonoras, entre uma infinidade de outros brindes eleitorais), pesquisas de opinião pública etc. Pela primeira vez, na breve história do marketing político no Brasil, um livro mesclou considerações acadêmicas e aspectos utilitários ligados à indústria que dá suporte ao marketing político.

Outra contribuição no campo pragmático, naquele período, foi o livro de Sérgio "Arapuã" de Andrade, *Como vencer eleições usando tv e rádio: os caminhos da vitória para prefeito, vereador, governador, deputado ou qualquer cargo eletivo em sindicatos, associações, grêmios etc.* Editado em 1996, ele fala de temas como a construção da imagem, o boato, o *slogan*, a importância da unidade de uma campanha pública. E entra em pormenores sobre como candidatos a cargos majoritários ou proporcionais devem se comportar diante de meios que passaram a ser empregados com mais freqüência, como o rádio e a televisão, oferecendo dicas importantes sobre o relacionamento entre candidato e veículo. Pela primeira vez na história do marketing político, Arapuã mostrava que não apenas candidatos oriundos de partidos políticos poderiam ser beneficiários daquelas ações, mas, igualmente, sindicalistas, pretendentes a cargos em associações de classes ou comunitárias, para serem bem-sucedidos na tarefa de conquistar eleitores e simpatizantes. Mesmo sendo um livro pragmático, quem se dispuser a percorrer a bibliografia oferecida pelo autor ao final, encontrará textos balizadores do pensamento comunicacional mundial nos campos da opinião pública e da propaganda política.

Há ainda dois outros estudos históricos da década de 1990: *Multidões em cena: propaganda política no varguismo e no peronismo*, de Maria Helena Capelato (1998), e *Rádio e política: tempos de Vargas e Perón*, de Dóris Fagundes Haussen. Enquanto Capelato percorreu o material impresso em cartilhas e os eventos feitos pelos dois governantes de Brasil e Argentina, mostrando suas similaridades, Haussen inventariou a contribuição que Perón e Vargas deram ao desenvolvimento do discurso político no rádio, na década de 1920.

O marketing político e o século XXI

Do período contemporâneo há que se destacar, especialmente, as contribuições de pelo menos três autores: Venício Artur de Lima, da Universidade de Brasília; Neusa Demartini Gomes, da Pontifícia Universidade Católica do Rio Grande do Sul; e Antonio Albino Canelas Rubim, da Universidade Federal da Bahia.

Venício Lima, com seu livro *Mídia, teoria e política* (2001), retoma com um novo olhar o conceito que emitiu sobre o Cenário de Representação Política (CRP). Ele consegue confirmar, com bases científicas, que algumas eleições são decididas bem antes de o próprio eleitor ir às urnas. Seu ponto de partida foi o estudo clássico que realizou nas eleições de 1989, vencidas por Fernando Collor, mas ganhas, segundo ele, seis meses antes, ao utilizar a técnica do CRP.

Neusa Demartini Gomes, com os estudos e as orientações que faz na PUC/RS, ao editar o seu *Formas persuasivas de comunicação política: propaganda política e publicidade eleitoral* (2001), também avança para ampliar nossa compreensão sobre estratégias de campanhas eleitorais veiculadas pela mídia.

Este cenário se completa com os estudos desenvolvidos pelo Núcleo de Pesquisa sobre Comunicação e Política, da Universidade Federal da Bahia, sob a direção de Antonio Albino Canelas Rubim. Seu livro *Comunicação e política* (2000) mostra os novos conceitos que tem procurado desenvolver para o campo, criando, entre outros, o de telepolítica, para ambientar a discussão e a solução dos embates eleitorais pela televisão, como forma contemporânea que substituiu comícios e grande parte dos contatos de rua.

Mencione-se, por fim, também a revista *Psicologia Política*, editada pela Sociedade Brasileira de Psicologia Política, criada em 10 de dezembro de 2000 e cujo primeiro número foi lançado em 2001. Trata-se de uma publicação que discute a interface entre a psicologia e o poder político, fazendo análises e estudos de caso, como, por exemplo, os publicados na edição de 2002, "Política da psicologia: o caso argentino" e "Psicologia política: principais contribuições norte-americanas no século XX (um estudo sobre as décadas de 1930 a 1970)".

Isto sem falar na diversificada contribuição trazida para o campo pela internet, por jornais especializados, institutos de pesquisas de opinião pública e partidos políticos.

América Latina: o Ciedla como agente de difusão

A contribuição da Fundação Konrad Adenauer, ligada ao Partido da Democracia Cristã, da Alemanha, tem sido fundamental para a realização de seminários, congressos e vários livros com ênfase no cenário latino-americano.

Saliento algumas destas contribuições, ocorridas no final dos anos de 1990. *Los partidos políticos en las constituciones y legislaciones* é o nome de uma das importantes obras editadas pelo Centro Interdisciplinar de Estudos sobre o Desenvolvimento Latino-Americano (Ciedla). O livro, organizado por Stefan Jost, doutor em ciências políticas, da Universidade da Bolívia, recupera toda a legislação partidária e eleitoral da Argentina, Bolívia, Brasil, Colômbia, Costa Rica, Chile, Equador, El Salvador, Guatemala, Honduras, México, Nicarágua, Panamá, Paraguai, Peru, Uruguai, Venezuela, Alemanha e Espanha, confrontando objetivos político-partidários e particularidades concernentes aos veículos de comunicação de massa.

Posteriormente, em 1999, a fundação reuniu um grupo de especialistas dos vários países, sob a coordenação de Frank Priess e Fernando Tuesta Soldevilla, e editou, em dois volumes, um estudo comparativo intitulado *Campañas electorales y medios de comunicación en América Latina*. Nele se destacam as eleições presidenciais e parlamentares, com a apresentação de números, tendências e impactos causados na sociedade pelos veículos de comunicação num momento de redemocratização do continente.

No mesmo ano, a fundação editou o livro *Globalización, democracia y medios de comunicación*, organizado por Joseph Thesing e Frank Priess, no qual se discutem aspectos éticos da comunicação, o impacto dos meios na sociedade e, especialmente, a presença da internet como mediadora e divulgadora das mensagens político-partidárias.

Por fim, mencione-se também o livro *Marketing político en Paraguay*, escrito por Thomas Otter, em que o autor faz uma análise econométrica das determinantes das decisões do eleitorado paraguaio nas eleições gerais de 1998 e nas eleições para vice-presidente de 2000. Trata-se da incorporação dos princípios da econometria como instrumento de análise capaz de confirmar tendências dos discursos feitos pelos candidatos.

A dimensão científica do marketing político

Se a ciência pressupõe, para o estudo dos seus objetos, resultados idênticos para procedimentos experimentais, analíticos ou interpretativos, eis que o conceito de marketing político surge como desafiador para ser entendido desta forma.

Sob o aspecto científico, o marketing político configura-se como uma atividade multidisciplinar. Ele tem interfaces com a administração, quando procura sistematizar e hierarquizar procedimentos a serem adotados por candidatos e/ou partidos (como a definição de uma agenda política pessoal ou a arrecadação de fundos para uma campanha eleitoral); com a psicologia, quando adota a persuasão como estratégia de comunicação (transformando candidatos sisudos em sorridentes, dogmáticos em populares, tristonhos em enfáticos); com a própria dimensão política, quando alinha candidatos e partidos em determinadas dimensões ideológicas (tendo que mostrar como candidatos socialistas, liberais ou social-democratas resolverão os problemas de emprego, educação ou saúde); e, por fim, com a publicidade eleitoral, que envolve a comunicação em diferentes veículos (tendo que mostrar conteúdos simbólicos, *slogans*, *jingles* e discursos que funcionam como marcas registradas de uma candidatura).

Dos vários estudos que temos realizado no Programa de Pós-Graduação em Comunicação Social da Universidade Metodista de São Paulo, vale destacar algumas idéias que apresentamos a seguir. No cenário do marketing político internacional é possível conhecer aspectos comparativos de comunicação política realizados em partidos do Brasil e do Canadá, a partir de organizações definidas previamente – Partido da Social Democracia Brasileira, Partido da Frente Liberal e Partido Verde, no Brasil, e Green Party of Ontario, Liberal Party e New Democratic Party, no Canadá. Os *sites* construídos por esses partidos transformaram-se em referência para o estudo, mostrando as proximidades e peculiaridades entre eles, bem como os depoimentos dos responsáveis pelos *sites*, que reforçaram as convicções de proximidade das ações desenvolvidas nos dois países.

A revolta dos marginais da terra, desde o Islã até a região de Chiapas (México), mostrou que, embora diferentes, a rebelião zapatista mexicana e a rebelião islâmica do Djamaa islamiya foram marcantes: uma, aparentemente vencedora, transformou-se em referência para o mundo, enquanto a outra, destruída pelo poder de fogo dos adversários, resultou numa imensidão de mortos. Embora com resultados diferentes, ambas tiveram igualmente proximidades na utilização de processos comunicacionais persuasivos, na divulgação pela internet e nos reflexos na mídia mundial, no noticiário impresso, no rádio e na televisão. Ambos os movimentos, além da guerra e das batalhas campais, conseguiram adeptos e simpatizantes em todo o mundo por conta da divulgação das suas ações.

O impacto das eleições presidenciais nos Estados Unidos, que culminaram com a eleição de George W. Bush em condições anormais para um país que se vangloria das suas conquistas democráticas, mostrou que, em qualquer outro lugar, o que sucedeu naquele país em 2000 teria sido chamado por seu nome verdadeiro, ou seja, fraude eleitoral. Diferentemente de outras eleições similares, elas não foram definidas pelo voto popular, nem pela influência dos meios de comunicação, mas pela decisão – por um voto de diferença – do

Supremo Tribunal de Justiça, trazendo ao processo as desconfianças inerentes à falta de transparência sobre o que efetivamente ocorreu durante as apurações.

As mudanças da comunicação política na América Latina têm sido evidentes. E a exportação de técnicas de pesquisa, produção televisiva e radiofônica, abordagens de relações públicas, publicidade, imprensa e marketing político tem conquistado grande público especializado e audiência em países que somente agora começam a construir rumos democráticos mais sólidos. Entre as ações desenvolvidas no continente, surgiram inúmeros centros de pesquisa, as principais páginas na internet (www.politicaenlinea.com) e as instigantes pesquisas contemporâneas levadas a efeito pelos estudiosos de marketing político, tanto na dimensão profissional quanto na acadêmica.

Por sua vez, revendo as eleições presidenciais de 2001 no Peru, vencidas por Alejandro Toledo, constata-se que os meios de comunicação foram os protagonistas principais das eleições, definindo a agenda política e determinando os resultados finais. No segundo turno, enquanto Toledo fazia vistas grossas ao papel da mídia e viajava pelos quatro cantos do país em contato direto com seus eleitores, seu concorrente, Alan García, concentrou seus esforços na mídia e subiu nas pesquisas. A quinze dias das eleições, percebendo o erro estratégico, Toledo voltou-se para os meios de comunicação, reforçando sua imagem com apoios de sua família e dos parlamentares mais representativos do Peru, garantindo uma vitória de 52,9% dos votos, contra 47,9% dados a García.

Em uma fita de vídeo distribuída pela BBC de Londres, intitulada *Guerra e paz no Oriente Médio*, podem-se verificar os tipos de imagens mais utilizados na guerra de propaganda e contrapropaganda feita por Estados Unidos e Israel contra a Palestina. As cenas mais fortes, de crianças lançando pedras contra tanques, erguendo armas e enfrentando a força do exército israelense, surpreendem e chocam ao mesmo tempo. E contribuem para redimensionar os aspectos da propaganda ideológica desse conflito étnico-religioso-político daquela região do mundo.

Em outro texto recentemente publicado, foi possível conhecer uma proposta metodológica para o estudo da propaganda eleitoral. Elaborado por pesquisadores do Instituto Universitário de Pesquisas do Rio de Janeiro (Iuperj), da Universidade Cândido Mendes, ele mostra, em síntese, que, no debate eleitoral, os candidatos usam uma retórica cuja argumentação é de natureza ficcional. Neste caso, para convencerem a maioria dos eleitores, todos constroem um mundo atual possível, igual ou um pouco diferente do mundo atual real, e com base nele projetam um novo e bom mundo futuro possível.

Há também incursões teóricas verificando como a informação televisiva e o sistema político interagem para criar a espetacularização, que sustentam que a relação entre a informação e a política se encontra sempre mais estreita e recíproca, em razão de dois fatores que reforçam um ao outro. De um lado, as transformações que na sociedade atual subsumem o funcionamento do sistema político; do outro, a lógica produtiva e a organização do trabalho que mantêm a informação televisiva. Entre ambos, autonomamente, produz-se a espetacularização da informação política, mesmo que este conceito permaneça muito complexo.

Estas pistas teóricas foram importantes para balizar a construção de um projeto que busca compreender os efeitos da propaganda política e das ideologias em torno de ações partidárias na América, na Europa e na Oceania. Pôde-se perceber que, do ponto de vista técnico, o marketing político e a propaganda ideológica têm estado presentes em situações eleitorais nos vários países, sendo possível acessá-los através da internet. E, no outro extremo, a produção científica, de reflexão e análises sobre o campo, também floresce em centros de pesquisa especializados que passaram a dar ao marketing político *status* de ciência.

Como conclusão deste inventário da produção científica aplicada ao desenvolvimento do marketing político na América Latina, cremos que, em razão da redemocratização de seus países, abriram-se oportunidades para ações profissionais. Pesquisas de boa qualidade e o legado de uma nascente bibliografia sobre eleições, com análises que oportunizam o diálogo interdisciplinar entre a comunicação e várias ciências importantes, como a psicologia, a história, a sociologia, a antropologia e a economia, entre outras, demonstram que a temática está cercada de vigor intelectual, trazendo um grande alento a este campo de estudos.

Referências bibliográficas

ABCOP. *Registro de membros*. São Paulo: Associação Brasileira de Consultores de Marketing Político, 2003.

ANDRADE, Sérgio "Arapuã". *Como vencer eleições usando tv e rádio*. São Paulo: Nobel, 1996.

BRICKMANN, Carlos. *A vida é um palanque: os segredos da comunicação política*. São Paulo: Globo, 1994.

______________. *1º guia básico do candidato*. São Paulo: Voice e Winners Editorial, 1998.

CAPELATO, Maria Helena Rolim. *Multidões em cena: propaganda política no varguismo e no peronismo*. Campinas: Papirus/Fapesp, 1998.

DOMENACH, Jean-Marie. *A propaganda política*. [Paris: Press Universitaire de France, 1950]. Trad. Ciro T. de Pádua. São Paulo: Difusão Européia do Livro, [s.d.].

FIGUEIREDO, Nei Lima. *Direto ao poder: estratégias de marketing político*. São Paulo: Cartagraf, 1985.

GARCIA, Nelson Jahr. *O que é propaganda ideológica*. São Paulo: Brasiliense, 1988 (Primeiros Passos, 77).

______________. *Sadismo, sedução e silêncio*. São Paulo: Brasiliense, 1990.

GOMES, Neusa Demartini. *Formas persuasivas de comunicação política: propaganda política e publicidade eleitoral*. 2. ed. Porto Alegre: Edipucrs, 2001 (Comunicação, 3).

HAUSSEN, Dóris Fagundes. *Rádio e política: tempos de Vargas e Perón*. Porto Alegre: Edipucrs, 1997.

JOST, Stefan. *Los partidos políticos en las constituciones y legislaciones*. Buenos Aires: Fundação Konrad Adenauer/Ciedla, 1998.

KUNTZ, Ronald & LUYTEN, Joseph. *A eficiência a serviço do candidato*. São Paulo: Global, 1982.

LIMA, Venício Artur de. *Mídia, teoria e política*. São Paulo: Editora Fundação Perseu Abramo, 2001.

MARQUES DE MELO, José. *Comunicação: teoria e política*. São Paulo: Summus, 1985.

____________. *Comunicação e populismo*. São Paulo: Intercom/Loyola, 1983.

NÊUMANNE, José. *Atrás do palanque: bastidores da eleição de 1989*. São Paulo: Siciliano, 1989.

OTTER, Thomas. *Marketing político en Paraguay*. Assunção: Fundación Konrad Adenauer/Ciedla, 2001.

PEREIRA, Raimundo; CAROPRESO, Álvaro & RUY, José Carlos. *Eleições no Brasil pós-64*. São Paulo: Global, 1984.

PRIESS, Frank & TUESTA SOLDEVILLA, Fernando. *Campañas electorales y medios de comunicación en América Latina* – I y II. Buenos Aires: Fundación Konrad Adenauer/Ciedla, 1999.

QUEIROZ, Adolpho (coord.). *Marketing político brasileiro: ensino, pesquisa e mídia*. Piracicaba (SP): edição do coordenador, 2005. 180 p.

QUEIROZ, Adolpho. "A dimensão científica do marketing político." *Jornal de Piracicaba*, Piracicaba (SP), p. A-3, 20 nov. 2002.

____________. Maxivoto. PCLA – *Pensamento Comunicacional Latino-Americano*, São Bernardo do Campo, Cátedra Unesco-Umesp, v. 3, n. 3, abr./maio/jun. 2002. Disponível em <http://www2.metodista.br/unesco/PCLA/index.htm>.

RUBIM, Antonio Albino Canelas. *Comunicação e política*. São Paulo: Hacker Editores, 2000.

SOCIEDADE BRASILEIRA DE PSICOLOGIA POLÍTICA. *Psicologia Política*. São Paulo, v. 2, n. 3, 2002.

TCHAKHOTINE, Serge. *A mistificação das massas pela propaganda política*. Trad. Miguel Arraes. Rio de Janeiro: Civilização Brasileira, 1967.

THESING, Joseph & PRIESS, Frank. *Globalización, democracia y medios de comunicación*. Buenos Aires: Fundación Konrad Adenauer/Ciedla, 1999.

TORQUATO, Gaudêncio. *Tratado de comunicação organizacional e política*. São Paulo: Pioneira Thomson Learning, 2002.

____________. *A velha era do novo: visão sociopolítica do Brasil*. São Paulo: edição do autor, 2002.

____________. *Marketing político e governamental*. São Paulo: Summus, 1985.

2

A linguagem textual e imagética na formação da opinião do eleitor

Maria das Graças Conde Caldas
Elizabeth Moraes Gonçalves*

O mundo editado pela mídia, com seus múltiplos filtros é, na verdade, um recorte frágil e distorcido da realidade. A opinião pública forma-se e conforma-se na leitura dos fragmentos de fatos e versões construídos a partir das narrativas jornalísticas. Mediada por múltiplas fontes e veículos, a mensagem é plena de sentidos, cuja interpretação depende da percepção do processo de produção da informação.

No imaginário popular, o que importa é como a mídia descreve, relata e interpreta o mundo. O discurso não é neutro, a língua não é

* Maria das Graças Conde Caldas é jornalista e professora do Programa de Pós-Graduação em Comunicação Social da Universidade Metodista de São Paulo (Umesp), responsável pela linha de pesquisa "Comunicação científica, mídia e poder", e professora-pesquisadora do curso de Jornalismo Científico do Labjor/Unicamp. E-mail: gcaldas@unicamp.br. Elizabeth Moraes Gonçalves é professora do Programa de Pós-Graduação em Comunicação Social da Umesp, responsável pelo projeto de pesquisa "Linguagem e discursos especializados na comunicação". E-mail: bethmgoncalves@terra.com.br. As autoras são coordenadoras do Núcleo Integrado de Pesquisa em Comunicação, Linguagem e Educação da Umesp.
Este artigo contou com a colaboração de Daniella Rubbo, mestre em Comunicação Social pela Umesp e professora das Faculdades Associadas de Ensino de São João da Boa Vista (SP); Juliana Nogueira Sabbatini, mestre em Comunicação Social pela Umesp e professora do curso de especialização em Comunicação Científica da Unicamp; e Idelazir Aparecida Souza Cau, mestre em Comunicação Social pela Umesp.

o espelho da realidade, mas sua representação. Todo texto apresenta uma carga de significação implícita a ser recuperada pelo leitor/telespectador/ouvinte, por ocasião da atividade de produção de sentido diretamente vinculada a seu contexto e sua historicidade. No discurso jornalístico, as condições sociais, culturais e cognitivas contribuem decisivamente para a compreensão da mensagem.

Este capítulo tem por objetivo apresentar uma análise preliminar da cobertura realizada pela mídia impressa, particularmente os jornais *Folha de S.Paulo* e *O Estado de S. Paulo*, sobre os debates entre os presidenciáveis nas emissoras de televisão nos meses que antecederam as eleições para o primeiro turno de 2002. Trata-se, portanto, de abordar a estrutura narrativa dos textos, com seus múltiplos enunciados e sentidos, manifestados nos seguintes gêneros jornalísticos: editorial, cartas do leitor, artigos, notas, reportagem, fotos e charges. Desta forma é possível desvelar os significados explícitos e implícitos do discurso jornalístico subjacentes ao processo de produção e recepção das mensagens.

Nossa proposta é verificar como a mídia utiliza a linguagem textual e imagética na formação de opinião, gerando conceitos e atitudes no receptor/eleitor/cidadão. A cobertura jornalística das eleições presidenciais de 2002 constitui-se num momento de particular importância para a sociedade brasileira e para trabalhos desta natureza, em face da exposição das idéias e da disputa entre grupos políticos com ideários francamente opostos. O reflexo dessa disputa na cobertura da mídia permite desvendar a construção do discurso jornalístico a partir das "falas" dos diferentes atores sociais envolvidos no processo: empresários da comunicação, jornalistas, políticos e cidadãos.

A linguagem textual e imagética na formação de opinião

O poder da mídia na formação das mentalidades, apesar de suas narrativas quase sempre descontextualizadas, é inconteste. Como lembra Caldas (2002, p. 137):

a influência da mídia na formação da opinião pública tem sido objeto de vários estudiosos que atestam o poder daqueles que detêm a informação e particularmente dos que controlam os veículos de comunicação de massa: Sodré (1981), Caparelli (1982), Guareschi (1981), Herz (1987), Caldas (1995), Almeida Filho (1976), Leal Filho (1988), Marcondes Filho (1984), Keane (1991), Bahgdikian (1983), Gonzaga Mota (2002).

Na mesma linha de pensamento, Sodré (2002) esclarece que o espelho reflete e ao mesmo tempo encerra a imagem em uma superfície rasa, onde a falta de profundidade estimula que se passe a acreditar na imagem projetada. A mídia cria a imagem e constrói o sentido por meio da linguagem, seja ela visual, verbal ou do silêncio: "A mídia reduz o discurso do real histórico ao que é possível dentro da superfície do espelho. E é nessa redução da substância à sua imagem que há a transformação do mundo" (Sodré, 2002, p. 24).

É essencial, portanto, aprender a decodificar as mensagens a partir do entendimento dos mecanismos e do processo de produção. Isso porque, segundo Caldas (2002, p. 135):

> O ato da leitura não se dá de forma neutra. É preciso aprender a ler os múltiplos significados presentes na linguagem por meio da interpretação de suas marcas. Para a compreensão do texto, além das aparências, é necessário estar atento às marcas da enunciação que se encontram modalizadas no discurso da mídia.

Partimos, portanto, do pressuposto de que nenhum discurso é neutro ou livre de matizes ideológicos, como diz Caiafa (1994, p.77): "A produção de mensagens pela mídia não tem nada de fundamentalmente informativo. Falar não tem nada de neutro ou inocente. Produzir enunciados é necessariamente interferir". Consideramos que, tal qual o espelho proposto por Sodré, a linguagem, ao refletir a realidade, a desvia, interpreta, reformula, de modo que crie condições para que o leitor venha a interpretar a realidade sob o mesmo prisma.

Para nossa pesquisa, encontramos na análise de discurso apoio metodológico para desvelar os aspectos implícitos do discurso jornalístico, as intenções ou motivações de seus atores, contidas nas condições de produção e no exame acurado do texto. Sob esta óptica tomamos como pilares centrais para a condução de nossa análise a questão do silêncio (Orlandi, 1993), a ação dos verbos introdutores de opinião (Marcuschi, 1991) e os operadores argumentativos (Koch, 1996).

O silêncio é pleno de significado por apresentar-se como uma política, como sinônimo de calar – deixar de pautar determinado assunto ou privilegiar um tema em detrimento de outro. O silêncio pode também ser entendido como o não-dito das palavras, seu oposto ou seu eco.

> O homem está "condenado" a significar. Com ou sem palavras, diante do mundo há uma injunção à "interpretação": tudo tem que fazer sentido (qualquer que ele seja). O homem está irremediavelmente constituído pela sua relação com o simbólico. [...] O silêncio não está disponível à visibilidade, não é diretamente observável. Ele passa pelas palavras (Orlandi, 1993, pp. 31 e 34).

Num momento como o de uma eleição presidencial, quando todas as vozes se voltam para o mesmo tema, quando a repetição de argumentos e a superexposição dos fatos se fazem regra, o silêncio torna-se revelador porque também ele está cheio de intencionalidades. Portanto, é um diferencial essencial, um ponto específico, não explícito, mas revestido de sentido, onde é possível detectar as motivações e as diferenças.

Outro aspecto da análise de discurso utilizado na avaliação é a argumentatividade. Por mais que um discurso jornalístico busque ser imparcial e descritivo, sempre lhe restará um caráter argumentativo, inerente a todo e qualquer discurso. As marcas discursivas estão impregnadas de sentido nos textos jornalísticos.

A interação social por intermédio da língua caracteriza-se, fundamentalmente, pela argumentatividade. Como ser dotado de razão e vontade, o homem constantemente avalia, julga, critica, isto é, forma juízos de valor. Por sua vez, por meio do discurso – ação verbal dotada de intencionalidade – tenta influir sobre o comportamento do outro ou fazer que compartilhe algumas de suas opiniões. É por essa razão que se pode dizer que o *ato de argumentar*, isto é, de orientar o discurso no sentido de determinadas conclusões, constitui o ato lingüístico fundamental, pois *a todo e qualquer discurso subjaz uma ideologia*, na acepção mais ampla do termo (Koch, 1996, p. 19) [grifo do autor].

A terceira linha baseia-se na observação dos verbos introdutórios de opinião, que, segundo Marcuschi (1991, p. 77), "funcionam como 'parafraseantes sintéticos', pois eles resumem em uma só palavra o sentido geral a relatar".

Pinto (1999) observa, ainda, que é na superfície dos textos que o analista vai detectar as marcas sociais deixadas na produção de sentido. Assim, é na análise direta dos textos que vamos encontrar os indícios que levarão a compreender as condições em que eles foram produzidos, a intenção de quem os produziu e as eventuais discrepâncias entre o discurso dos presidenciáveis na televisão durante o debate eleitoral e seu relato na estrutura textual dos jornais selecionados para esta pesquisa.

A escolha dos jornais paulistas *Folha de S.Paulo* e *O Estado de S. Paulo* deveu-se ao fato de terem distribuição em âmbito nacional e à sua importância na formação da opinião pública. Na leitura atenta das mensagens, buscamos verificar o grau de contextualização do tema objeto desta pesquisa, numa perspectiva histórico-analítica. Além disso, examinamos a qualidade e a clareza da informação, origem e predominância das fontes utilizadas. Comparamos, então, o comportamento e a posição desses veículos na construção da imagem dos candidatos à presidência da República, a partir de informações discursivas atribuídas a cada um deles pela publicação dos textos referentes à cobertura dos debates veiculados pela televisão e seus desdobramentos.

Essa comparação tem como objetivo desvendar o intertexto de ambos os veículos, além de identificar as marcas do discurso jornalístico e as características de linguagem e ambos. Dessa forma, foi possível fazer aflorar as coincidências, as discrepâncias e o posicionamento ideológico das empresas jornalísticas e dos produtores das notícias, na maioria das vezes não explicitados claramente e protegidos pelo mito da objetividade da notícia.

Para efeito do presente trabalho, o recorte do *corpus* privilegia o relato do discurso dos candidatos Luiz Inácio Lula da Silva (PT) e José Serra (PSDB), que após o primeiro debate, realizado na Rede Bandeirantes em 4 de agosto, consolidaram suas posições na preferência popular, garantindo assim seu lugar no segundo turno das eleições de 2002.

Assim, examinamos a cobertura do primeiro turno em quatro edições da *Folha de S.Paulo* (FSP) e quatro de *O Estado de S. Paulo* (Oesp), dos dias 3 e 4 de setembro e 4 e 5 de outubro, ou seja, dos dois dias logo após o segundo debate, promovido pela Rede Record, e o terceiro debate, realizado na Rede Globo. Procedemos à identificação e classificação das mensagens a partir da conceituação clássica dos gêneros jornalísticos – informativo, opinativo e interpretativo, com as subcategorias de editoriais, cartas do leitor, artigos, notas, reportagens e charges.

A conceituação tradicional dos gêneros, embora ampla, é bastante controversa, uma vez que é raro identificar textos jornalísticos que pertençam exclusivamente a determinado gênero ou determinada categoria. Assim, optamos por trabalhar com o princípio da predominância ao efetuar a classificação de nosso material de trabalho. Identificamos, ainda, alguns atributos do texto: o tipo de linguagem, qualidade das fontes e o título de cada matéria. A idéia era poder confrontar, minimamente, o debate realizado e o relatado sob a óptica do discurso jornalístico.

Chamadas de capa: a primeira impressão é a que fica?

Ao compararmos a cobertura dos jornais *Folha de S.Paulo* e *O Estado de S. Paulo* durante o segundo e terceiro debates, percebemos diferenças significativas quanto ao enfoque e ao espaço dedicado a cada um dos candidatos. Na *Folha* do dia 4 de setembro de 2002, não foi encontrada nenhuma chamada de primeira-página que fizesse referência ao debate da Rede Record. Os maiores destaques ficaram por conta dos artigos e da criação do caderno Eleições, com duas reportagens centradas no debate, mais especificamente no conteúdo da fala de cada candidato. No mesmo dia, o *Estado* também não fez nenhuma referência ao debate em sua primeira página, embora sua cobertura tenha sido relativamente ampla.

Na cobertura do dia 3 de outubro, já podemos perceber a diferença entre a linha editorial dos dois veículos, até mesmo nas chamadas de primeira página. Enquanto o jornal *O Estado de S. Paulo* trazia títulos genéricos, sem explicitar o nome dos candidatos, a *Folha de S.Paulo* preferiu citá-los, dando ao candidato Serra a chamada do dia 4 de outubro e ao candidato Lula a do dia 5, com o objetivo provável de manter uma aparência de neutralidade.

No dia 4 de outubro a *Folha* fez a chamada com o título "Serra é mais atacado que Lula no debate", selecionando na voz de cada um dos candidatos presidenciáveis trechos do debate que indicavam, segundo a classificação do jornal, o ataque ao candidato Serra: "A acusação mais *delicada*[1] foi feita por Anthony Garotinho, ao dizer que proposta assinada por Serra quando era ministro prevê um confisco" (Caderno A, capa).

A escolha lexical *delicada*, para qualificar a acusação feita por Garotinho, representa um eufemismo que procurava suavizar o tema confisco, ainda bastante presente na memória dos brasileiros. Já a chamada de capa do caderno Eleições, da mesma *Folha* de 4 de outu-

---

[1] A partir deste ponto grifamos uma série de termos, como marcas para exemplificar a análise proposta.

bro, sob o título "Serra *sofre* mais ataques que Lula no último debate na TV", utilizou o verbo que grifamos para relatar a percepção/opinião do jornalista, revelando-se como uma estratégia jornalística e não somente uma questão de estilo. Isto porque sofrer ataques de seus oponentes, no texto, não colocava Serra numa posição de vítima e sim de centro das atenções, destacando-o em relação aos oponentes que disputavam uma vaga para competir com Lula no segundo turno. Desta forma, como diz Marcuschi (1991), as palavras são utilizadas como instrumentos de ação e não apenas de comunicação. As críticas feitas a Serra pelos candidatos foram introduzidas de modo positivo no texto do caderno especial, na medida em que ele justificava o fogo cruzado em direção ao candidato do PSDB:

> O candidato do PSDB, José Serra, e o governo federal foram os alvos preferenciais de Luiz Inácio Lula da Silva (PT). [...] A concentração do fogo sobre Serra é *explicável*: é o único candidato do governo contra três de oposição e está em segundo lugar [...] com chances de ir ao segundo turno contra Lula.

Outro exemplo de favorecimento ao candidato Serra pela *Folha de S.Paulo*, no mesmo caderno especial de 4 de outubro, ocorre na reprodução da afirmação feita por Lula: "Que o tucano teve nota *3,5* como constituinte por ter lutado contra os trabalhadores". O texto do jornal demonstrava, claramente, a intencionalidade do autor ao corrigir a afirmação do candidato do PT: "O tucano obteve *na verdade* nota *3,75*". Ao exigir tanta precisão quanto a uma diferença irrisória na nota, de apenas *0,25*, o jornalista sugeria a existência de *imprecisão* ou até mesmo *mentira* em relação à nota.

Desta forma vemos, como diz Caiafa (1994), que a comunicação não ocorre de modo transparente, para informar, mas, sim, é construída de forma que persuada. Ao refletir a realidade, a linguagem a desvia, interpreta, reformula e, ao fazê-lo, acaba por convencer o leitor a interpretar a realidade sob o mesmo prisma do enunciado proposto no texto.

O jornal *O Estado de S. Paulo*, em sua edição de 4 de outubro, trouxe como título de sua chamada de primeira página: "Debate de poucos ataques fecha campanha", uma avaliação positiva da condução do evento. Fica evidente a aprovação do veículo à organização da Rede Globo, validando o controle como elemento para a ausência de conflito, enfatizado no texto jornalístico pelo operador argumentativo *até mesmo*: "A organização do debate, da TV Globo, procurou evitar conflitos *até mesmo* entre os assessores dos candidatos, mantidos em salas separadas" (Eleições, capa).

O mesmo tom foi mantido na chamada de primeira página do caderno Eleições, da *Folha de S.Paulo*, que, sob o título "O último confronto", construiu o texto utilizando operadores argumentativos, como no exemplo a seguir, em que o *mas* e o *sobretudo* procuram passar a visão de que a ausência de conflitos possibilitou a apresentação de propostas: "Lula, Serra, Garotinho e Ciro trocaram algumas farpas, *mas*, *sobretudo*, se dedicaram a uma defesa enfática de suas propostas" (Eleições, capa).

Editoriais: as opiniões dos veículos

Ao analisar os editoriais, verifica-se que aqueles publicados no jornal *O Estado de S. Paulo*, após o segundo debate, apesar de criticarem duramente a participação de todos os candidatos, não deixavam de expressar seu posicionamento favorável ao candidato do governo, José Serra. Na avaliação do jornal, tratou-se de um "antidebate", que, "*se* para algo serviu, foi mostrar o que cada um tem de pior" (set. p. A3). Nessa frase, a partícula *se* desempenha um papel fundamental, insinuando que o debate pode não ter tido utilidade alguma ou no máximo mostrou o pior de cada um. Entretanto, uma leitura mais atenta desvela certas tendências de favorecimento a um dos candidatos:

> Uma vergonha, sim, porque, no lugar do confronto entre todos os envolvidos, única razão de ser desses eventos, para o eleitor, o que se viu foi uma *farsa*. Três dos participantes, Anthony Garotinho, Ciro

> Gomes e Lula da Silva, poupando-se uns aos outros, com absoluto despudor, *se aliaram ostensivamente* para fazer o julgamento sumário do governo Fernando Henrique Cardoso e estigmatizar seu candidato (Oesp, set. p. A3).

Comparando esse trecho de *O Estado de S. Paulo* com a passagem do editorial da *Folha de S.Paulo*: "Campanha negativa: nítida convergência entre os candidatos de oposição nas críticas ao governo e a José Serra" (set. p. A2), observamos que a escolha lexical do *Estado* ao utilizar a palavra *farsa* revelava mais uma vez uma nítida preferência do veículo pelo candidato governista: "Com absoluto despudor, se aliaram ostensivamente". Como afirma Santaella (1996, p. 330), "toda a linguagem é ideológica porque, ao refletir a realidade, ela necessariamente a refrata. Há sempre, queira-se ou não, uma transfiguração, uma obliqüidade da linguagem em relação àquilo a que ela se refere".

Analisando diretamente o debate da Rede Record, sem a mediação do jornal, também nos foi possível detectar a centralização de ataques ao governo Fernando Henrique Cardoso. No entanto, essa postura era previsível, uma vez que os três candidatos eram declaradamente oposicionistas e já focavam suas campanhas em críticas à política do então presidente. O candidato José Serra, ministro da Saúde de Fernando Henrique, era de fato o candidato governista. Portanto, como sugeria o próprio editorial de *O Estado de S. Paulo*, deveria arcar com esse ônus.

Para Lula o mencionado editorial do *Estado* reservou ataques ácidos: "Desempregado, aliás, ele está desde que começou a pleitear o único emprego que lhe interessa, que está pleiteando pela quarta vez" (set. p. A3). Nesta frase, o jornal insinuava que Lula era um desocupado, não trabalhava e não o fazia porque não queria. É ganancioso, já que o único emprego que lhe interessava era o de presidente da República e, ainda por cima, era um derrotado, já que era a quarta vez que tentava se eleger.

Nosso trabalho identificou claramente uma diferença no tratamento dispensado a cada um dos candidatos. Para os três candidatos oposicionistas o *Estado* reservou uma crítica pessoal. Já na *Folha*, o máximo a que se chegou foi acusar Lula e Garotinho de *estimularem* o duelo entre Serra e Ciro. Em relação ao candidato José Serra, o *Estado* aliviou o tom, criticando-o apenas por sua omissão em defender o governo Fernando Henrique, mostrando implicitamente seu viés ideológico: "Acossado a maior parte do tempo pelos números do desemprego brandido por seus oponentes, por ter exposto o flanco com a meta de 8 milhões, faltou a Serra *firmeza* para contestar os números adversos" (Oesp, 4 set., p. A3).

Como vemos em Orlandi (1993, p. 33), o fato de o jornal não mencionar as críticas induz o leitor a um certo viés ideológico: "O silêncio é. Ele significa. Ou melhor: no silêncio, o sentido é".

Quanto à cobertura do terceiro debate, no dia 3 de outubro, na Rede Globo, verifica-se que o jornal *O Estado de S. Paulo* continuava a apoiar o candidato do governo, além de valorizar o debate quanto à exposição dos temas relevantes para o eleitorado. Porém, não deixava de criticar o conteúdo apresentado ao dizer "embora *nem sempre* se tocando no núcleo essencial" (5 out., p. A3), elucidando a falta de discussões mais profundas.

O uso de *nem sempre* indicava a superficialidade do debate e começava a dar sinais do que era valorizado, verdadeiramente, pelo editor. Ou seja, o que se destacou não foi a elucidação, mas a inexistência de discussões decorrentes de animosidades e a condução dada ao debate pelo mediador, o jornalista William Bonner, considerado tranqüilo, eficiente e com intervenções oportunas que faziam aflorar as características dos candidatos.

Mantendo o mesmo posicionamento do debate anterior, o *Estado* criticou duramente o candidato Lula, classificando-o de político retrógrado, descontextualizado em relação à nova economia e política deste século e sem capacidade de decisão, dependente de sua assessoria: "No decorrer do debate se mostraram mais evidentes duas características do candidato Lula da Silva: a primeira é o velho *vezo populista*, [...] a segunda é a forma de tratar as questões pela via esquemática das generalizações" (5 out., p. A3).

Já Serra era retratado de maneira positiva, mesmo quando provocado por Garotinho: "Também tentou comprometer José Serra com um plano de confisco [...], mas o candidato tucano esclareceu que se tratava *apenas* de um projeto de emenda constitucional (PEC) que nada tem a ver com o confisco da poupança" (Oesp, 5 out., p. A3).

O posicionamento editorial da *Folha de S.Paulo*, em 5 de outubro, sobre o debate da Rede Globo, foi mais de críticas ao sistema eleitoral e às amarras legais referentes à Lei Falcão do que de críticas a um candidato em especial. O editorial fez uso de vários operadores argumentativos ao longo do texto (mas, também, contudo, embora, ainda) para criticar a forma como o debate foi conduzido, dificultando a possibilidade de existência de um debate que efetivamente tenha discutido e apresentado propostas de interesse dos eleitores.

> [...] da famigerada Lei Falcão, ainda no período militar. [...] Infelizmente, ainda persistem algumas amarras legais e práticas que dificultam a realização de debates com maior conteúdo informativo. Embora a Justiça já interprete de forma um pouco menos draconiana a Lei Eleitoral. [...] Muitas vezes, são as próprias assessorias dos candidatos que [...] entravam as discussões e limitam a participação dos jornalistas (FSP, 5 out., p. A2).

Koch (1995, p. 30) estuda a função dos operadores argumentativos nos discursos, explicando que o termo foi

> cunhado por O. Ducrot, criador da semântica argumentativa (ou semântica da enunciação), para designar certos elementos de uma língua que têm por função indicar (mostrar) a força argumentativa dos enunciados, a direção (sentido) para o qual apontam.

Artigos: a livre opinião dos articulistas?

Na cobertura dos articulistas sobre o debate de 2 de setembro, na Rede Record, a colunista política Dora Kramer dedicou dois artigos ao tema. No primeiro, publicado no dia 3, já previa que, além do embate óbvio entre Serra e Ciro, cada candidato demonstraria ainda mais seu estilo. Porém sua previsão era de que isso não seria suficiente para o eleitor optar por um dos candidatos. Assim, a autora diminui a importância do debate no processo decisório: "Considerando que o ser humano e o exercício do poder são bastante *mais complexos* que as traduções simplificadas em exibição, urge que se forneçam informações mais completas a fim de orientar as escolhas do eleitorado" (Oesp, 3 set., p. A6).

No artigo seguinte, do dia 4, Kramer uma vez mais destoou do tom geral da cobertura. Não focou suas impressões sobre a atuação de tal ou qual candidato, preferindo criticar abertamente as regras e a condução do debate. Seu texto questionou a inobservância das regras preestabelecidas – aliás, como nos editoriais do mesmo veículo – e a impotência do mediador ante as pressões sofridas ao longo do evento. Além disso, ela foi a única a lembrar que havia temas definidos para o debate – saúde, educação, segurança, habitação e emprego – ignorados pelos participantes em função das estratégias definidas.

A coluna de Elio Gaspari, na *Folha de S.Paulo*, teceu críticas que poderíamos considerar próximas às de Kramer, quando ressaltou a falta de conteúdo do debate: "Esse foi o caso de todas as perguntas, de todos os candidatos, destinadas a levantar a bola para que o destinatário (seu aliado tácito) viesse a brilhar" (4 set, p. A6).

Porém, suas críticas acabaram se direcionando para a "construção" da imagem dos candidatos por especialistas em marketing, tema exaustivamente abordado durante toda a campanha eleitoral: "Os publicitários, interessados na rapidez, na ginga e na malandragem de seus clientes, inventaram um futebol sem bola. Nele, fazem-se jogadas tão incríveis quanto inúteis" (Idem, ibid.).

Embora sem mencionar candidato algum, esta citação fazia alusão direta a Lula, constantemente acusado por ter se "rendido" às técnicas de marketing. Nesse aspecto, o texto de Gaspari era diametralmente oposto ao de Clóvis Rossi, embora ambos escrevam para o mesmo jornal, a *Folha de S.Paulo*. Enquanto o primeiro criticou a artificialidade das participações, o segundo abordou a questão da tão comentada "baixaria eleitoral" para afirmar: "*Depende, sim*, de biografia, temperamento, caráter, *companheiros* de viagem, bobagens que dizem, mentiras que contam e por aí vai" (4 set., p.A2). Dessa forma, pressupunha que todos os candidatos demonstraram suas características ao longo do debate e não ficaram, como afirma Gaspari, sob as máscaras desenhadas por assessores de marketing.

Essa posição pode ser vista como favorável a Lula, já que o eximia de um dos principais ataques que recebeu, o de ser um candidato *construído*. O uso da frase *depende, sim* indicava que essa afirmação estava contestando uma outra – a de que os candidatos são *fantoches* completamente *manipuláveis* –, o que confirma essa defesa sutil. Não podemos deixar de destacar, ainda nessa citação, o termo *companheiros*, tão usado por Lula que se tornou quase uma forma de representá-lo.

Retomando o paralelo entre as colunas de Kramer e Gaspari, ambos concordaram que Serra foi o grande alvo dos outros três candidatos. No entanto, a construção do discurso de cada um marca diferenças importantes.

Kramer deu a entender que Serra saiu perdendo porque "se deixou pegar desprevenido pelo velho *truque* da união de todos contra um" (Oesp, 4 set., p. A6). O uso do termo truque dava um certo ar de esperteza ingênua à atuação dos outros candidatos e não de conchavo como insinuavam outros textos, a exemplo do de Gaspari, que dizia que "o debate da TV Record foi uma *emboscada* de baixo nível contra José Serra" (FSP, 4 set., p.A6). Aqui, ao contrário, o termo utilizado, *emboscada*, pressupunha planejamento e complô entre as partes.

À exceção de Elio Gaspari, os demais colunistas da *Folha de S.Paulo* optaram por focar a animosidade evidente no debate. Ainda chamando a atenção para as qualidades pessoais dos candidatos, Clóvis Rossi escreveu:

> Houve baixaria? Talvez. Mas, se os puristas me perdoam o exagero, suspeito que, em processos eleitorais, até a baixaria é pedagógica. É direito e dever inalienável do eleitor distinguir baixaria de crítica dura, punir o autor da primeira, premiar o da segunda e descobrir quem sabe se livrar de armadilhas com mais classe (FSP, 4 set., p. A2).

Desta forma, propunha que o diferencial entre os candidatos não era mais seu plano de governo, já que todos eram muito semelhantes. O que realmente estava em jogo era o comportamento dos candidatos, e nada melhor que expô-los ao conflito para verificarmos quem realmente eram.

Carlos Heitor Cony, também articulista da *Folha de S.Paulo*, discorreu mais sobre a repercussão do debate do que sobre seu conteúdo, o que já ficava claro no título "Não vi e gostei" (4 set., p. A2). Sua coluna foi bastante ilustrativa para nosso trabalho, pois demonstrava a grande importância da cobertura dos debates, influenciando diretamente a interpretação do público sobre seu conteúdo.

Conny fez coro a Dora Kramer, de *O Estado de S. Paulo*, criticando a mesmice e a falta de conteúdo que vinham permeando os debates eleitorais, ao afirmar: "Tendo *coisas mais interessantes a fazer*, não vi o debate" (FSP, 4 set., p. A2). Ao mesmo tempo, apresentava sua opinião na mesma linha que Clóvis Rossi, que valorizou a discussão, os entreveros e os embates entre os candidatos.

> A campanha eleitoral, até agora, foi produzida, pautada e editada pelos marqueteiros. Os candidatos foram vendidos como sabonetes, pastas de dentes e desinfetantes contra mosquitos. Agora é que eles estão soltos, em estado puro – ou quase puro –, sendo o que são e pensando o que costumam pensar (Idem).

Nesse trecho o discurso de Cony coincidia com o de Gaspari ao sugerir que, no debate, os candidatos são obrigados a despir-se, pelo menos em parte, das "máscaras" do marketing. Completando esta idéia, o artigo ainda sugeria, ironicamente, que os candidatos fossem colocados em uma casa – Casa dos Artistas ou Big Brother – para que suas personalidades aflorassem: "Só assim o povo brasileiro ficaria conhecendo cada um, sabendo quem é quem, qual o mais capaz de governar uma casa, uma coletividade". E completava: "De maneira que o melhor desses debates é ficarmos sabendo não o que os candidatos foram ou prometem ser, mas o que são diante de si mesmos. Pelo último debate, a que não assisti, eu votaria mesmo no Boris Casoy" (Idem).

Apesar dessa coincidência de críticas quanto à construção dos candidatos pelos assessores de marketing, não se detectou no texto de Cony o mesmo teor de crítica contra o candidato petista. Primeiro porque, não tendo visto o debate, o colunista não poderia ter tecido tais críticas. Baseou-se, na verdade, na única informação confiável que tinha, a de que o mediador foi o jornalista Boris Casoy, e utilizou essa informação para marcar sua posição de "neutralidade". Dessa forma, nenhum candidato poderia ter saído vencedor.

Na cobertura do debate do dia 3 de outubro, encontramos, na *Folha de S.Paulo*, o artigo "Novos tempos, velhos discursos" (5 out., p. B3), de Luis Nassif, que criticava a maneira como foi conduzido o debate e expressava, de forma clara, qual a postura esperada de um candidato, utilizando o operador argumentativo *mas*, para reforçar sua idéia: "Não é a decoreba de números, siglas e datas, *mas* a visão de futuro" (Idem). Desta forma, o colunista enunciava que a mídia e as próprias assessorias estavam dando ênfase a aspectos não relevantes para o processo eleitoral e de mudança do país. Isso, de certa forma, corresponde à visão do político citada por Miguel (2000, p. 78):

> Na videopolítica, para usar o termo cunhado por Giovanni Sartori, é a política que se adapta às regras de produção simbólica da mídia. Isto significa não apenas que o discurso político muda de características... Indica também que há uma tendência crescente para inverter a relação entre o fato político e sua divulgação.

Com dados claros e precisos, que contextualizam sua visão de futuro, Nassif partia do princípio de que havia um novo papel a ser desempenhado pelo Estado. Por isso, se o debate ganhou como cobertura da mídia, não possibilitou identificar um candidato à altura dessas mudanças. O operador argumentativo *ainda* denotava que, para Nassif, já era tempo de alguém apresentar um discurso nessa linha: "Esses são os novos paradigmas nacionais, *ainda* à espera de um candidato que ouse inovar o velho discurso" (FSP, 5 out., p. B3).

Charge: opinando com humor

A charge, por ser um gênero fundamentalmente opinativo, é importante instrumento para verificar o posicionamento dos veículos. Ela trabalha com cores e com os códigos verbal e visual para aumentar a capacidade de decodificação dos signos. No entanto, isto não permite afirmar que a mensagem será mais facilmente consumida, pois depende da familiaridade do receptor em relação ao tema. Do contrário, a este resta somente uma "tirada humorística" e a charge perde sua função de propor ao leitor uma problematização em relação às opiniões.

Na *Folha de S.Paulo* do dia 3 de setembro, encontramos, no trabalho assinado pelo chargista Angeli, aquilo que resume muito bem o que foi, na avaliação do jornal, a essência do debate. Nele Ciro e Serra aparecem se atacando, enquanto Lula diz: "Ora, parem com isso! Desse jeito vão acabar desmanchando o meu cabelo!" (FSP, Eleições, 3 set.). Carregada de ironia e com cores fortes, a charge ilustrava o grande duelo entre Ciro e Serra pelo segundo lugar nas pesquisas e a atitude "paz e amor" de Lula, distante do impasse.

Vale lembrar que, devido ao horário, a maior parte do conteúdo dos jornais do dia 3, inclusive as charges, foi finalizada antes do encontro. Assim, a charge do dia 4, da mesma *Folha de S.Paulo*, trouxe uma análise distinta, ressaltando a pressão sofrida pelo candidato do governo. Na ilustração aparecem Serra e Fernando Henrique Cardoso, dizendo este último: "Vou exigir o direito de *não* resposta" quando uma televisão lhe perguntou: "Cadê os empregos do governo FHC?" (FSP, Eleições, 3 set.). O aspecto mais relevante do trabalho foi ressaltar que Serra era de fato o candidato do governo, embora tenha tentado esquivar-se dessa responsabilidade.

Na cobertura do terceiro debate, da TV Globo, a *Folha de S.Paulo* utilizou novamente, com destaque, a charge, intitulada "Sobras de campanha (1º turno)" (FSP, 5 out., Eleições, p. 3), para retratar e imprimir na opinião pública as características que predominaram nos candidatos durante o primeiro turno das eleições.

Os quatro candidatos foram desenhados separadamente: Lula, engavetando seu símbolo "paz e amor", sugerindo que a imagem "Lulinha paz e amor" fora construída (como objeto) e que, a partir de então, não seria mais utilizada; Serra, desengavetando sua "motoserra"; Garotinho, pegando sua "metralhadora"; e Ciro, "afiando a língua". Os desenhos e os títulos expressavam a visão que o autor buscou passar para seus leitores.

Carta dos leitores: falando por outras bocas

A análise das cartas dos leitores exige um cuidado especial, uma vez que, à primeira vista, se trata do discurso do leitor e não do jornal. Entretanto, o que se verifica na análise dessas cartas é uma seleção realizada pelo editor, de forma que reforce, pela palavra do leitor, as tendências ideológicas do veículo, demonstradas nos demais textos da publicação.

A *Folha de S.Paulo* não publicou nenhuma carta de seus leitores relacionada com o conteúdo desses dois debates. Já o jornal *O Estado de S. Paulo* trouxe uma carta, "Saudade dele" (4 set., p. A3), que fazia menção ao debate realizado na Rede Record. Nela, um leitor que se dizia insatisfeito com o desempenho dos candidatos, inclusive o governista, declarava seu apoio ao então presidente, Fernando Henrique Cardoso.

O terceiro debate, realizado na Rede Globo, rendeu a publicação de diversas cartas de leitores em *O Estado de S. Paulo*, todas criticando o candidato Lula. Escritas de modo e com estilos diferentes, criticavam desde falhas pontuais do petista, como sua dificuldade para responder a uma pergunta sobre o CIDE (imposto muito pouco conhecido, usado como "pegadinha" durante o debate), até hipotéticas ações de seu governo, caso do leitor que sugeria ser fato consumado o confisco da poupança, se Lula fosse eleito.

Observamos que, ao utilizar a fala do outro – no caso o leitor –, o jornalista propõe o diálogo e a identificação do leitor com o autor das cartas, também leitor, potencializando a capacidade de recepção ativa, que pressupõe reflexão e interação, conforme lembra Bakhtin (1977, p. 132):

> A fala do outro, a que o sujeito está necessariamente exposto, provoca no sujeito um movimento de recepção ativa, produz uma apreciação. Esse processo, constitutivo do diálogo, se realiza fundamentalmente como discurso interno, fenômeno psíquico, não diretamente observável.

Analisando as cartas de *O Estado de S. Paulo*, percebe-se claramente a consonância da opinião dos leitores e as linhas gerais do discurso de todos os outros segmentos do jornal.

Reportagem: aquilo deu nisso

Um gênero que desempenha papel de particular importância em nosso trabalho é a reportagem. Segundo Marques de Melo (*apud* Chaparro, 2002), trata-se do "relato ampliado de um acontecimento que já repercutiu no organismo social e produziu alterações que são percebidas pela instituição jornalística". Assim, a reportagem pode servir como um termômetro das diretrizes adotadas pela instituição quanto às questões que se apresentam como pertinentes e dignas de uma cobertura mais aprofundada.

Na cobertura do debate de setembro, realizado pela Rede Record, a grande diferença observada entre os jornais *Folha de S.Paulo* e *O Estado de S. Paulo* é que no primeiro encontramos várias unidades do gênero reportagem, tratando principalmente de apurar as constantes acusações feitas entre os candidatos, enquanto o segundo não publicou nenhuma matéria que pudesse ser classificada nesse gênero. A cobertura do último debate do primeiro turno, realizado pela Rede Globo, teve mais reportagens, tanto na *Folha* como no *Estado*.

Analisando o conteúdo da cobertura dos dois debates, chama a atenção o predomínio das fontes oficiais, sejam elas governamentais ou partidárias. Mesmo no caso das críticas tecidas contra o candidato Lula, constantes tanto na *Folha de S.Paulo* como em *O Estado de S. Paulo*, fontes oficiais do partido foram evocadas para sustentar a avaliação.

A reportagem principal da *Folha de S.Paulo* de 5 de outubro, sob o título "PT detecta arrogância e ironia em Lula na TV" (Eleições, p. 3), utilizou como fonte o próprio partido para introduzir a crítica ao candidato. Entre os vários recortes que o jornalista poderia ter selecionado do debate para a matéria, escolheu este ângulo em que era possível expressar sua crítica e manter-se aparentemente *neutro*, ou seja, não se comprometer:

> Um misto de ironia e arrogância de Luiz Inácio Lula da Silva (PT) foi detectado por meio de pesquisas do *próprio partido* [...]. Além desta falha o comando do partido petista *admitia* ontem como frágeis as respostas de Lula sobre como estabelecer cotas para negros... (FSP, 5 out., Eleições, p.3).

Ao lado desta reportagem, encontrava-se uma matéria sob o título "Petista pisca pela 1ª vez" (Idem), em que as críticas a Lula eram expressas diretamente na voz do jornalista, que, ao escrever, destacou vários aspectos negativos do candidato petista, como podemos verificar nos seguintes exemplos retirados do texto: "Da resposta *desastrada* [...] ao *despreparo* ante a pergunta de Serra [...] Lula *se enrolou* em diversos momentos [...] *flagrado* como foi o petista, em *total desconhecimento* do que lhe foi perguntado" (Idem).

Toda essa argumentação teve por objetivo demonstrar aquilo que parecia ser, para a jornalista, o verdadeiro Lula, um político despreparado e desastrado quando precisava aparecer sem o amparo dos assessores que *construíram* o *Lulinha paz e amor*.

> Em várias ocasiões, ao longo dos quatro blocos, transmitiu a impressão de que não aceita ser questionado [...]. Mais relevante é perceber, a partir dos indicadores oferecidos pelo programa apresentado na Globo, que um eventual segundo turno poderá colocar em xeque os princípios do zen lulismo (Idem).

Em *O Estado de S. Paulo* da mesma data, uma reportagem de destaque trazia o título "PT avalia que Lula deixou escapar a chance" (5 out., p. A1), utilizando como fontes autoridades do comando da campanha para avaliar que o desempenho do candidato ficou aquém do esperado. A justificativa relacionada ao "terrorismo pré-debate" era destacada no *box* com a fala de José Graziano Silva: "Temíamos baixarias, o que deixou todos nós nervosos".

O jornalista selecionou outras justificativas apresentadas pelo Partido dos Trabalhadores, que neutralizaram a influência do debate nos resultados da eleição. No entanto, é curioso que o título mantivesse um tom negativista, incoerente com expressões positivas do partido que também apareciam no texto: "O debate não deve alterar o quadro indicado nas pesquisas" e "há 50% de chance de haver segundo turno, todos estavam ansiosos e isso é natural" (Oesp, 5 out., p. A1).

Considerando as ponderações de Caiafa (1994) sobre a argumentatividade do texto jornalístico, percebe-se que o jornalista não se limitou a relatar pura e simplesmente fatos e situações do debate para que o leitor desenvolvesse sua opinião. Ele emitiu seu ponto de vista e passou a manipular as informações com a intenção, consciente ou não, de guiar as impressões desse leitor.

No exemplo a seguir, o operador argumentativo *mas* foi utilizado por *O Estado de S. Paulo* para dar ênfase favorável a Serra, relegando a um segundo plano as críticas feitas pelo outro candidato: "Quando pressionado por Ciro para explicar a causa dos problemas econômicos do País, o candidato do PSDB reconheceu problemas, *mas*, logo em seguida, fez uma rasgada manifestação de otimismo a respeito do futuro do País" (Oesp, 4 out., Eleições, p. 7).

O jornalista seguiu descrevendo as qualidades do candidato Serra, percebidas durante o debate, destacando-o e colocando-o em condição de disputar o segundo turno com Lula, tentando induzir os leitores indecisos para que se tornassem favoráveis a ele: "Foi *enfático* na definição de suas propostas, deu respostas *rápidas* aos ataques e teve a *vantagem* de dividir o papel de vidraça com Lula, o campeão das pesquisas de voto" (Idem).

Ao citar o candidato Lula, o jornalista opinou que este não estava tranqüilo como nos debates anteriores e que, desta vez, foi o mais provocado pelos candidatos, contrariando assim a visão da *Folha de S.Paulo*, que considerou Serra como alvo das provocações.

Esse exemplo comprova a afirmação de Santaella (1996, p. 330):

> As linguagens não são inocentes nem inconseqüentes. Toda linguagem é ideológica, porque ao refletir a realidade, ela necessariamente a refrata. Há sempre, queira-se ou não, uma transfiguração, uma obliqüidade da linguagem em relação àquilo a que ela se refere.

Notícias: fatos ou versões?

As notícias e notas veiculadas tiveram, de maneira geral, o objetivo de "contar a história" do debate e, no caso da Rede Record, os acontecimentos imediatamente posteriores. Assim, foram descritas as disputas entre os candidatos e as polêmicas levantadas, o que, novamente, dava a entender um discurso neutro, predominantemente narrativo. Porém, verifica-se que, de maneira análoga ao que ocorreu com as cartas dos leitores, o jornalista acabou por assumir uma posição ao escolher essas e não outras palavras e atitudes dos candidatos para fazer o relato do acontecido.

O confronto entre Serra e Lula, tema central do artigo, foi menos presente no debate da Rede Record, em setembro, do que no debate da Rede Globo, às vésperas das eleições. Esse fato se explica pela condição dos candidatos nas pesquisas nesses dois momentos. É preciso recordar que, em setembro, Serra lutava para consolidar sua condição de segundo colocado. Em outubro, sua preocupação era evitar que Lula ganhasse as eleições já no primeiro turno.

Assim, em setembro, ao descrever o debate da Record, a *Folha de S.Paulo* ainda focou suas notícias no embate entre Ciro e Serra, que já começava a arrefecer em função do mau desempenho do primeiro, mas já mostrava o esboço do confronto do tucano com o petista, enfatizando as colocações de Serra quanto à *dualidade* entre as propostas do candidato Lula e a prática do seu partido no Congresso: "Serra também criticou Lula pelo menos três vezes, apontando a *dualidade* entre as propostas do candidato e a prática de seu partido no Congresso" (FSP, 4 set., Eleições).

Uma questão relevante é a maneira como foram descritas as críticas que os candidatos receberam dos adversários. A crítica a Serra, ao ser questionado por Garotinho, foi bastante clara, com inserção de exemplos e falas: "O Sr. promete criar 160 mil empregos por mês. O Sr. diz que é segunda-feira. Eu queria que o Sr. desse o endereço para o pessoal ir lá segunda-feira" (Idem).

Já ao comentar sobre o candidato Lula, o jornal não descreveu nenhum exemplo, mas frisou a *incoerência* entre teoria e prática do PT, sem que o leitor pudesse sequer averiguar a veracidade da colocação. Como vemos em Orlandi (1993, p. 33), o fato de o jornal não mencionar as críticas induz o leitor a um certo viés ideológico.

José Serra foi apresentado pela *Folha de S.Paulo* como *vítima* da perseguição dos demais. Na matéria "Serra é cobrado por deficiências do governo FHC" (FSP, 4 set., Eleições), o texto deixou bastante clara uma defesa assumida pelo veículo em relação ao candidato do governo, o que vimos exposto em diversos momentos: Serra *sofreu* ataques dos demais candidatos, sendo cobrado e associado às *derrotas* do governo FHC: "Lula, Ciro e Garotinho usaram o debate da Rede Record para associar o tucano ao que deu errado nos anos FHC [...]. Mais do que interpelações duras ao tucano, foram perguntas amenas entre os três que viabilizaram a estratégia" (Idem).

De acordo com a matéria, apesar de Serra ter sido alvo de todos os demais candidatos, ele se comportou *muito bem*, deixando claro qual seria sua estratégia política se chegasse ao segundo turno:

> Considerando o ambiente hostil, Serra se saiu razoavelmente bem. Foi assertivo no primeiro embate com Ciro. E, se é verdade que Lula foi mais enfático do que antes contra o governo, também cabe notar que Serra não se limitou a atacar Ciro. Em duas ou três perguntas, indicou como tratará o petista se conseguir encontrá-lo no segundo turno (Idem).

A análise que o jornal fez do comportamento de Lula tinha conotação negativa, insinuando que estava menos tranqüilo: "Continua à vontade, mas *desceu das alturas* para bater pesado no governo. Tratou Serra como se esperasse encontrá-lo na etapa final" (FSP, 5 out., Eleições, p. 3). A escolha lexical *desceu das alturas* mostra com ironia que Lula usou uma postura de vencedor.

A maioria das notícias do *O Estado de S. Paulo* também foi dedicada a repercutir as atitudes e declarações dos candidatos e de seus principais assessores. Houve espaço, ainda, para as considerações de Boris Casoy, o mediador do debate na TV Record, bem como as intervenções dos partidos políticos e aliados de cada candidato.

Curiosamente, nenhuma das notícias tratou dos temas determinados pelas regras desse debate (saúde, educação, segurança, emprego ou habitação), nem citou as propostas dos candidatos para essas áreas que seriam de natural interesse da opinião pública. Por sua vez, os atritos entre os candidatos foram amplamente ressaltados, ainda que sem citar os motivos e o contexto em que eles se produziram, em prejuízo ao leitor que não assistiu ao debate e assim ficou unicamente com a versão simplificada do relato.

Ao examinar as notícias do dia 4 de setembro de *O Estado de S. Paulo*, percebemos que as opiniões implícitas do jornal seguiram sendo essencialmente as mesmas verificadas no dia anterior, o que poderia significar, em princípio, um competente trabalho de análise da conjuntura. Porém, como se pôde observar, esse trabalho analítico não existiu. O jornal não publicou matérias interpretativas, não tendo recuperado dados sobre a campanha nem o histórico dos candidatos ou dos partidos. Assim, podemos concluir que sua cobertura se baseou mais em uma opinião predefinida de cada candidato e não em sua efetiva participação no debate.

O jornal dedicou ainda espaço a notícias que procuraram analisar a opinião de cada candidato sobre o debate da Rede Record. O texto dedicado a José Serra veio em destaque, abrindo-se a página com uma foto, colorida e descontextualizada, do candidato entre crianças sorridentes. O título, "Serra *volta* a *cobrar* coerência de Lula" (Oesp, 4 set., p. A5), reforçava o tom em favor do candidato do PSDB. O verbo *volta* indicava que essa era uma atitude constante de Serra e o verbo *cobrar*, que essa atitude era legítima, já que só se cobra de quem deve. A linha fina também dava margem à análise: "*mais bem colocado* nas pesquisas, ele questionará as posições petistas sobre temas como MST e Alca" (Idem). A escolha lexical *mais bem colocado* dava margem a uma dupla interpretação: nesse caso indicava que o candidato subiu nas pesquisas, mas poderia indicar que ele a lidera, dubiedade sem dúvida proveitosa para Serra.

A matéria dedicada ao petista, "Para Lula, vitória do PT mudaria América do Sul" (Oesp, 04 set. p. A8), também vinha em destaque, no alto da página, e era um pouco maior que a de José Serra. Porém, esse aparente "privilégio" se desfez ainda antes da leitura da matéria. Uma foto em preto e branco de Lula cumprimentando Ciro, na saída do debate, implicitamente ajudava a reforçar a afirmação de que os candidatos da oposição se uniram para atacar o PSDB.

Na linha fina, logo abaixo do título, "Presidenciável repete que país não dá salto porque não tem planejamento" (Idem), o jornal novamente insinuava que o discurso do petista era *repetitivo*. O verbo *repetir* não é muito comum para introduzir opiniões. Normalmente o jornalista opta por verbos neutros, como *dizer*, ou enfáticos, como *afirmar*. Além disso, na matéria o verbo não se repetia e não havia nenhuma menção de outros momentos em que o candidato tivesse feito tal afirmação.

Outra matéria relevante, do ponto de vista da análise do discurso, era a que se referia ao programa de Lula após o debate, intitulada "Com massas e vinho, Lula festeja atuação no debate" (Oesp, 4 set., p. A6). Era difícil não fazer analogia ao polêmico episódio em que Lula brindou com o vinho Romanné Conti. Além disso, salvo a intenção de demonstrar uma mudança nos hábitos *operários* de Lula, não havia nenhuma justificativa para descrever o cardápio do petista no jantar pós-debate. Não aparecia nenhuma matéria similar sobre Garotinho e Serra e, naquela que comenta o jantar de Ciro Gomes, o jornalista referia-se apenas ao encontro casual deste com Caetano Veloso e de seu estado de ânimo, tenso, após o debate.

O texto sobre o jantar de Lula ficava ainda menos consistente quando, sem qualquer conexão com o tema inicial, o jornalista passava a falar das torcidas dentro do estúdio da Rede Record. Dois trechos eram relevantes: "o único que não tinha claque era Anthony Garotinho (PDT)" (Oesp, 4 set., p. A6), afirmação que dava a sensação de que esse candidato já não tinha seguidores; e "Mais numerosas, as torcidas de Lula e Ciro faziam grande barulho cada vez que Serra era atacado" (Idem). Aqui recuperamos as reflexões de Orlandi (1993) sobre o não-dito. O jornalista, com esta frase, reforçava a teoria e o pacto entre Ciro e Lula contra Serra, observado em outros textos.

Ao compararmos as matérias da *Folha de S.Paulo* e de *O Estado de S. Paulo*, percebemos que o primeiro jornal se interessou em apresentar os pontos polêmicos surgidos durante os debates, além de demonstrar a posição incômoda do candidato José Serra como alvo dos três candidatos da oposição. Durante toda a cobertura foram ressaltados o esforço e o sucesso alcançado pelo candidato do governo Diante de tamanha chuva de agressões. Já em relação a *O Estado de S. Paulo*, observa-se a fuga para assuntos de maior consistência e uma exposição maior do candidato José Serra.

Considerações finais

A avaliação do comportamento dos dois veículos de comunicação impressa, *Folha de S.Paulo* e *O Estado de S. Paulo*, utilizando a análise do discurso, demonstra que, apesar da divulgada imparcialidade, associada à eqüidade nos espaços destinados aos candidatos Lula e Serra, às quantidades semelhantes de matérias de gênero informativo, a distribuição de espaços para cobertura do debate e, até mesmo, a reduzida utilização do gênero opinativo não representam neutralidade. Observamos que cada veículo, a seu modo, tentou influenciar o leitor a respeito do seu candidato.

A reduzida utilização formal do gênero classicamente definido como opinativo não significa neutralidade. A separação clássica em gênero opinativo e gênero informativo nada mais é do que retórica. Na construção do texto jornalístico, suas marcas, evidenciadas na escolha lexical, no uso dos verbos introdutores de opinião, na seleção de determinados temas em detrimento de outros são, na verdade, opções que revelam a postura dos falantes.

O uso predominante do gênero informativo pelos dois jornais analisados faz parte de uma estratégia mercadológica, pela qual a posição velada se torna mais conveniente para sua credibilidade perante a opinião pública. Atende, portanto, aos interesses dos veículos. Isto porque, no caso de eleição à presidência da República, assumir uma posição clara poderia criar constrangimentos junto ao leitor ou, até mesmo, junto ao futuro presidente.

Comportamento semelhante foi observado, nos dois jornais, na utilização do gênero informativo para construir a imagem dos candidatos que desejavam ver aceita. Com o recurso metodológico da análise crítica do discurso, foi possível desvendar, fazer aflorar a intencionalidade implícita na construção da narrativa jornalística. A escolha de palavras e expressões, ângulos de abordagem, exposição de um tema e omissão de outro, operadores argumentativos, verbos introdutores de opinião, entre outras artimanhas, como o uso da carta do leitor e até de artigos assinados é, portanto, reveladora.

Em seus editoriais – gênero assumidamente opinativo, que traz o posicionamento do veículo em relação a fatos ou declarações –, a *Folha de S.Paulo* optou por criticar o desenvolvimento dos próprios debates. Discutiu a utilização da campanha negativa (ataques entre os candidatos) em detrimento da exposição de temas previamente determinados, como o ocorrido no debate da Rede Record, ou ainda as "amarras" colocadas pela Rede Globo para que o debate se mantivesse dentro da agenda, das regras preestabelecidas.

De uma forma ou de outra, o editorial foi utilizado pela *Folha de S.Paulo* para externar uma posição contrária ao sistema eleitoral, em particular à Lei Falcão e à postura das assessorias consideradas obstáculos à promoção de encontros "francos". O ângulo de abordagem do editorial permitiu que a *Folha* expressasse claramente suas opiniões sobre um tema importante, mas que não a comprometesse diante dos eleitores ou mesmo do futuro presidente.

Já o jornal *O Estado de S. Paulo*, por meio de seus editoriais, assumiu mais claramente o favorecimento a José Serra, quer criticando a aliança da oposição contra o candidato, durante os debates da Rede Record, ou quando, após o debate da Rede Globo, mostrou uma posição mais agressiva e traçou a imagem de Lula como sendo um político *retrógrado, descontextualizado* em relação à nova economia e política deste século, um homem sem condições, dependente de sua assessoria: "No decorrer do debate se mostraram mais evidentes duas características do candidato Lula da Silva: a primeira é o velho vezo populista, [...] a segunda é a forma de tratar as questões pela via esquemática das generalizações" (5 out., p. A3).

Ao comparar as imagens criadas pelos principais candidatos, tornam-se flagrantes os filtros citados por Baccega (1998). As informações trazidas pela imprensa obedecem a interesses variados e, por meio dos diferentes recortes e das diversas interpretações, ela busca construir a imagem que se deseja ver apropriada pelo receptor.

A partir das informações discursivas atribuídas aos candidatos, foi possível examinar a imagem construída de cada um e perceber a tendência favorável dos jornais ao candidato Serra.

O posicionamento favorável a Serra também foi expresso nos comentários feitos pelo editorial de *O Estado de S. Paulo* sobre Lula: "*Desempregado*, aliás, ele está desde que começou a pleitear o único emprego que lhe interessa, que está pleiteando pela quarta vez" (4 set., p. A3). Nesta frase o jornal, além de classificar Lula como um *desocupado*, que não trabalhava porque era ambicioso (queria ser presidente), o colocava como um *derrotado*, já que era a quarta vez que tentava se eleger.

Embora utilizando formas diferentes de expressar-se, a *Folha de S.Paulo* também se mostrou favorável a Serra, ao criticar a oposição que deixou o candidato na incômoda posição de alvo. Não assumiu, porém, de forma declarada seu posicionamento favorável ao candidato Serra. Chegou ainda a classificar o comportamento *explosivo* do candidato, destacando-o a partir do título "À beira de um ataque".

Os raros momentos de crítica a Serra aconteceram em textos de um colunista da *Folha de S.Paulo,* quando, por exemplo, afirmou que "Serra reage sempre em *surdina*, criando um segundo tempo para agir" (3 set., Brasil, p. A5), passando a idéia de uma pessoa ardilosa. Em seguida dizia que a imagem de *prepotência* projetada por José Serra acabava por dificultar seu relacionamento com a mídia.

A *Folha de S.Paulo*, em uma matéria intitulada "Tira-teima", instigava o leitor a desconfiar de Lula, ao relatar a questão de sua saída da Ford: "A afirmação de Lula conta apenas metade da história" (4 set., Especial, p. 6). Desta forma o jornal deixava dúvidas sobre a veracidade das palavras de Lula, numa clara intenção de comprometer a imagem pública do candidato petista.

Outra marca do discurso jornalístico que evidenciou a posição dos veículos pesquisados foi a estratégia adotada pela *Folha* para passar uma imagem *negativa* do candidato Lula, sem se comprometer. Para isso, selecionou cartas de leitores de teor crítico, humorístico, irônico, enfim, escritas em formas e estilos diferentes, mas que expressavam visões de pessoas contrárias a Lula e favoráveis a Serra.

As cartas criticavam desde falhas pontuais do petista, como sua dificuldade para responder a uma pergunta sobre o Cide (imposto muito pouco conhecido que foi usado como "pegadinha" durante o debate), até hipotéticas ações de seu governo (caso do leitor que sugere ser fato consumado o confisco da poupança, se Lula fosse eleito). A estratégia era interessante, pois, ao utilizar a fala do outro, o jornalista propunha o diálogo e a identificação do leitor com o autor das cartas, também leitor, potencializando a capacidade de recepção ativa, que pressupõe reflexão e interação, que ocorre a partir de um discurso interno, não diretamente observável.

Uma das marcas identificadas no discurso jornalístico refere-se à escolha lexical usada pelos jornais para expressar sua opinião quanto à posição assumida pelos candidatos que se manifestaram contrariamente, numa posição de ataque ao candidato José Serra durante o debate da Rede Record. Enquanto a *Folha de S.Paulo* usou a expressão *nítida convergência* entre os candidatos de oposição nas críticas ao governo e a José Serra, o jornal O *Estado de S. Paulo* empregou a palavra *farsa* dizendo: "no lugar do confronto entre todos os envolvidos, única razão de ser desses eventos, para o eleitor, o que se viu foi uma *farsa*" (4 set. 2002, p. A3). Desta forma ficou patente que o favorecimento ao candidato José Serra se estruturou de forma indireta, pela dura crítica feita à oposição.

Os atritos entre os candidatos foram amplamente ressaltados, ainda que sem citar os motivos e o contexto em que eles se produziram, em prejuízo do leitor. Quem não assistiu aos debates ficava unicamente com a versão fragmentada, tendenciosa e simplificada do relato.

A qualidade da informação está relacionada à busca de contextualização de abrangência na abordagem, o que pouco aconteceu.

A *Folha de S.Paulo* foi a única a dedicar espaços para esclarecer o leitor, selecionando trechos do debate, com assuntos polêmicos, e apresentando, conforme sua visão, os fatos reais. Este espaço e as fontes ouvidas (autoridades no assunto que não integravam o partido nem a campanha de qualquer um dos candidatos) ofereceram ao leitor uma contextualização e deram oportunidade de ampliar as informações tratadas superficialmente durante o debate e mesmo pelo outro jornal.

De modo geral, ficou evidente a completa ausência de matérias interpretativas da cobertura dos debates, o que, à primeira vista, pode sugerir a busca por imparcialidade, mas essa hipótese não se confirmou quando passamos a elaborar uma análise crítica do discurso desses jornais. É importante ressaltar que todos os candidatos participantes do debate tiveram espaço, porém de forma relativamente isolada, sem que os jornais tivessem buscado relações entre os candidatos ou contextualizado suas atuações.

Constatamos, ainda, que as fontes, de modo geral, foram as mesmas. Tanto o jornal *O Estado de S. Paulo* quanto a *Folha de S.Paulo* utilizaram predominantemente fontes oficiais – governamentais, partidárias ou ligadas à campanha. Em alguns casos, as fontes eram institutos de pesquisa, como o Datafolha, dando maior credibilidade à notícia e, de certa forma, isentando os jornais das críticas, as quais eram feitas e assumidas pelas fontes.

Mesmo destinando espaços semelhantes para a cobertura e mantendo equiparada a quantidade de matérias, com predominância do gênero informativo em ambos os jornais, cada um deles tentou a seu modo influenciar o leitor a respeito de um ou outro candidato. Isto porque, como cita Gnerre (1987), o discurso jornalístico não é isento, uma vez que é construído a partir de uma linguagem e de um quadro de referência que são dados como implícitos, mas que constituem verdadeiros filtros da comunicação, limitando seu alcance àqueles que compartilham da linguagem-padrão e dos conteúdos a ela associados.

Referências bibliográficas

Almeida Filho, Hamilton. *O ópio do povo: o sonho e a realidade*. São Paulo: Símbolo-Extra, 1976.

Baccega, Maria Aparecida. *Comunicação e linguagem: discursos e ciência*. São Paulo: Moderna, 1998.

Bahgdikian, Bem H. *The media monopoly*. Boston, Massachussetts: Beacon Press, 1983.

Caiafa, Janice. "Mídia e poderes: algumas notas e breve esboço de estratégias". *Revista Comunicação & Política*, vol. 1, n. 1, pp. 73-88, 1994.

Caldas, Graça. "Leitura crítica da mídia: educação para a cidadania". *Revista Comunicarte*, Puccamp, n. 25, v. 19, 2002.

Caldas, Maria das Graças Conde. *O latifúndio do ar: mídia e poder na Nova República*. Tese de Doutorado em Ciências da Comunicação, São Paulo, ECA-USP, 1995.

Caparelli, Sérgio. *Televisão e capitalismo no Brasil*. Porto Alegre: L&PM, 1982.

Chaparro, Manuel Carlos. *Desmistificando o velho paradigma: jornalismo não se divide em opinião e informação*. Disponível em http://www.reescrita.jor.br/ptgeneros.htm. Acesso em 15 dez. 2002.

Gnerre, Maurizzio. *Linguagem, escrita e poder*. 2. ed. São Paulo: Martins Fontes, 1987.

Gonzaga Motta, Luiz (org.). *Imprensa e poder*. Brasília/São Paulo: Ed. UnB/Imprensa Oficial, 2002.

Guareschi, Pedrinho A. *Comunicação e poder: a presença e o papel dos meios de comunicação de massa estrangeiros na América Latina*. Petrópolis: Vozes, 1981.

Herz, Daniel. *A história secreta da Rede Globo*. Porto Alegre: Tche!, 1987.

Keane, John. *The media and democracy*. Cambridge, Inglaterra: Polity Press, 1991.

Koch, Ingedore G. Villaça. *A inter-ação pela linguagem*. São Paulo: Contexto, 1992.

____________. *Argumentação e linguagem*. 4. ed. São Paulo: Cortez, 1996.

Leal Filho, Laurindo. *Atrás das câmeras: relação entre cultura, Estado e televisão*. São Paulo: Summus, 1988.

Maingueneau, Dominique. *Análise de textos de comunicação*. Trad. Cecília P. de Souza e Silva e Décio Rocha. São Paulo: Cortez, 2001.

MARCONDES FILHO, Ciro (org.). *Imprensa e capitalismo.* São Paulo: Kairós, 1984.

MARCUSCHI, Luiz Antônio. "A ação dos verbos introdutórios de opinião". *Revista Brasileira de Comunicação.* São Paulo, Intercom, ano XVI, n. 64, pp. 74-92, jan./jun, 1991.

MARQUES DE MELO, José. *A opinião no jornalismo brasileiro.* 2. ed. Petrópolis: Vozes, 1994.

MIGUEL, Luis Felipe. *Mito e discurso político: uma análise a partir da campanha eleitoral brasileira de 1994.* Campinas: Ed. Unicamp, 2000.

ORLANDI, Eni Puccinelli. *As formas do silêncio: no movimento dos sentidos.* Campinas: Ed. Unicamp, 1993.

PINTO, Milton José. *Comunicação e discurso: introdução à análise de discursos.* São Paulo: Hacker, 1999.

SANTAELLA, Lúcia. *Produção de linguagem e ideologia.* São Paulo: Cortez, 1996.

SODRÉ, Muniz. *Antropológica do espelho: uma teoria da comunicação linear e em rede.* Petrópolis: Vozes, 2002.

3

Internet e política: comunidades virtuais e paraísos artificiais no *front* digital

Eduardo Rubi Cavalcanti
Sebastião Carlos de Moraes Squirra*

A internet se tornou o principal meio de comunicação dos grupos antiglobalização e as origens desta atuação política podem ser traçadas desde a formação das primeiras comunidades virtuais, nos primórdios da rede mundial de computadores. Esse potencial de uso da informação digital começou a se desenvolver pela mesma geração que esteve à frente dos movimentos contraculturais dos anos de 1960 e que viu nos novos meios digitais um meio de resgatar a ação política e possibilitar a discussão democrática, no ciberespaço e fora dele.

A origem dos grupos de ativistas antiglobalização que atuam na internet pode ser traçada desde os pioneiros da formação de comunidades virtuais nos Estados Unidos. O termo "pioneiros" não é

* Eduardo Rubi Cavalcanti, jornalista, é mestre em Comunicação Social pela Universidade Metodista de São Paulo e professor da Universidade Católica de Santos e da Universidade Santa Cecília (Santos, SP). E-mail: erubi@terra.com.br. Sebastião Carlos de Moraes Squirra, jornalista, é diretor da Faculdade de Comunicação Multimídia e coordenador do Programa de Pós-Graduação em Comunicação Social da Universidade Metodista de São Paulo. É autor dos livros *Aprender telejornalismo; Boris Casoy: o âncora do telejornalismo brasileiro*; *O século dourado; Telejornalismo*: memórias – 1; e *Jornalismo on-line*. E-mail: ssquirra@uol.com.br.

por acaso. É assim que se sentiam os primeiros usuários das redes de mensagens eletrônicas, no início dos anos 1980 – desbravadores das fronteiras do ciberespaço, colonos da nova mídia.

As sementes das mudanças foram lançadas no início dos anos 1970, quando os Estados Unidos começaram a realizar experiências para delinear o perfil do que passou a ser chamado de "cidades cabeadas", as *wired cities*. A idéia foi apresentada ainda no governo do presidente Lyndon Johnson, nos anos 1960, no contexto do programa conhecido como Grande Sociedade, cujo principal objetivo era amenizar os explosivos problemas sociais da época. Com as *wired cities*, seriam implementados programas que aumentassem a qualidade de vida nas pequenas cidades americanas e estimulassem padrões para o desenvolvimento cultural regionalmente localizado. Daí surgiu o conceito "think global, act locally" (em tradução livre, "pensamento global, ação local").

Desde o início, os idealizadores desse tipo de atuação definiram quatro tipos de tecnologias, que constituiriam a estrutura central das cidades conectadas. Eram elas as conexões via linha telefônica, a televisão por cabos, as redes de televisão comerciais e as redes públicas de televisão. Os experimentos e conceitos de comunicação daí advindos propiciaram o surgimento da infovia, ou *information superhighway*, hoje intensamente discutida nas sociedades modernas.

O conceito de infovia começou a ser discutido na década de 1980, mas o termo passou a ser usado no início dos anos 1990. De tanto ser citado, passou a significar muitas coisas para muitas pessoas, mas, na essência, descreve redes nacionais e internacionais de trocas de informações entre pessoas a partir de computadores. A internet, uma das facetas da infovia, foi seguramente a que mais cresceu e com maior rapidez. Antes dela e da *world wide web* (a parte gráfica da rede), os boletins eletrônicos (BBSs) serviam de suporte para a organização de grupos de usuários de computador atraídos por assuntos de interesse comum.

Para o norte-americano Howard Rheingold (1993, p. 5), esses grupos funcionavam como comunidades virtuais, que ele define como "agregados sociais que surgem na rede quando um determinado número de pessoas conduz discussões públicas por um certo período, formando redes de relacionamentos no ciberespaço". Na época, podia ser um grupo de discussão e troca de informações sobre vinhos ou trens elétricos em miniatura, ou só mais um punhado de ex-hippies tentando manter vivos antigos ideais de liberdade de expressão, agora reduzindo a utopia da Nação de Woodstock, de viver numa sociedade livre de opressões, a objetivos menos ambiciosos e mais práticos, como a busca por acesso irrestrito aos dados oficiais que podiam ajudar a melhorar a vida nas cidades ou nos bairros; a mobilização em torno de alguma causa comum; ou a organização de movimentos contra tudo que pudesse ameaçar os interesses da população. De qualquer maneira, foi mais um resquício da contracultura se insinuando na sociedade tecnológica – a mesma rejeitada pelos jovens leitores do teórico alemão Herbert Marcuse, na década de 1960.

Se o mundo contemporâneo era identificado como uma tecnocracia, a busca por transcendência era o pressuposto básico para o indivíduo se manter livre. Para o teórico da contracultura Theodore Roszak (1972, pp. 19-21), tecnocracia é "a forma social na qual uma sociedade industrial atinge o ápice de sua integração organizacional" e "na qual os governantes se justificam invocando especialistas técnicos, que, por sua vez, se justificam invocando formas científicas de conhecimento", além das quais não haveria recurso algum. "Na tecnocracia, tudo deixou de ser pequeno, simples ou fácil de entender para o homem não-técnico. [...] Numa tal sociedade, o cidadão, confrontado por uma formidável complexidade, vê-se na necessidade de transferir todas as questões a peritos".

Foi uma questão de tempo, porém, até que os estudantes que se voltavam contra os tecnocratas assumissem, eles mesmos, posições de comando no desenvolvimento da tecnologia. A diferença era que agora se formava uma versão *esclarecida* da tecnocracia. Para o teórico espanhol Manuel Castells (1999, p. 25), a grande evolução da tecnologia ocorrida no início dos anos 1970 não está relacionada apenas ao financiamento militar e das grandes corporações, mas também "à cultura da liberdade, inovação individual e iniciativa empreendedora oriunda dos *campi* norte-americanos da década de 1960". Embora a maioria dos inovadores não tivesse uma identidade político-ideológica bem definida, muitos compartilhavam a disposição de se distanciar dos valores sociais que então representavam a norma, bem como dos padrões convencionais de comportamento, tanto nas relações individuais quanto no mundo dos negócios.

Aponta Castells (1999, p. 25):

> A ênfase nos dispositivos personalizados, na interatividade, na formação de redes e na busca incansável de novas descobertas tecnológicas, mesmo quando não faziam muito sentido comercial, não combinava com a tradição, de certa forma cautelosa, do mundo corporativo. Meio inconscientemente, a revolução da tecnologia da informação difundiu pela cultura mais significativa de nossas sociedades o espírito libertário dos movimentos dos anos 1960.

E a conclusão lógica dos que estavam à frente dessa revolução foi que os colonizadores fazem as regras e as leis, estabelecem os códigos e instalam as bases para o que vem a seguir.

De colonizadores, os pioneiros da fronteira eletrônica emergiram da Universidade da Califórnia, do Massachussets Institute of Technology e da Universidade de Harvard como pregadores da nova utopia. Como o escritor Ken Kesey, que na década de 1960 viajava em um ônibus multicolorido distribuindo LSD a uma América ansiosa por se libertar da repressão da Era Eisenhower, os ciber-hippies apresentaram aos jovens americanos da Era Reagan uma nova promessa de conscientização política depois do vácuo existencial/ideológico dos anos 1970 (pelo menos um deles, Stewart Brand, editor da revista *The Whole Earth Software Review*, uma das primeiras publicações específicas do gênero, esteve de fato no lendário ônibus de Kesey).

Dave Hughes, um veterano das guerras da Coréia e do Vietnã, era um desses apóstolos do ativismo *on-line*. Howard Rheingold descreve como ele operava, à maneira de um visionário, revelando o futuro às massas:

> Hughes chega na cidade. Ele encontra os moradores, que estão frustrados com o jeito antigo de fazer as coisas. Pega seu laptop, conecta na linha telefônica mais próxima, revela o alcance e o poder da Rede, e esclarece a multidão. Ele convida as pessoas a pôr as mãos no teclado e elas estão fisgadas. Quando vai embora, a cidade está na rede (Rheingold, 1993, p. 25).

Em poucos anos, a "contracultura computacional pessoal", como define Castells (1999, p. 379), teria impacto global. "Essa origem universitária da rede sempre foi decisiva para o desenvolvimento e difusão da comunicação eletrônica pelo mundo." Se intencional ou não, o modo como as comunidades virtuais tomaram forma, a partir daí, sugeriu uma resposta à ameaça de algo ainda pior que a alienação da década anterior: uma onda conservadora que tinha no presidente Ronald Reagan o seu mais visível defensor. Numa época em que as conquistas sociais nos Estados Unidos pareciam ameaçadas pelo liberalismo ortodoxo da *reaganomics*, uma parcela da classe média urbana norte-americana procurou preservar seus direitos e exercitar a cidadania diante do forte avanço de grupos religiosos e políticos, refratários ao que entendiam ser os excessos dos vinte anos anteriores.

Para uma rede de computadores ainda incipiente, a troca de informações de natureza política funcionou como um dos principais estímulos à expansão, ao lado dos objetivos militares, educacionais e comerciais. Uma explicação para a rápida disseminação de grupos de ativistas está na possibilidade que se abria para o resgate do espírito comunitário que havia alimentado as esperanças da contracultura na obtenção de formas alternativas de desenvolvimento da sociedade.

A formação de comunidades, contudo, não era só um impulso contracultural. Wheatley e Kellner-Rogers (1998, p. 24) consideram a criação de sistemas de relacionamentos um instinto comum a todos os seres vivos. O homem teria a peculiaridade de enfrentar o paradoxo de ter de se relacionar, sentindo, ao mesmo tempo, a necessidade de preservar a liberdade individual. As comunidades seriam formadas, então, a partir das necessidades de autodeterminação e de relacionamento entre os indivíduos. Os autores americanos apontam que "muito freqüentemente, o preço de pertencer a uma comunidade é a perda da autonomia individual". As comunidades, para eles, se formam em torno de normas, doutrinas e tradições específicas. A conciliação entre interesses individuais e coletivos, por esse conceito, seria possível através do apoio à liberdade dos membros da comunidade.

Conceitos mais elaborados sobre a questão da comunidade foram estabelecidos pelo sociológo Ferdinand Tönnies, conforme aponta Richard Sennet (1988, p. 274.), no século XIX. Para Tönnies, haveria uma oposição entre as comunidades no mundo pré-capitalista e nas sociedades tradicionais, rigidamente hierarquizadas (*Gemeinschaft*), e aquelas formadas nas sociedades modernas (*Gesellschaft*), marcadas pela divisão do trabalho e por classes instáveis. As primeiras seriam marcadas por relações mais abertas e pela comunicação emocional entre as pessoas; as segundas, pelo engajamento parcial, ou seja, pela racionalização dos relacionamentos, que se tornaram mais formais, mecânicos e subordinados ao individualismo. Embora Tönnies considerasse o ideal da *Gemeinschaft* perdido definitivamente, o sociólogo norte-americano Richard Sennett reconhecia, no homem contemporâneo, a busca de um princípio de comunidade mais aproximado ao que se perdeu no século XVIII, com o desenvolvimento das sociedades modernas (das quais o capitalismo era uma das marcas mais distintivas), ainda que, para ele, as condições que tornavam esse princípio possível tenham se perdido com as próprias transformações da vida pública.

Em *O declínio do homem público,* Sennett (1988, p. 275) trabalha o conceito de comunidade além das relações sociais restritas a uma localidade específica. Ele se distinguiria por implicar uma "identidade coletiva", que se forma a partir de ações mútuas. "Em geral, podemos dizer que o *senso de comunidade* de uma sociedade que tem uma forte vida pública nasce dessa união da ação compartilhada e de um senso do eu coletivo compartilhado". Com as mudanças ocorridas ao longo do século XX – o enfoque passando do coletivo, do público, para o individual –, Sennett argumenta que a lógica da *Gemeinschaft* também mudou. A comunidade passou a ser uma defesa, tanto emocional quanto territorial.

Se antes existia um equilíbrio entre público e privado, agora haveria um confronto entre comunal e urbano, "o território dos cálidos sentimentos e o território da indiferença impessoal". O que todas essas distinções mostram é que a noção de comunidade é determinada pela época e por fatores psicológicos associados à forma como a sociedade, como um todo, se desenvolve. Outros autores consideram que as comunidades dependem da interação social, tanto quanto dos sistemas simbólicos e de valor que são compartilhados, ou, ainda, que elas têm seus limites geográficos e funcionais delimitados pela divisão social do trabalho.

Esfera pública recriada

Parece claro, portanto, que a crescente expansão tecnológica, na medida em que afeta diretamente a economia, a política e a cultura, também contribui para mudar a forma como as comunidades podem se formar e se organizar. Afinal, como propõe Pierre Lévy (1993, pp. 188-189), são as "múltiplas coalizões sociais" que dão sentido ao aparato tecnológico, cujo avanço não seria "determinado *a priori*, antes de ter sido submetido à prova do coletivo heterogêneo, da rede complexa onde deverá e que conseguirá, eventualmente, reorganizar". Ele vê o desenvolvimento das redes digitais como uma forma deliberada de constituição de novas formas de inteligência coletiva (que seria a dimensão social da inteligência, ligada à linguagem, à técnica e às instituições). Elas seriam "mais flexíveis, mais democráticas, fundadas sobre a reciprocidade e o respeito das singularidades".

Para Jan Fernback e Brad Thompson (1995), o que define as comunidades virtuais é a sua capacidade de aglutinar as dimensões políticas, econômicas, sociais e culturais próprias da sociedade pós-industrial, numa concepção muito próxima da *Gemeinschaft*: interação social e solidariedade, troca de experiências políticas e simbólicas, livre expressão e união em torno de interesses comuns. Os autores questionam, porém, se comunidades fundamentadas na identidade (religião, raça, gênero, convicções políticas) como base para a argumentação não estariam contribuindo para uma fragmentação ainda maior do cenário político e cultural contemporâneo, para prejuízo do interesse de todos.

Nesse ponto, é válido lembrar que a fragmentação deve ser entendida, segundo Boaventura de Sousa Santos (1996, p. 107), como um legado do projeto da modernidade, cujo esgotamento fez emergir novos atores sociais. Seu argumento é que a classe operária não conseguiu ser o agente histórico das mudanças imaginadas por Marx e que, portanto, é válido identificar os protagonistas da utopia democrática nos novos movimentos sociais conscientes do poder exercido sobre eles nas sociedades capitalistas.

Ele, contudo, não vê esses grupos como sujeitos históricos das transformações sociais, mas como "uma rede de sujeitos em que se combinam várias subjetividades correspondentes às várias formas básicas de poder que circulam na sociedade". Assim, estas subjetividades se combinariam sob as mais diversas circunstâncias pessoais e políticas, sempre de forma contingente, mas organizada e estruturada, fazendo que a "contingência global" conviva com "determinismos locais".

> A tarefa é agora a de [...] reconstruir um arquipélago de racionalidades locais, nem mínimas nem máximas, mas tão-só adequadas às necessidades locais, quer existentes quer potenciais, e na medida em que elas forem democraticamente formuladas pelas comunidades interpretativas (Santos, 1996, p. 110).

Estabelecida essa relação entre comunidade e pós-modernidade, chega-se à definição básica de Howard Rheingold (1993, p. 120), para quem as comunidades virtuais são grupos de pessoas que podem ou não se encontrar pessoalmente, que trocam mensagens por meio de redes de computadores e se mantêm conectadas na medida em que compartilham interesses mútuos. Uma diferença fundamental em relação às comunidades tradicionais é que a comunicação, nesses grupos, é mediada pela tecnologia. Rheingold parte dos estudos de Jürgen Habermas para apontar que essa peculiaridade representa um caminho para a recuperação da esfera pública.

A definição de Habermas (1984, p. 93) para esfera pública é a de espaço para o debate racional, no qual as várias correntes de opinião na sociedade estão representadas, em busca do consenso. Esse espaço passa por transformações ao longo da história na medida em que o desenvolvimento do capitalismo vai produzindo mudanças, tanto na economia quanto na sociedade e na cultura. No século XVIII, o pressuposto social para que a esfera pública assumisse funções políticas era "um mercado tendencialmente liberado, que faz da troca na esfera da reprodução social, à medida do possível, um assunto particular das pessoas privadas entre si". No século XIX, a esfera pública politicamente atuante, porém, se tornou acessível a uma classe burguesa cujos interesses permeavam os de toda a sociedade.

Hoje, seria possível se referir como esfera pública ao âmbito da opinião pública, em oposição ao do poder público caracterizado pelo Estado. Entre os seus órgãos, estaria o espaço da mídia, dos meios "que servem para que o público se comunique". Habermas lamenta, porém, que "uma representação pública de interesses privados individuais ou, então, coletivos" tenha sido, desde o início, comprometida pela falta de separação entre os interesses econômicos e políticos, a começar pelos jornais.

> À mesma época em que, através da propaganda publicitária, penetrava na esfera pública a concorrência horizontal dos interesses dos

> donos de mercadorias entre si, os fundamentos do capitalista concorrencial já haviam penetrado enquanto tais nas lutas dos partidos. Também a concorrência vertical entre contraditórios interesses de classes havia ingressado no âmbito da esfera pública (Habermas, 1984, p. 225).

Na interpretação que faz dessa teoria, Armand Mattelart (1999, p. 82) chama a atenção para o que Habermas via como a restauração dos traços feudais da opinião ("a refeudalização da esfera pública"), provocada pela substituição da argumentação pública (a troca de argumentos racionais entre os indivíduos, o confronto de idéias e pontos de vista divergentes) por opiniões e consensos *fabricados* (manipulados, padronizados, massificados) pela cultura de massa, conforme os interesses comerciais em jogo. Habermas aponta que o desenvolvimento das técnicas de relações públicas, a partir dos anos 1950, é um outro fator a contribuir para o que chama de "encenação".

Se antes a propaganda tinha como destinatários consumidores imediatos, agora os *public relations* atuavam mascarando intenções comerciais ou políticas como se fossem de interesse geral, integrando "as funções tradicionais da esfera pública à concorrência de interesses privados organizados". Para Habermas, estariam criadas, assim, as condições para o rompimento da antiga base de convergência de opiniões, já que o pensamento do público estaria limitado e conformado aos fundamentos dos poderes dominantes.

> A expressão *trabalhar a esfera pública* já revela que, conforme as circunstâncias e conforme o caso, primeiro é preciso estabelecer uma esfera pública que, antigamente, era dada com a posição dos representantes e que também tinha assegurada a sua continuidade através de um simbolismo garantido por tradição. Hoje, precisam ser arranjados pretextos para a identificação – a esfera pública precisa ser *fabricada*, ela já não *há* mais (Habermas, 1984, p. 235).

O tema do declínio da esfera pública na sociedade contemporânea é uma preocupação, ainda, para Richard Sennett. Mas, em vez de destacar o papel dos meios de comunicação de massa e a função da mídia na formação das opiniões e na circulação das idéias, ele segue um outro enfoque, o da perda do *espaço* para o relacionamento e o intercâmbio entre os indivíduos, que também era importante para Habermas – ou talvez ainda mais relevante, como sugere John B. Thompson (1998, p. 119), para a compreensão da tese do pensador alemão, cuja concepção de esfera pública era modelada a partir do ambiente dos cafés, salões e clubes europeus do início da era moderna na Europa. Ele nota que Habermas considerava as formas de conversação nos programas de debates da televisão, por exemplo, "incomparáveis ao debate crítico-racional que era constitutivo da esfera pública burguesa", na medida em que na "esfera pública manipulada" se configura "uma atmosfera pronta para a aclamação", ao invés de opinião pública, como propõe o pensador alemão.

Sennett (1988, p. 392) também vê os cafés de Londres e Paris, no século XVIII, como lugares nos quais os cidadãos podiam expressar suas opiniões livremente, qualquer que fosse sua classe social. Mesmo notando que essa eliminação das diferenças não passava de uma "ficção social", ele considera essa experiência positiva.

> Nos cafés, os padrões elaborados de discurso não eram alternativas aos padrões de discurso utilizados em outros cenários sociais, mas foram utilizados para um propósito ao qual se adequavam de modo especial: o de permitir que o discurso fluísse livremente entre pessoas de níveis sociais diferentes.

E, assim como Habermas, Sennett entende que, com o declínio da vida pública, a participação no debate político ficou reduzida a uma questão de sancionar o que é apresentado, algo que ele associa a fatores que vão desde o planejamento arquitetônico das cidades até os meios de comunicação eletrônicos.

Quanto a esse último aspecto, Sennett destaca o papel da televisão como substituta do contato social, respondendo aos impulsos culturais que antes faziam que as pessoas procurassem umas às outras para satisfazer-se. Ao mesmo tempo que forneceu meios para que o público aumentasse seu conhecimento sobre o que ocorre na sociedade, reforçou a tendência ao isolamento social que existia antes de seu advento e "inibiu infinitamente a capacidade de as pessoas converterem esse conhecimento em ação política". Os meios de comunicação de massa e a arquitetura moderna passaram a ser orientados por um mesmo princípio: o da visibilidade total, para maior efeito de isolamento social.

A organização do espaço público urbano obedece, assim, a uma inversão de funções. Os prédios são construídos utilizando sempre em maior quantidade materiais como o vidro, que tornam o interior, o espaço privado, mais visível, mais *público*. Enquanto isso, o que era, originalmente, espaço público deixa de ser funcional para a interação entre as pessoas – ele se converte, segundo Sennett, em "espaço público morto". Praças e pátios se tornaram nada mais que passarelas, porque foram integrados a projetos arquitetônicos que deixam transparente a noção de um espaço público em declínio.

Existe um evidente desejo de se recriar locais que um dia tiveram significado importante na forma com que as pessoas se relacionavam em público, ainda que dessas tentativas resultem nada mais que simulacros. Pamela McCorduck lembra que, nos cafés, bistrôs e bares recriados nos *shopping centers* à imagem dos que existiam no passado, há uma forte sensação de nostalgia, mas nada além. O espaço para a livre expressão do público foi irremediavelmente perdido.

> Os *shoppings* tentam recriar as ruas centrais do passado, mas elementos críticos mudam no processo. O centro das cidades, embora seja um lugar de comércio, é também um local público; o *shopping center* é inteiramente planejado para maximizar o consumo. Na rua central você é um cidadão; no *shopping*, você é um cidadão enquanto consumidor (McCorduck, 1996).

Do mesmo modo, argumenta Richard Sennett (1988, p. 345), o rádio e a televisão criam a impressão (durante debates políticos, por exemplo) de que é possível a participação efetiva do público. Mas, quando a interação chega a ser possível, de alguma maneira, ela é extremamente limitada, restringindo-se a telefonemas ou ao envio de *e-mails*, na melhor das hipóteses. As limitações estruturais dos meios de comunicação de massa são reconhecidas tanto por Habermas quanto por Sennett, nas respectivas análises do declínio da esfera pública. Elas parecem ausentes, porém, no contexto da comunicação mediada por computador.

O que contribuiu fortemente para a aceitação da internet como espaço de trocas de experiências científicas é seu conceito de "muitos para muitos" (Squirra, 1998, p. 30). Esta possibilidade derrubou as barreiras para as colaborações e os trabalhos conjuntos, que, pelas facilidades tecnológicas, não requerem mais reuniões, viagens demoradas ou o envio de material pelo correio. Também proporcionou condições inéditas de trocas de informações entre indivíduos em qualquer ponto do globo conectado à rede. No ciberespaço, qualquer cidadão com um *modem*, um computador e uma linha telefônica pode se tornar um emissor. Chris Lapham (1996) afirma que, à medida que as pessoas começam a produzir e compartilhar informações na internet, elas passam a depender cada vez menos dos meios de comunicação tradicionais.

Num comentário feito no início da década de 1990 – antes, portanto, da explosão da *web* –, Habermas sugeria uma esfera pública cujo conceito de democracia era centrado no discurso e na qual os conflitos seriam resolvidos a partir da argumentação racional de todos os envolvidos. Ela estaria fundamentada na

> relação mútua entre a vontade política instituída constitucionalmente e o fluxo espontâneo de comunicação não subvertido pelo poder, no âmbito de uma esfera pública que não seja direcionada à tomada de decisão, mas à descoberta e à resolução de problemas, o que, nesse sentido, é algo não-organizado (Habermas, 1995).

Para Fernback e Thompson (1995), esta concepção se ajusta ao tipo de comunicação não centralizado e de muitos para muitos existente na internet. Uma comunicação cuja marca foi, um dia, a interação face a face e que, agora, é substituída pelos dispositivos hipertextuais do ciberespaço, que Pierre Lévy (1996, p. 49) compara a um "imenso plano semântico, acessível em todo lugar, e que todos [podem] ajudar a produzir, a dobrar diversamente, a retomar, a modificar, a dobrar de novo".

Experiências práticas de constituição de esferas públicas *on-line* em vários países mostram que o espaço da internet pode se converter num meio capaz de garantir o fluxo de informação mencionado por Habermas. As primeiras iniciativas de democracia digital surgiram nos Estados Unidos e, em geral, os *sites* são formados por organizações não-partidárias, compostas por voluntários, que se propõem ampliar a participação popular em questões relacionadas ao interesse público e ao exercício da cidadania, usando apenas a internet como meio de informação e comunicação.

Um dos *sites* mais antigos é o Minnesota E-Democracy, criado em 1994, o primeiro da *web* voltado à promoção de informações e à interação do público nas épocas de eleição. O modelo foi tão bem-sucedido que se disseminou por outros estados norte-americanos, sendo levado pelo mesmo grupo estabelecido em Minnesota. Nos anos seguintes, surgiram *sites* como o Iowa E-Democracy, o Minneapolis Issues Forum e o Democracies Online Newswire, que mantêm uma ampla rede de contatos que abrange desde os Estados Unidos até a Europa, Ásia e Oceania. Mesmo no Sudeste Asiático, região onde os governos democráticos nem sempre são uma realidade, o portal Malaysia.Net se propõe ser uma cibercomunidade e servir como fórum cultural para os "net-cidadãos".

Lincoln Dahlberg (2000) vê nessas experiências *on-line* um modelo de participação democrática centrada no discurso, análoga à teorizada por Habermas. Esse modelo se estenderia, ainda, aos projetos de cidades digitais, como Santa Monica, na Califórnia, e Bolonha, na Itália, que incluem fóruns de discussão sobre assuntos relacionados à comunidade. E também a empresas como a SpeakOut.com, que mantém portais concebidos para não só informar sobre questões políticas relevantes, mas permitir que as pessoas reajam a elas e participem de pesquisas de opinião e interajam com políticos, especialistas em marketing e representantes de partidos, corporações e grupos de interesse. Um dos projetos elaborados pela SpeakOut, o VoxCap.com, é um portal para o ativismo *on-line* que se propõe estimular o debate crítico e a participação direta em discussões que vão desde direitos das minorias até questões como o controle de armas e assuntos religiosos.

Identidade e dissimulação

O apelo inicial das novas tecnologias é que elas ofereciam um canal de comunicação recíproca, de mão dupla – algo que as mídias de massa jamais conseguiram –, com a vantagem adicional de que estavam abertas a todos que quisessem usá-las, sem qualquer controle externo sobre o conteúdo, embora as muitas limitações técnicas não fossem identificadas, na época. Ao contrário, o que hoje é percebido como uma forma arcaica de troca de informações *on-line*, durante o período de formação das primeiras comunidades virtuais era visto como um meio inovador, eficiente e, principalmente, capaz de garantir uma autonomia até então apenas sonhada pelos grupos de defesa dos direitos civis.

Os filhos dos movimentos estudantis dos anos 1960 finalmente acertavam as contas com a sociedade tecnológica. Se a contracultura se fundamentava num "sentido de comunidade profundamente personalista, e não em valores técnicos e industriais", representando "uma crítica mais radical à tecnocracia que qualquer uma das ideologias tradicionais", como propunha Roszak (1972, p. 210), então havia chegado a hora de virar essa lógica de cabeça para baixo. Afinal, o aparato tecnológico altamente sofisticado produzido pelo avanço da informática já não era mais exclusividade de uma elite de tecnocratas e se tornava, progressivamente, mais acessível às camadas médias da sociedade.

Os valores técnicos que antes funcionavam como ameaça à individualidade agora eram usados para reforçar não apenas o poder do indivíduo na sociedade, como também a expansão do conceito de comunidade. Ao contrário do que imaginavam teóricos como Theodore Roszak (1972, p. 210), os técnicos não se tornariam perfeitamente integrados aos sistemas cibernéticos por eles programados, quando o "estilo mecanicista" tivesse sido "internalizado como o estilo de vida dominante" das sociedades contemporâneas – eles, ao contrário, moldariam os sistemas, ou parte ponderável deles, aos seus próprios desígnios.

Esses desígnios, se não tiveram a ver com uma ideologia clara, foram formados a partir da percepção difusa de que a combinação de uma cultura comunitária com as novas tecnologias seria, num mundo cada vez mais permeado pela lógica do mercado e pelos imperativos da globalização econômica, uma garantia de preservação da identidade – entendida aqui pelo conceito de Castells (1999, p. 39) de "processo pelo qual um ator social se reconhece e constrói significado principalmente com base em determinado conjunto de atributos culturais, a ponto de excluir referência mais ampla a outras estruturas sociais".

As comunidades virtuais se tornaram, portanto, um dos instrumentos capazes de assegurar a preservação de identidades nas sociedades contemporâneas. Certamente, mais que qualquer outra mídia, os meios de comunicação mediada por computador ofereceram autonomia a amplos segmentos da população ao redor do globo. A disseminação tão rápida e ampla de formas de comunidades pela internet não se explica apenas pela novidade da rede, mas também pela necessidade imperiosa de *estar conectado* como metáfora de inclusão social.

A ausência de um espaço público para o livre debate de idéias e as dificuldades práticas de organização de grupos de interesse em locais diferentes de um mesmo país, ou de regiões distantes do globo, determinaram a crescente utilização da internet também como uma *ágora eletrônica*, com todas as vantagens, mas também todas as distorções implícitas nas relações virtuais.

Octavio Ianni (2000, p. 166) vê algo mais na ausência da "infecção" da presença concreta. Ele desconfia da *ágora eletrônica*, "na qual muitos navegam, naufragam ou flutuam, buscando salvar-se" e onde "todos estão representados, refletidos, defletidos ou figurados, sem o risco da convivência nem da experiência". Para Ianni, os intérpretes e usuários das tecnologias de comunicação eletrônicas ou mediadas por computador não percebem seu verdadeiro significado, porque elas não são transparentes e se articulam como técnicas sociais, na medida em que se inserem em todas as estruturas e esferas da sociedade, tanto em nível nacional quanto mundial, mudando as formas de sociabilidade.

Thompson (1998, p. 29) é menos cético em relação a esse processo. Para ele, "ao alterar as condições espaço-temporais da comunicação, o uso dos meios técnicos também altera as condições de espaço e de tempo sob as quais os indivíduos exercem o poder: tornam-se capazes de agir e interagir à distância". Ele contrapõe a duração transitória da interação face a face à durabilidade do discurso pelos meios técnicos e à possibilidade de ação não limitada pela ausência dos interlocutores. Embora em sua análise Thompson faça referência genérica aos meios de comunicação, essa concepção parece adequada, em especial, no caso das comunidades virtuais. A troca de informações pela internet pode resultar numa atitude passiva diante do que ocorre no mundo, mas há uma chance de que ela produza o efeito contrário.

Se o processo de formação de redes pode resultar no tipo de ativismo político visto nas ruas a cada encontro das autoridades econômicas mundiais, então não há como deixar de reconhecer seu impacto social. Ianni (2000, p. 160) afirma que a mediação eletrônica também elimina os conflitos, na medida em que "as identidades, alteridades ou diversidades não precisam desdobrar-se em desigualdades, tensões, contradições, transformações". Ele vê, no mundo virtual, a dissociação da experiência e da consciência e o tecido de uma "vasta, complexa e lucrativa rede sistêmica".

Já Thompson (1998, p. 29) chama atenção para o papel do receptor na interpretação das formas simbólicas produzidas nas relações entre os indivíduos, o que não elimina as tensões e contradições apontadas por Octavio Ianni.

> Quando indivíduos codificam ou decodificam mensagens, eles empregam não somente as habilidades e competências requeridas pelo meio técnico, mas também várias formas de conhecimento e suposições de fundo que fazem parte dos recursos culturais que eles trazem para apoiar o processo de intercâmbio simbólico. Estes conhecimentos e pressuposições dão forma às mensagens, à maneira como eles as entendem, se relacionam com elas e as integram em suas vidas.

A desconfiança de Ianni em relação aos meios de comunicação mediados por computador se refere, basicamente, ao potencial de manipulação a que seus usuários estão sujeitos, uma característica que eles compartilhariam com as mídias tradicionais, como a televisão, o rádio e os jornais, controlados por grandes grupos empresariais. Essa desconfiança é compartilhada por outros autores, como Jean Baudrillard (1997, p. 149), para quem a identidade não é dos indivíduos, mas sim da rede. Nela, os problemas de identidade do indivíduo se resolvem "pela possibilidade da dissimulação, do desaparecimento no espaço impalpável do virtual".

Baudrillard acredita que o espectador só se torna ator ou agente quando existe uma separação formal entre palco e platéia. Por essa analogia, o fim da distância provoca a "imersão total" na tela do computador, o texto deixa de ser percebido como texto, como escrita, para se tornar imagem, "sem mais nada a ver com a transcendência do olhar ou da escrita". O espaço da internet seria uma simulação da liberdade, na medida em que o usuário estaria operando no limite de códigos, *sites* e elementos estabelecidos, e onde as respostas também seriam automáticas.

Mesmo um autor como Rheingold, que acompanhou de perto o desenvolvimento das comunidades virtuais nos Estados Unidos, é cuidadoso ao tratar da questão do potencial democrático da rede mundial de computadores. Ele vê como principal contribuição das tecnologias de comunicação a possibilidade de ajudar os cidadãos a quebrar o monopólio das redes de televisão, das empresas jornalísticas e dos conglomerados de mídia.

Posição semelhante é defendida pelo brasileiro Dênis de Moraes, que considera o ambiente interativo da internet um suporte para a difusão das reivindicações de grupos de ativistas e organizações não-governamentais, que já não passam pelos filtros da grande mídia.

> O que se busca é promover a disseminação de idéias e o máximo de intercâmbios. Poder interagir com quem quer apoiar, criticar, contestar, como também driblar o monopólio de divulgação, permitindo que forças contra-hegemônicas se expressem com desenvoltura, enquanto atores empenhados em alcançar justiça social (Moraes, 2001, p. 125).

Rheingold, assim como Ianni, desconfia da idéia de uma democracia eletrônica, por também acreditar que a crescente sofisticação dos meios de comunicação aumenta o risco de a promessa de liberdade política na rede ser instrumentalizada pelas corporações como apenas mais um elemento de promoção da tecnologia, de suas qualidades como instrumento de *progresso*. Ele é cético quanto à esperança messiânica de que a tecnologia substitua outras formas de exercício da cidadania. Da mesma maneira, Octavio Ianni sugere que os conglomerados transnacionais determinam grande parte da integração social existente no planeta.

As novas tecnologias estão organizadas em empresas, corporações, ou conglomerados. Essa conformação implicaria a mesma transformação que está na base da crítica à indústria cultural, ou seja, a produção e a reprodução de bens culturais combinadas com a produção e reprodução do capital, dissolvendo-se assim as fronteiras entre público e privado, mercado e cultura, cidadão e consumidor, povo e multidão.

Crítica semelhante é feita por Arthur Kroker e Michael Weinstein (1994, p. 19) à nova "classe virtual" e à noção de democracia associada a ela:

> Não acessível a todos, a superestrada da informação, com suas transferências aceleradas de dados, voz e vídeo, é aberta apenas àqueles que possuem os códigos corporativos privilegiados. E, não evidente a todos, ela também é uma arena de poder global, porque permanece invisível, desterritorializada, espaço eletrônico flutuante para as classes não-virtualizadas, para aqueles que foram abandonados pelo vôo da classe virtual rumo ao futuro telemático.

Kroker e Weinstein combinam, também, as noções de simulacro desenvolvidas por Baudrillard e da *multidão solitária* de David Riesman, ao apontarem o apelo das comunidades virtuais. As redes eletrônicas teriam o poder de gerar comunidades sem uma existência além daquela necessária para esconder a solidão interior. O compromisso exigido por essa *tecnotopia* seria o de se acreditar que a expansão das redes tudo facilitará nas sociedades contemporâneas, da maior interatividade ao acesso ao conhecimento, sob a justificativa autoritária, que se faz passar por democrática, de que não há alternativa à tecnologia digital – é se adaptar a ela ou perecer.

Wheatley e Kellner-Rogers (1998) também fazem objeções quando comentam a formação de comunidades pela internet. A principal delas é que a rede elimina o paradoxo do individualismo e da união, ao manter o isolamento dos indivíduos que se relacionam com outras pessoas buscando não a diversidade de pensamento, mas uma imagem de espelho – outros indivíduos que reforcem opiniões já formadas e compartilhem as mesmas convicções, ao contrário das relações nas comunidades convencionais, em que os relacionamentos seguem outra dinâmica, a da diversidade e do confronto de pontos de vista divergentes.

Embora menos pessimista, Castells conduz numa direção semelhante sua análise sobre as formas de desenvolvimento dos sistemas multimídia. Para ele, o controle das empresas, e não dos governos, sobre os estágios iniciais da nova cultura eletrônica é determinante para o modo como ela se desenvolverá.

> Apesar de toda a ideologia do potencial das novas tecnologias de comunicação em educação, saúde e aperfeiçoamento cultural, a estratégia dominante visa o desenvolvimento de um enorme sistema eletrônico de entretenimento, considerado o investimento mais seguro do ponto de vista empresarial (Castells, 1999, p. 389).

Uma estada perpétua no Club Med, ou uma eternidade em Las Vegas, argumentam Kroker e Weinstein, é o que estaria por trás do desejo de virtualidade.

Caminho para a ação

Sublinhando a natureza ambígua dos meios eletrônicos, Howard Rheingold (1993, p. 300) reconhece que existem mais do que simples armadilhas no caminho da formação das comunidades virtuais. Partindo das análises de Baudrillard e Guy Debord sobre, respectivamente, a cultura do simulacro e a sociedade do espetáculo, nas quais estariam inseridos os meios de comunicação mediados por computador e toda a teia de relacionamentos estabelecida a partir deles, Rheingold conclui que, apesar de tudo, é possível existir algo como uma "democracia eletrônica", pois "aqueles dispostos a usar redes de computadores como instrumentos políticos devem ir além e aplicar ativamente suas teorias a outros tipos, diferentes, de comunidades".

Ele defende a idéia de que a tecnologia leva mais poder às pessoas comuns, que não precisam mais se sujeitar aos "cortes existenciais" dos detentores da indústria cultural de massa – especificamente as empresas de rádio, televisão, revistas e jornais, que representam o conceito de comunicação de "um para muitos".

> A revolução deflagrada pela imprensa tinha a ver com alfabetização, e ao que as populações alfabetizadas são capazes de fazer (por exemplo: governar a si mesmas), muito mais do que à mecânica dos tipos móveis. A tecnologia permitiu a troca de poder, mas essa troca foi criada pelas pessoas que usavam a ferramenta para se educarem (Rheingold, 1993, p. 300).

Rheingold não rejeita nem superestima o poder de sedução das novas tecnologias, mas questiona se, com um olhar mais crítico sobre elas, não seria possível construir relações comunitárias mais fortes e humanas, apesar de todos os riscos de manipulação ideológica e alienação implícitos no uso dos recursos técnicos disponíveis na sociedade contemporânea. São questões que rondam as manifestações antiglobalização, desde Seattle, no final de 1999 – se elas representam o florescimento de um novo e revigorado impulso político, latente em segmentos representativos da sociedade e potencializado pelo uso da informática, ou se constituem um simulacro de protesto global, uma simulação espetacular do espírito de maio de 1968, estimulada pela sensação de liberdade de ação propiciada pela internet.

A rede como novo paraíso artificial, com a marca indelével da pós-modernidade e do aperfeiçoamento dos mecanismos de controle social, é uma noção factível demais para ser ignorada. O impulso contracultural que determinou o surgimento das primeiras comunidades virtuais pode ainda resistir sob o manto tecnológico que cobre e se infiltra em todas as relações sociais. O risco implícito, contudo, é o de não se estar diante do resgate da discussão democrática, e sim de um reflexo hiper-real de algo que se extinguiu há muito tempo, um brilho sustentado no vácuo do ciberespaço. A contradição que o ativismo *on-line* ainda não superou é a da exigência de manter a ligação com o mundo real, diante da ameaça de imersão total no universo de auto-reprodução infinita dos signos da sociedade tecnológica e em suas galáxias que não mais comportariam informações, e sim dados intercambiáveis, recombinando-se e disseminando como vírus, fora do alcance de qualquer significado e de toda tentativa de interpretação.

As análises mais críticas sobre a formação de comunidades virtuais colocam em xeque a noção de que o desenvolvimento de novas tecnologias, mesmo as que fornecem meios para o aprimoramento das comunicações, podem ser instrumentos capazes de fortalecer a democracia, ou de contribuir para o resgate da esfera pública e do tipo de interação existente nas comunidades da era pré-capitalista. Contudo, qualquer investigação sobre os grupos antiglobalização que organizam suas estratégias pela internet, e que podem ser considerados como formas de comunidades virtuais, tem de levar em conta os resultados práticos da formação destas redes de interesse. Se as manifestações de rua contra o FMI, a OMC e o G-8 cumprem sua função de alertar que há descontentes com o processo de globalização que não estão dispostos a ficar calados, ou passivos, então é preciso reconhecer que houve um ganho de participação democrática no uso dos meios de comunicação mediada por computador.

Uma das preocupações, no estudo que Jan Fernback e Brad Thompson realizaram em 1995, era saber se as expectativas quanto ao potencial democrático dos novos meios poderiam se realizar. "Se as comunidades virtuais puderem levar à ação, esta pode ser a base para a formação de comunidades de interesse reais e duradouras". Em Seattle, Washington, Praga, Porto Alegre e Gênova se começou a mostrar que sim.

Referências bibliográficas

BAUDRILLARD, Jean. *Tela total: mito-ironias da era do virtual e da imagem.* Trad. Juremir Machado da Silva. Porto Alegre: Sulina, 1997.

CASTELLS, Manuel. *A sociedade em rede.* Trad. Roneide V. Majer e Klauss B. Gerhardt. *(A era da informação: economia, sociedade e cultura, I).* São Paulo: Paz e Terra, 1999.

DAHLBERG, Lincoln. *Democratic participation through the internet: a brief survey. M/C Reviews,* 12 abr. 2000. Disponível em: http://www.mediaculture.org.au/reviews/features/politics/participation.html.

FERNBACK, Jan & THOMPSON, Brad. *Virtual communities: abort, retry, failure?* Disponível em: http://www.well.com/user/hlr/texts/VCcivil.html. The Webmuseum Cyberculture Research Library, 1995.

HABERMAS, Jürgen. *Mudança estrutural da esfera pública: investigações quanto a uma categoria da sociedade burguesa.* Trad. Flavio R. Kothe. Rio de Janeiro: Tempo Brasileiro, 1984.

__________. *Further reflections on the public sphere.* In: FERNBACK, Jan & THOMPSON, Brad. *Virtual communities: abort, retry, failure?* Disponível em: http://www.well.com/user/hlr/texts/VCcivil.html. The Webmuseum Cyberculture Research Library, 1995.

IANNI, Octavio. *Enigmas da modernidade-mundo.* Rio de Janeiro: Civilização Brasileira, 2000.

KROKER, Arthur & WEINSTEIN, Michael A. *Data trash: the theory of the virtual class.* Montreal, Canadá: New World Perspectives, 1994.

LAPHAM, Chris. *The evolution of the newspaper of the future.* jan. 1996. Disponível em: http://www2.eos.net/Info4Hire/index.html.

LÉVY, Pierre. *As tecnologias da inteligência: o futuro do pensamento na era da informática.* Trad. Carlos Irineu da Costa. São Paulo: 34, 1993.

__________. *O que é o virtual?* Trad. Paulo Neves. São Paulo: 34, 1996.

MATTELART, Armand. *Comunicação-mundo: histórias das idéias e das estratégias.* Trad. Guilherme João de Freitas Teixeira. 3. ed. Petrópolis: Vozes, 1999 (Horizontes da Globalização).

MCCORDUCK, Pamela. Sex, lies and avatars. *Wired*, abr. 1996.

MORAES, Dênis de. *O concreto e o virtual: mídia, cultura e tecnologia.* Rio de Janeiro: DP&A, 2001.

RHEINGOLD, Howard. *The virtual community: homesteading on the electronic frontier.* Nova York: Harper Perennial, 1993.

ROSZAK, Theodore. *A contracultura: reflexões sobre a sociedade tecnocrática e a oposição juvenil.* Trad. Donaldson M. Garschagen. 2. ed. Petrópolis: Vozes, 1972.

SANTOS, Boaventura de Sousa. *Pela mão de Alice: o social e o político na pós-modernidade.* São Paulo: Cortez, 1996.

SENNETT, Richard. *O declínio do homem público: as tiranias da intimidade.* Trad. Lygia Araújo Watanabe. São Paulo: Companhia das Letras, 1988.

SQUIRRA, Sebastião Carlos de Moraes. *Jornalismo on-line.* São Paulo: CJE-ECA-USP, 1998.

THOMPSON, John B. *A mídia e a modernidade: uma teoria social da mídia.* Trad. Wagner de Oliveira Brandão. Petrópolis: Vozes, 1998.

WHEATLEY, Margaret J. & KELLNER-ROGERS, Myron. "O paradoxo e a promessa de comunidade". In: HESSELBEIN, Frances *et al. A comunidade do futuro: idéias para uma nova comunidade.* São Paulo: Futura, 1998.

SEGUNDA PARTE

Ideologia e propaganda nas campanhas presidenciais

A mesma sociedade que vai a um supermercado e, ao adquirir um sabonete, se define pelo cheiro ou pelo preço do produto, na hora de eleger seus representantes discute apaixonadamente, defende posições, briga e luta por convicções emanadas de um processo persuasivo com ingredientes de modernidade. Entre as inúmeras vantagens de um regime democrático, a propaganda política apresenta-se como um componente importante. Compreendê-la significa rever sua contribuição ao longo da própria história do país no século passado e perceber que, no futuro, não haverá de ser com uivos do tipo "meu nome é Enéas", vassouras, caçadores de marajás e "fura-filas" que construiremos uma sociedade mais justa e mais fraterna.

Que os marqueteiros de hoje incluam amanhã, como ingrediente necessário para as suas formulações, uma dose indispensável e maciça de ética. E que, de Jean Baptiste Debret a Nizan Guanaes, a imagem pública dos nossos governantes (ainda em busca de uma sistematização mais adequada para a sua compreensão) possa ser construída com ousadia, competência e responsabilidade.

Adolpho Queiroz

1

Prudente de Moraes: a visão singular como sustentáculo do fenômeno coletivo

Maurício Guindani Romanini*

Foi com a redemocratização do Brasil, após o golpe militar de 1964, que a propaganda política ganhou autonomia e passou a fazer parte do jogo como um diferencial nas campanhas eleitorais. Nos últimos vinte anos, com a campanha pelas "Diretas-já", suas técnicas ficaram mais abrangentes, inserindo-se dentro de uma estrutura profissional que se convencionou denominar marketing político.

Na verdade, no início da segunda metade do século XIX, um dos fenômenos dominantes já era a propaganda política, principalmente a partir de 1870, com a divulgação do Manifesto Republicano, na cidade do Rio de Janeiro, pelo Partido Republicano. A partir dessa data, os embates adquirem competitividade, em torno da substituição do sistema monárquico de governo, envolvendo estratégias interessantes e inovadoras para a época.

Evidentemente, antes disso já existiam ações de propaganda, como bem aponta Queiroz (1999), ao descrever a atuação de Dom Pedro II para manter sua imagem pública sempre viva no imaginário dos

* Maurício Guindani Romanini é jornalista, mestre em Comunicação Social e professor universitário. E-mail: mgromanini@baraodemaua.br.

cidadãos, através, por exemplo, de fotografias retratadas pelo francês Jean Baptiste Debret.

Prudente de Moraes, natural de Itu, no interior do Estado de São Paulo, foi o precursor da propaganda política no Brasil. Foram 34 anos dedicados à vida pública, tendo ele passado por todos os cargos a que um político pode aspirar. Assim, em 1894, ele chegou à presidência da República, eleito em 1º de março, com 290.883 votos diretos, correspondendo a 84,5% dos votos válidos. Foi uma das maiores porcentagens até hoje obtidas, proporcionalmente, por um chefe da Nação, em toda a história republicana. Ele tomou posse em 15 de novembro, como primeiro governante civil, depois dos dois governos militares que o antecederam nos primórdios da República.

Em sua trajetória política, ele contou com o apoio de importantes veículos impressos da Província de São Paulo[1], tanto na capital (*A Provincia de São Paulo*[2]) como no interior (*Gazeta de Piracicaba*, por exemplo). Num país com um número muito grande de iletrados, a imprensa tinha pouco alcance e sua influência nos pleitos não era significativa. No século XIX, o analfabetismo entre os escravos era praticamente total; já entre a população livre o índice girava em torno de 85%. Na parte educacional, somente 16% das crianças freqüentavam as escolas e as pessoas com formação superior, conforme se especulava, não passavam de oito mil, algo em torno de 1% da população.

Conhecedor dessa realidade, Prudente de Moraes investiu sempre no corpo-a-corpo, na formação de uma base política regional forte e atuante, que angariou expressiva quantidade de votos nas eleições que disputou e na sedimentação de sua imagem pública. Durante as campanhas, o presidente utilizou bastante cartas e panfletos para fazer propaganda política e ideológica.

---

[1] Com a proclamação da República, em 1889, as províncias passaram a Estados.

[2] A partir de 31 dez. 1899, o jornal passou a ter o nome atual, *O Estado de S. Paulo*.

Sua trajetória política é muito interessante: eleito por três vezes vereador de Vila Nova da Constituição (atual Piracicaba); três vezes deputado provincial[3]; deputado geral; governador da Província de São Paulo; senador; e, por fim, presidente da República. Chefiou, ainda, o Partido Republicano Paulista (PRP) e foi o relator da Constituinte de 1891. Durante toda a sua vida militou por apenas três partidos: Partido Liberal (PL); Partido Republicano, na seção paulista (PRP); e Partido Republicano Federal (PRF), pelo qual foi candidato à presidência da República em 1894. Além disso, em três décadas, disputou dez eleições, tendo perdido apenas três, ou seja, era um candidato bom de voto. Sem uma estratégia eleitoral muito bem planejada e articulada por uma eficiente propaganda política, ele não teria logrado tamanho sucesso.

Desde o início, o jovem político deixou aflorar um forte estilo personalista, que marcaria sua trajetória de homem público empreendedor, intransigente, nepotista, de retórica afiada e extremamente preocupado com a imagem. Tinha um olhar circunspeto, face fechada, cerrada por uma barba densa, que cultivou durante toda a vida. Envergava sempre um fraque preto, com o qual se sentia mais à vontade do que em mangas de camisa. Mesmo originário de uma família humilde, estava sempre muito bem vestido. Em muitos momentos, Prudente de Moraes deixou as convicções de lado e fez coligações ideologicamente discutíveis e onerou os cofres públicos com seu arrojado programa político pessoal.

A construção da imagem pública

Quando Prudente de Moraes se forma em Direito, em 1863, retorna para Piracicaba, onde começa a advogar em conjunto com seu irmão, Manoel de Moraes Barros. Foi Manoel o seu grande incentivador para o ingresso na vida pública e seu mais importante cabo

---

[3] Os deputados provincial e geral são hoje, respectivamente, os deputados estadual e federal.

eleitoral. Devido à sua competência profissional, Prudente nunca perdeu uma causa, tornando-se conhecido e conquistando prestígio. Mas, efetivamente, exerceu essa atividade apenas por dois anos. Depois do seu primeiro cargo público, como vereador, dedicou-se à advocacia só esporadicamente, sem, entretanto, se recusar a atender as consultas que lhe eram feitas pelos populares.

Os contatos que fez nessa nova etapa da vida foram importantes para a consolidação da sua imagem pública, tendo concorrido para isso também a amizade dos companheiros de faculdade, que se tornaram personagens singulares na vida pública brasileira e ajudaram a formar a opinião pública em torno do nome de Prudente de Moraes.

Em relação à sua profissão, ele foi visto como um homem íntegro. Representando o cidadão José Cordeiro da Silva Guerra, como advogado em um processo, mostrou sua honradez ao descontar do montante total o trabalho dos peritos, que, por serem amigos, não quiseram receber pelo serviço. No entanto, é necessário que nos lembremos do que diz Leal (1975) sobre o "coronel" ou o "doutor" como personagens singulares e de presença marcante na sociedade brasileira do século XIX e, em algumas cidades, principalmente do Nordeste, em pleno século XXI.

Embora não fosse um "coronel" no sentido político que tem essa palavra, Prudente de Moraes estava na outra ponta: era "doutor". E, dentro desse sistema hermético e bem estruturado, achava-se politicamente aliado aos coronéis. Uma das funções, tanto do "coronel" como do "doutor", era reger a vida de seus subordinados, garantido-lhes alimentação, médico, proteção e assessoria jurídica, por exemplo. Quando o chefe local é advogado, médico etc., esses serviços são prestados pessoalmente, mediante singela remuneração ou de forma gratuita. Na época de Prudente de Moraes, muitas vezes, nas relações interpessoais não entrava dinheiro, mas havia troca de favores mútuos, que eram "cobrados" na hora devida. A regra era a honradez e o compromisso se firmava de homem para homem, causando repugnância a falta de palavra.

Eleito vereador de Piracicaba, pelo Partido Liberal, em 1864, com 23 anos de idade, precoce para os padrões da época, já desde então se mostrou como um político diferenciado. Em toda a sua trajetória, adotou um estilo próprio, rompendo com o círculo vicioso de governos conservadores. Soube lidar muito bem com a propaganda política e também usou técnicas de propaganda ideológica para influenciar as decisões dos políticos mais experientes.

Ao assumir o cargo de vereador para o quadriênio 1864-1868, revelou-se um político com espírito empreendedor. Fazer grandes obras era sua obsessão. No elenco de suas prioridades destacava-se a construção de estradas, pontes, hospitais e cadeias, entre outras frentes de atuação. E não olvidou a área comunicacional. Entre 1864 e 1865, enviou dezoito cartas ao conselheiro da Província de São Paulo, sendo que nove pediam a liberação de verbas, ou seja, metade das suas preocupações governamentais era com as obras públicas.

O conselheiro da província era João da Silva Carrão, do Partido Liberal, que fora seu professor na faculdade e por quem tinha enorme respeito e admiração. É provável que este fato o tenha ajudado no início da carreira, mesmo porque os dois eram do mesmo partido. De qualquer forma, por já se conhecerem, isto pode ter facilitado sua empreitada, pois, sem a ajuda do governo estadual a administração municipal praticamente não existia. Por sua vez, sem o apoio dos chefes locais, que tinham um peso muito grande nas eleições provincial e geral, sua carreira política poderia ter tido os dias contados. Um fato curioso é que as primeiras estradas a serem recuperadas foram as com destino a Rio Claro e Limeira, vizinhas à cidade-natal de Prudente de Moraes e justamente onde se formaram, com o passar dos anos, bases sólidas de apoio ao presidente.

Para conseguir aprovar as obras de maior importância para sua cidade e que tivessem claros reflexos nos municípios vizinhos, a verba da pasta de Obras Públicas de Piracicaba, em 1864, era de 6:992:601 (seis contos e novecentos e noventa e dois mil-réis), de um orçamento anual de 9:622:601 (nove contos e seiscentos e vinte e dois mil-réis). Ou seja, quase 73% da verba era destinada a essa pasta, sobrando apenas 27% para divisão entre as outras treze pastas, pouco mais de 2% para cada uma. Tendo assumido por duas vezes o governo municipal (1864-1865 e 1868-1869), procurou voltar a atenção para obras públicas grandiosas, como pontes e viadutos. Analisamos 21 cartas enviadas ao conselheiro da província, entre 1865 e 1866, sendo que dez pediam a liberação de verbas. Quer dizer, quase metade das ações governamentais se referia a obras públicas de grande repercussão popular.

Pouco a pouco, Prudente de Moraes foi se destacando como um político fazedor de obras, que, além de necessárias, ele soube tocar com o intuito de consolidar sua imagem, preocupação que o acompanhou durante os 34 anos em que exerceu cargos políticos. Através de cartas, ele e os demais vereadores eram contundentes nas palavras. Inteiravam-se previamente da disponibilidade das verbas para, em seguida, ratificar e exigir que fossem repassadas à Câmara, ou que o governo provincial executasse o serviço.

As estradas elencadas como prioritárias, além de servirem como corredor comercial para os produtos da cidade, ajudavam os fazendeiros instalados ao longo delas, facilitando a ligação entre os municípios da região que, com o tempo, se transformaram em importantes redutos eleitorais de Prudente de Moraes. Rapidamente ele aprendeu como participar do jogo político e como agradar os fazendeiros, pois precisaria de seu apoio eleitoral no futuro. Mas, mesmo centralizando a atuação na realização de grandes obras, sua gestão não foi corrupta. Durante o quadriênio em que permaneceu à frente do governo municipal (1864-1865 e 1868-1869), as contas públicas foram aprovadas pela câmara municipal. Em outras duas oportunidades (1866-1867 e 1867-1868), os balanços finais foram deficitários. Como as contas eram aprovadas se os empenhos de verbas de várias pastas excediam o limite? A verdade é que, se a pasta de Obras Públicas estourava o orçamento, outras, no entanto, não empregavam o total da verba disponível, ou seja, o dinheiro que sobrava em uma pasta cobria a outra que tinha o orçamento ultrapassado.

Um dos motivos do excelente governo de Prudente de Moraes foi montar uma equipe de sua inteira confiança, que o apoiasse em suas decisões. Para isso, não hesitou em demitir funcionários do governo anterior, para cercar-se de políticos amigos. Seguindo nessa retórica, ele conseguiu deixar sua marca, de um político que, se não resolveu, pelo menos lutou para melhorar a vida dos munícipes e, com isso, aos poucos, conquistou a opinião pública, que, inconscientemente, sedimentou sua imagem.

Segundo Augras (1978), a opinião pública pode ser considerada nos níveis individual e coletivo, segundo os conceitos gregos e romanos. Embora sua diretriz permanecesse a mesma, poucas pessoas eram convidadas a participar das decisões, muitas vezes influenciadas pela opinião dos líderes, que pretensamente haviam sido eleitos para representá-las.

O século XIX entrou na segunda metade impulsionado pela revolução industrial, que começava a ser introduzida no mundo, formando um novo segmento social, a chamada classe média. O foco das reivindicações, até então centrado na política, passava, a partir desse período, a incorporar os aspectos sociais e econômicos. O Brasil, vagarosamente, começava a modernizar-se, nas trilhas de um país capitalista impulsionado pelo ideal de homens como o Barão de Mauá, que foi o maior empresário e banqueiro do Império, propugnador da idéia de interligar o país mediante ferrovias.

Entre 1854 e 1889, construíram-se, aproximadamente, dez mil quilômetros de estradas de ferro, tendo os investimentos sido bancados praticamente na totalidade pela monarquia. Em 35 anos, o governo central entrou com aportes de dinheiro que representavam 70% do total, tendo os governos provinciais contribuído com 15% e a iniciativa privada, com os restantes 15%. Dentro deste contexto, efetivamente, 85% do capital empregado na construção da malha ferroviária provinham do dinheiro público, ou seja, o capital privado pouco investiu nela, apesar da iniciativa do Barão de Mauá.

Um novo paradigma na propaganda política brasileira

Os liberais ortodoxos fundaram em 1869 o Club Radical Paulistano, que num primeiro momento contou com o apoio de Prudente de Moraes, Campos Salles e Francisco Glycerio, entre outros. Desse grupo intransigente tomaram parte vários políticos que, um ano mais tarde, dariam origem ao Partido Republicano. Entre eles se achava o irmão de Prudente, Manuel de Moraes Barros, que seria um dos fundadores da nova ala do partido na Província de São Paulo, o Partido Republicano Paulista (PRP). Entretanto, Prudente permanecia fiel ao Partido Liberal, embora recebesse inúmeros pedidos para juntar forças com os republicanos, inclusive de seu irmão. Esquivava-se da persuasão: "Prudente pelo nome, prudente por princípios e por hábito". Contudo, rendeu-se em 1876, filiando-se ao PRP, no qual passaria a militar de forma brilhante.

O Partido Republicano começava a ganhar força dentro da Província de São Paulo, formando-se em muitas cidades os chamados "clubes republicanos", cujos membros seriam os responsáveis pela condução da causa republicana em suas áreas de atuação. Prontamente, Prudente de Moraes e outros políticos formaram uma comissão para inaugurar o Clube Republicano de Piracicaba.

Esses clubes, à semelhança dos comitês eleitorais de hoje, centralizavam as diretrizes e a propaganda do partido, organizando as bases políticas regionais, importantíssimas para os candidatos. Mas não dispunham de autonomia para tomar decisões fundamentais, que ficavam a cargo da comissão executiva do partido. Ponto de encontro para candidatos e correligionários. Durante o Império chegaram a existir 237 clubes ao longo do país.

Foi em quatro grandes centros – São Paulo, Rio de Janeiro, Rio Grande do Sul e Minas Gerais –, principalmente em São Paulo, que os clubes montaram bases sólidas desde o Manifesto Republicano de 1870 até 1888, ano da abolição da escravatura. Logo após a promulgação da Lei Áurea, eles se espalharam pelo Brasil. Constituíram-se predominantemente na região Sul, onde perfaziam 70%

do total do país nas quatro províncias mais desenvolvidas, ficando o Norte com 30%.

A formação desses clubes seguia a tradição francesa da agitação política. Aliás, foi em seu interior que começou a ser arquitetada a Revolução Francesa, com seu discurso que se assemelhava à doutrina e propaganda política. Os clubes eram dirigidos pelos líderes locais, que, por sua vez, estavam ligados ao político da cidade ou da região. Essa simbiose era fundamental por uma série de motivos, como, por exemplo, a distância que separava as cidades e a dificuldade de vencê-las. Com o apoio dos grandes proprietários rurais e dos profissionais liberais, o grande protagonista das eleições foi o esquema de imprensa, que ajudou na sustentação do ideário republicano. Através dela, por meio da propaganda política, ressaltavam-se os principais temas de discussão, e, ainda, se punham em evidência a atuação e os programas dos candidatos.

Até a derrocada do Império, em 1889, havia 74 jornais republicanos espalhados pelo país, sendo 54 (73%) do Sul[4] e 20 (27%) do Norte. Isso foi um dos motivos da grande penetração da propaganda política na Província de São Paulo. Fora dos quatro grandes centros, a propaganda republicana ecoava fracamente. No Norte a imprensa tinha uma importância reduzida, sobressaindo ali o prestígio pessoal dos políticos que, mantendo feudos fortes e dinâmicos, conseguiam dominar o jogo político na região.

Além do engajamento dos jornais, a maior novidade da propaganda política nas eleições de 1881, foi proporcionada pelo PRP, que, através da sua direção central, divulgou o "Programa dos candidatos", um manifesto público que discriminava a plataforma dos candidatos republicanos. A intenção do documento era estreitar a relação entre o partido e os candidatos e, por conseguinte, entre os aspirantes a cargos públicos e os eleitores. Dessa forma, as promessas feitas durante a campanha deixariam de ser simples retórica para

---

[4] Na época não havia a atual divisão geográfica. Uma linha imaginária separava o Sul e o Norte do país.

tornarem-se um acordo de conhecimento público, que poderia ser cobrado pelos eleitores futuramente.

O "Programa dos candidatos" foi elaborado pelos mais importantes líderes republicanos: Prudente de Moraes, Rangel Pestana, Campos Salles, Américo Brasiliense, entre outros. Objetivando conferir-lhe credibilidade, todos os candidatos do partido o assinaram. E, para garantir sua visibilidade na imprensa, ele foi apresentado aos poucos, tendo sido divulgado durante dez dias pelo jornal *A Provincia de São Paulo*, por exemplo.

Gradativamente se passou a entender que administrar a visibilidade através da imprensa vai além dos períodos eleitorais, envolvendo o próprio conceito de governar, que implica dar conhecimento ao público de todas as decisões. Para Domenach (1963, p. 27), este tipo de propaganda está ligado ao fascínio das ideologias políticas, que apresentam idéias particulares como sendo universais. Isto, ao mesmo tempo que esclarece o feito dos republicanos, evidencia seu caráter restrito:

> Uma nação, pela primeira vez, libertava-se e organizava-se em nome de uma doutrina subitamente considerada universal. Uma política interior e exterior, pela primeira vez, fazia-se acompanhar pela expansão de uma ideologia e, por isso mesmo, segregava a propaganda.

Com essa importante inovação na arte de fazer propaganda política, o Partido Republicano inaugurava um novo paradigma nas campanhas eleitorais. Começava a romper-se o tradicional jogo político, às vezes escuso, praticado pelos partidos Liberal e Conservador, que se revezavam no poder. O maior mérito da agremiação republicana foi tornar públicas idéias e medidas, mostrando as novas diretrizes políticas que seriam implantadas com sua posse nas câmaras estadual e federal, evidenciando assim que os novos representantes populares procurariam ter total transparência em suas ações. Na verdade, a intenção era promover uma simbiose de opiniões individuais com a opinião da coletividade e, dessa forma, fazer da visão singular o sustentáculo do fenômeno coletivo, ou seja, obter o consentimento da opinião pública. Independentemente do modelo político interno de cada partido, era necessário conseguir o apoio da opinião pública, nesse caso das elites provinciais. E para isso o papel dos jornais era fundamental, dentro de sua lógica de defender os interesses da mesma casta provincial, trabalhando as informações de acordo com o seu posicionamento, refletido nos editoriais.

O Partido Republicano centralizava a propaganda política nas mãos de uma comissão permanente, responsável pela idealização e estratégia das campanhas, bem como por sua veiculação. Sua concepção de propaganda política incluía a obediência à hierarquização, sendo as idéias geradas pelos membros da comissão permanente que eram eleitos pelos próprios correligionários, embora muitas vezes essa eleição não passasse de simples retórica, pois os integrantes eram sempre os mesmos. Esse círculo vicioso jamais se rompeu ao longo de sessenta anos, desde a criação do partido em 1870, até o final de 1930, quando chegou ao fim a República Velha. A escolha dos representantes ocorria dentro de um sistema hermético, com regras bem definidas, prevalecendo a subserviência: os políticos de mais tradição dentro do partido eram escolhidos pelos mais novos. Na opinião de Tchakhotine (1967, p. 292), um dos fatores para o sucesso da propaganda é a presença de uma direção central:

> Uma condição importante a preencher para o sucesso de uma propaganda maciça é a uniformidade e a simultaneidade da ação de propaganda em muitos lugares do país, de que resulta a necessidade de uma direção central para cada ação de grande envergadura.

A comissão permanente do Partido Republicano era responsável, principalmente, pelas campanhas do primeiro turno das eleições, dando-se aos candidatos autonomia para idealizar suas próprias estratégias. Nesse contexto, Prudente de Moraes foi um político extremamente organizado, meticuloso e sagaz. Analisando sua "lista de eleitores"[5] de 1881, essas qualidades tornam-se evidentes. A lista era na verdade um livro do qual constavam aproximadamente 1.300 pessoas, com seus respectivos endereços, abrangendo todas as quinze cidades que compunham o oitavo distrito da Província de São Paulo e seus diferentes quarteirões. Prudente anotava na frente de cada nome o partido do eleitor. Além disso, quando um cidadão mudava sua tendência política ou falecia, ele fazia imediatamente a alteração na lista. Perpassando-a, percebe-se que várias pessoas mudaram de posição ao longo do tempo e aderiram à causa republicana, pois ela está toda rabiscada e repleta de anotações complementares e de nomes de novos eleitores.

Para comemorar a vitória do PRP em 1881, a mais importante até então, e integrar os membros dos vários distritos, foi promovido um jantar de gala em Campinas, com a presença maciça dos deputados eleitos e de seus familiares, além de alguns correligionários que atuaram nos bastidores da campanha. O evento não teve a participação do povo, sabendo-se que, na história do país, a classe política jamais se misturou com a população em ocasiões como essa. Tchakhotine (1967, p. 280) nos propicia fazer uma leitura pertinente desses encontros, ao dizer que sua intenção, além de congregar as bases regionais, era transformar o partido e seus membros em mitos:

> Pode-se ainda observar que os movimentos políticos que exploram, conscientemente, a afetividade das massas, as necessidades que elas experimentam de exteriorizar suas esperanças ou aspirações, de vivê-las simbolicamente, pelos menos, esforçam-se para criar mitos e fazem grande uso de festas espetaculares que tomam, às vezes, todas as características dos ritos.

No dia seguinte, sim, a choldra, a gente ordinária, também teria a sua festa. Naturalmente, não lhe foi oferecido um jantar de gala, mas

[5] As malas-diretas de hoje.

dinheiro. Isso suscita duas interpretações: a primeira, que os eleitores foram "comprados" pelo partido; a segunda, que se tratava de uma tentativa de atrair mais simpatizantes.

A importância da base política regional

No final do século XIX, os detentores de uma sólida base política regional já tinham superado mais da metade do caminho em sua estratégia eleitoral. A importância da regionalização das campanhas estava no fato de que o voto era distrital e, com isso, o número de votantes da cidade do candidato não era suficiente para elegê-lo. Além disso, era imprescindível contar com o apoio das lideranças locais, nos seus diversos níveis, sobretudo dos grandes proprietários rurais.

Quem decidia as regras do jogo era o poder moderador, que definia quem poderia participar das eleições e quem tinha direito ao voto. Os cidadãos que podiam votar formavam uma parcela minoritária da população, além de não poderem concorrer ao pleito as mulheres, os escravos e os praças. Para completar esse descompasso, o voto era censitário. Assim, as leis vigentes impunham sérias restrições à participação do povo no que concerne à cidadania política. A casta dominante relutava em expandir o sufrágio às classes menos privilegiadas da sociedade. Segundo Kinzo (1980, p. 50), "é de conhecida evidência o fato de que durante um largo período, para não dizer na maior parte de nossa história, a marginalização política a que se deixou a população brasileira é algo espantoso".

Prudente de Moraes e os principais líderes políticos viviam nas cidades, enquanto boa parte do eleitorado residia no campo, pois a sociedade brasileira no século XIX era predominantemente rural. Ou seja, a verdadeira base política assentava-se no campo, o que implicava a necessidade fundamental de se contar com o apoio dos grandes latifundiários. Além disso, como diz Leal (1975), o custo gerado pelo eleitor era alto, pois ele residia no campo e a votação se dava na cidade. As despesas eram por conta dos fazendeiros e dos chefes locais, pois, sem dinheiro e, sobretudo, sem interesse, os empregados não fariam o menor esforço para ir votar. Os mentores políticos deviam preparar uma lista completa dos cidadãos qualificados para a votação, envolvendo: documentos, transporte, alimentação, vestuário (calça, camisa, chapéu e calçado) e, eventualmente, alojamento, o que implicava a perda de um dia de trabalho. Toda essa mobilização, às vezes, era reduzida pelo recurso do bico de pena.

Em 1872, aproximadamente 80% das pessoas economicamente ativas trabalhavam no campo, ou seja, seus patrões eram os grandes fazendeiros. Estes, muitas vezes, desfrutavam de um poder maior do que os próprios políticos, que, por isso, a cada eleição, dependiam do seu apoio. Os outros 20% dos eleitores estavam empregados na área de serviços, com 13% dos assalariados, e nas indústrias, que agregavam 7% da mão-de-obra brasileira. Assim, desprezar a ajuda dos grandes proprietários rurais ou contrariá-los poderia significar a eliminação da vida pública.

A estratégia política do PRP abrangia todas as províncias, onde ele contava com um comitê regional responsável pela condução da propaganda política. Este, por sua vez, escolhia os líderes municipais, que igualmente se preocupavam em organizá-la e difundi-la junto aos eleitores. Pela nova legislação eleitoral de 1881, a Província de São Paulo foi dividida em nove distritos, inserindo-se Piracicaba no oitavo distrito, com mais catorze cidades[6].

A propaganda política não ficou restrita aos jornais. Outra preocupação de Prudente de Moraes e dos demais políticos foi percorrer as cidades da região de Piracicaba para conseguir o maior número de votos possível. Outro aspecto relevante era o de que, para percorrer as cidades, o transporte era feito em carros-de-boi ou no lombo de cavalos, o que dificultava sobremaneira a viagem e exigia uma dose extra de determinação. Recuando um pouco no tempo, em 1864, quando Prudente de Moraes era vereador em Vila Nova da Constituição, logo que assumiu, procurou conseguir verbas públicas para

[6] Compunham o oitavo distrito: Piracicaba, Rio Claro, Capivari, São Pedro, Santa Bárbara (Santa Bárbara D'Oeste), Limeira, Sapé, Barretos, Araraquara, Jaboticabal, São Carlos, Brotas, Jaú, Dois Córregos e Itaqueri (Itirapina).

arrumar as estradas, deixando-as em condições transitáveis. As obras envolviam, por exemplo, as estradas para Limeira e Rio Claro, seu reduto eleitoral.

Na opinião de Domenach (1963, p. 50), o candidato precisa ter consciência de que a propaganda eficiente é, sobretudo, tudo fruto de sua dedicação:

> O verdadeiro propagandista, aquele que quer convencer, aplica toda espécie de receita, segundo a natureza da idéia e dos ouvintes, agindo, de início, pelo contágio de sua fé pessoal, por suas próprias virtudes de simpatia e eloqüência. Não são elementos facilmente mensuráveis; contudo, a propaganda de massa teria resultados insignificantes se não fosse sustentada por tenaz e múltiplo esforço de propaganda individual.

Contar com uma base política regional coesa era fundamental, principalmente nos últimos meses de campanha, pois os candidatos desdobravam-se para percorrer as cidades. Basta dizer que, durante um mês, tinham condições de visitar no máximo duas, porque de uma localidade a outra se gastavam até dez dias entre a ida e a volta, incluindo dois de descanso tanto na chegada quanto na partida. Para visitar duas cidades eram vinte dias. Além disso, havia o desgaste físico do animal e do homem. Nem todas as cidades eram ligadas por ferrovia, que facilitava sobremaneira o deslocamento dos candidatos e ampliava a possibilidade de atingir mais municípios. Por isso, muitos candidatos não se aventuravam nessa empreitada, limitando-se à propaganda eleitoral pelos jornais e visitando no máximo uma cidade próxima e com estradas boas.

A imagem pessoal como um diferencial na campanha

No final do século XIX, começaram a ser superados os obstáculos geográficos e temporais das campanhas eleitorais. Em 1884, a propaganda política teria um novo alento, estabelecendo um novo marco principalmente na então promissora e inquieta Província de São Paulo. O jornal *A Província de São Paulo*[7], na ocasião dirigido por Rangel Pestana, jornalista e marqueteiro ímpar, publica na primeira página o retrato a bico de pena dos principais candidatos do Partido Republicano ao cargo de deputado geral, entre os quais Prudente de Moraes. A idéia era dar-lhes mais visibilidade, mostrando-os com semblante sério, para transmitir credibilidade e probidade, independentemente de sua condição educacional. Dessa forma, a propaganda política nas campanhas eleitorais adquiria um toque de modernidade.

Antes disso, quantas pessoas poderiam ver ou ler sobre as pessoas que ocupavam ou pretendiam ocupar o poder? Com o reduzido contato face a face, quando apareciam para um número pequeno de cidadãos reunidos em um mesmo lugar, os governantes e os líderes políticos não tinham como interagir com o povo. Antes do aperfeiçoamento das técnicas de propaganda política, como a que foi adotada, especificamente, por Rangel Pestana, eles tinham pouca visibilidade na sociedade, limitando-se as suas aparições públicas aos clubes, aos comícios e às instâncias governamentais (parlamento, senado etc.), onde, por sua vez, só um grupo restrito participava das decisões.

Na visão de Tchakhotine (1967, p. 287), o momento traduzia o estado de excitação pelo qual passavam os homens que se achavam na direção de um empreendimento como um jornal, por exemplo:

> As possibilidades de ação de que tratamos podem ser secundadas por imagens que transmitem idéias e sentimentos com extrema rapidez e que são muito úteis como meios de evocação dos estados d'alma desejados. Uma organização racional da redação de um jornal visa a criar, junto a ele, arquivos de informações e de imagens e classificá-los de modo que os elementos indispensáveis possam ser

[7] Fundado em 1875 por republicanos e principal veículo de divulgação de suas causas.

consultados em pouco tempo, o que contribui, naturalmente, para as necessidades do combate político por meio da imprensa.

Os republicanos souberam imprimir plasticidade à trivial propaganda política impressa, agregando-lhe um valor estético inovador, que rompe as formas tradicionais e o pensamento vigente da época: o de fazer propaganda política por fazer, como se fosse um ritual. Tchakhotine (1967, p. 293) aborda essa questão:

> Deve-se exigir igualmente de uma boa propaganda que ela se manifeste sob a forma realmente artística; a palavra de ordem de luta contra a vulgaridade deve ser rigorosa. Infelizmente, a opinião errônea de que se pode oferecer às massas coisas elementares, medíocres sem valor estético é muito difundida.

Essa propaganda eleitoral foi muito importante para a sedimentação da imagem pública dos políticos republicanos, comprovando que os meios de comunicação – a imprensa, na época, e, atualmente, a televisão – são um valioso instrumento de visibilidade. Ontem, como hoje, os políticos têm uma auto-estima elevada, alguns simplesmente pelo cargo que ocupam, outros pelo compromisso público sério que têm com a sociedade. O ego dos candidatos está diretamente relacionado como o poder que exercem e a imagem pública que procuram passar traduz ou procura traduzir sua liderança, seja ela política, partidária ou social.

No pleito de 1884, pela primeira vez, o Partido Republicano conseguiu eleger três deputados gerais, entre os quais Prudente de Moraes. O sucesso foi comemorado com uma grande festa. Além da aproximação com os correligionários, ela permitiu que os cidadãos que não participavam das pomposas festas áulicas da corte pudessem compartilhar momentos de alegria com pessoas com os mesmos ideais, sentindo-se, assim, integrantes de uma realidade que ajudaram a construir. Segundo Tchakhotine (1967, p. 280), os festejos republicanos conseguiam congregar a vida privada e política, assumindo a função de um verdadeiro rito:

> Os ritos, desempenhavam, na vida, uma função extraordinária, não somente nas práticas religiosas, mas, também, na vida privada e política. Dava-se-lhes, muitas vezes, o caráter de festas públicas, que retornavam periodicamente e ofereciam aos homens a oportunidade de deixar manifestar-se livremente sua afetividade, mais ou menos inibida há longo tempo fora das festas, pelas necessidades sociais ou leis que restringiam a liberdade de comportamento. Eram verdadeiras manifestações de desinibição coletiva, de excessos autorizados, pelos quais o indivíduo se integrava no drama e tornava-se, ele próprio, o herói do mito, o rito realizado o mito e permitindo vivê-lo.

O Partido Republicano tinha completo domínio de como fazer a simbiose entre candidato e cidadão. Todos os eventos eram planejados para transformar-se em festa e manifestação de apoio aos políticos. Estes procuravam estreitar os laços pessoais com a população, pois é dessa forma que as pessoas se sentem integradas com o contexto e deixam aflorar as suas esperanças.

A passagem de Prudente de Moraes pela Assembléia Geral[8] foi curta em razão de circunstâncias políticas. Decorridos nove meses da nova legislatura, Dom Pedro II dissolve a Assembléia e marca novas eleições para 15 de janeiro de 1886. Um dos motivos do fechamento da casa foi a questão da abolição da escravatura. Os três deputados republicanos, além de boa parte dos liberais, eram francamente abolicionistas, elevando as discussões nas sessões do plenário.

O Partido Republicano se apressa na composição das chapas nos diversos distritos. Prudente de Moraes se candidata mais uma vez ao cargo de deputado geral. Em dezembro de 1885 inicia sua propaganda eleitoral, valendo-se basicamente da mesma estratégia da campa-

[8] A Assembléia Geral do tempo do Império correspondia à atual Câmara dos Deputados.

nha anterior, com o uso dos jornais e a realização de comícios pelas cidades do oitavo distrito da Província de São Paulo. Uma inovação foi a adoção de panfletos, confeccionados e distribuídos pela Comissão Executiva do Partido Republicano, cuja comissão permanente, como já dito, centralizava as estratégias de campanha em todos os nove distritos, buscando homogeneizar a atuação dos candidatos.

É importante que a comunicação ressalte o candidato, ou seja, o sobreponha ao partido, cuja importância, de qualquer forma, há que ser considerada, conforme comenta Torquato (2002, p. 181):

> A comunicação deve centrar-se no candidato e não no partido, sem esquecer, é claro, que o partido é importante para efeito de composição eleitoral, de coligação, de aliança, de posicionamento da chapa. Mas a comunicação deve estar focada no candidato, cuja imagem deve prevalecer sobre a imagem do partido.

A palavra do aspirante a um cargo público é importante, na medida em que ele constitui o principal estímulo do eleitor, canalizando simpatia ou repúdio, confiança ou ressalvas. Enfim, é o candidato que mostra a cara nos comícios e aperta a mão dos eleitores.

Desta vez, mesmo com todo o apoio de suas bases políticas regionais, Prudente de Moraes não consegue voltar à Câmara dos Deputados, como, aliás, aconteceu com todo o Partido Republicano, que não elegeu nenhum candidato. Qual seria a explicação para a derrota de Prudente, já que sua carreira política estava em ascensão? Sem dúvida, o fato de, no pleito, ter defendido a abolição da escravatura. O escravo era um dos principais investimentos dos grandes latifundiários, uma peça fundamental na estrutura do seu negócio, tendo de produzir o máximo para que não se diminuíssem os lucros e o poder de seus senhores.

Após a derrota, o Partido Republicano, principalmente a ala paulista (PRP), resolve intensificar a propaganda política para não sofrer novos reveses nas urnas. Novamente, ele inova a sua abordagem, decidindo a direção central criar um curso de Ciências Políticas, gratuito e aberto a todos os interessados. O primeiro curso, realizado no Clube Republicano de Campinas, durou três meses, de setembro a novembro de 1886. O curso, de caráter doutrinário, na acepção da palavra, tinha por objetivo divulgar a idéia do republicanismo federativo no Brasil. Além disso, convergia com o anseio de mudança que os cidadãos manifestavam já por mais tempo, principalmente em São Paulo. Ele era composto por treze módulos, que abordavam temas sociais, econômicos, culturais e políticos. Os palestrantes eram os principais líderes republicanos, como Prudente de Moraes, Campos Salles, Francisco Glycerio, Francisco Rangel Pestana e Bernardino de Campos, entre outros.

Esse tipo de iniciativa evidenciava a visão moderna e global da propaganda política dos republicanos nas últimas duas décadas do século XIX no Brasil, com o intuito de conquistar o maior número possível de correligionários. Graças a seu dinamismo, a propaganda política brasileira começa a ser norteada por novos parâmetros, principalmente na então Província de São Paulo, que já começava a despontar como sinônimo de modernidade e imponência. Todas as ações dos republicanos foram inovadoras, do lançamento dos "programas dos candidatos" em 1881, passando pela publicação dos retratos dos candidatos em jornais em 1884, até a introdução dos cursos de Ciências Políticas em 1886. Transformavam-se assim os vieses da política e da propaganda nos últimos anos do Império.

Indiscutivelmente, o Partido Republicano, principalmente a ala paulista, soube romper o ciclo da propaganda política espaçada pelos pleitos, cujo padrão era a campanha eleitoral com as mesmas fórmulas e a mesma divulgação. Na opinião de Domenach (1963, p. 19), é possível orientar os homens na direção que melhor convém aos condutores do jogo político:

> Descoberta formidável, decisiva para os modernos engenheiros da propaganda: o homem médio é um ser essencialmente influenciável; tornou-se possível sugerir-lhe opiniões por ele consideradas pes-

soais, "mudar-lhe as idéias" no sentido próprio e por que não tentar em matéria política.

O curso de Ciências Políticas apresentava-se multifacetado, embora permeasse todos os campos sociais de forma coesa. Os homens são produtos de uma sociedade fracionada, congregando-se de acordo com suas idéias e seus anseios, buscando sempre ampliar os grupos com pessoas que conjuguem os mesmos valores preestabelecidos.

Dessa forma, os republicanos trabalhavam com dois objetivos, sendo um de curto prazo e outro, de longo prazo. De imediato, a meta era conscientizar os homens para a necessidade de mudanças e explorar os problemas a serem resolvidos. Não cabia à propaganda política, nessa fase, resolver problemas nem encaminhá-los, mas tão-somente criar expectativas. A solução viria mais adiante, com a tomada do poder, quando a situação se transformaria – o que na verdade não ocorreu, mas, de qualquer forma, a situação melhorou.

Dom Pedro II encontrou uma forma assaz singular para agradar seus simpatizantes e tentar calar os opositores: concedeu inúmeros títulos de nobreza. Os maiores beneficiados foram os cafeicultores do eixo Rio de Janeiro–São Paulo–Minas Gerais. O imperador não se esqueceu, também, dos parlamentares, dos militares, dos profissionais liberais e dos funcionários públicos, que também tiveram o moral elevado com a comenda recebida.

Dentro da tradição monárquica européia, as condecorações também tinham, muitas vezes, um caráter político, mas em terras brasileiras essa estratégia adquiriu um significado todo especial. Sem regulamentação, a generosidade do monarca ultrapassou os limites do bom senso. Desde a chegada da corte portuguesa ao Brasil, em 1808, foram conferidos, segundo Schwarcz (1999), aproximadamente 1 400 títulos de nobreza. Dom João VI condecorou 254 pessoas; Dom Pedro I, 150; e Dom Pedro II, que governou por mais tempo, com claras noções de como utilizar a propaganda política, outorgou quase mil honrarias nos mais diferentes graus.

Três meses antes da proclamação da República, em 1889, Prudente de Moraes disputaria o último pleito do Império, tentando mais uma vez eleger-se deputado geral. Ele incrementou sua propaganda escrevendo cartas aos amigos para pedir votos. Estas eram impressas e padronizadas, sendo elaboradas pela direção do partido, mediante pessoas que hoje chamaríamos de "marqueteiros". Tinham um modelo único e o mesmo conteúdo, tendo o candidato apenas o trabalho de pôr os nomes dos destinatários e, em alguns casos, acrescentar uma palavra de apreço.

À medida que se intensificavam os contatos entre civis e militares, as ações propagandísticas foram se tornando mais sofisticadas e secretas. Além dos jornais, começou a ser utilizado também o telégrafo. O papel deste meio foi decisivo na derrocada do Império, na medida em que interligou os políticos de São Paulo e os do Rio de Janeiro. Os republicanos adotaram a tática de se valer da técnica criptográfica, com o que a compreensão dos acontecimentos ficou restrita a um pequeno grupo de pessoas.

Os republicanos souberam utilizar com grande eficiência o telégrafo, como acontecia com o uso dos jornais. No caso do telégrafo, por que utilizar códigos criptografados? Este recurso era necessário por dois motivos: primeiro, o sistema não propiciava a transmissão de frases muito elaboradas, uma vez que o sinal poderia ser interrompido a qualquer momento; segundo, o serviço era controlado pelo governo, podendo qualquer deslize despertar suspeitas.

Foi com o telégrafo que começou o rompimento do espaço e do tempo na sociedade contemporânea. Até então, esses dois empecilhos (espaço e tempo) atravancavam o movimento comunicacional e informacional societário. Dessa forma, a comunicação e o transporte deixaram de caminhar lado a lado. O trem deixava de ser mais importante que a informação, ou seja, o conhecimento não caminhava mais nos trilhos, viajando agora por ondas elétricas transfronteiriças.

Quem descreveu com precisão esse cenário foi Campos Salles, que, como personagem de bastidor, observava o desenrolar político em condição privilegiada. Ele esclareceu a chave criptográfica: "banco" significava exército; "transação", revolução; e "penhor agrícola", 10º Batalhão de Cavalaria. Dada esta combinação, recebeu a 12 de novembro, do Rio de Janeiro, o seguinte telegrama de Francisco Glycerio: "Banco acceita transacção. Mande noticia penhor agricola". Traduzida, a mensagem continha esta notícia decisiva: "Exército resolvido a fazer revolução. Mande notícia do 10º Batalhão de Cavalaria". Era uma vez o sistema áulico de governo...

Referências bibliográficas

AMARAL, Antônio Barreto do. *Prudente de Moraes: uma vida marcada*. São Paulo: Instituto Histórico e Geográfico de São Paulo, 1971. 400 p.

AUGRAS, Monique. *Opinião pública: teoria e pesquisa*. 3. ed. Petrópolis: Vozes, 1978.

DOMENACH, Jean-Marie. *A propaganda política*. 2. ed. Trad. Ciro T. de Pádua. São Paulo: Difusão Européia do Livro, 1975.

KINZO, Maria D'Alva Gil. *Representação política e sistema eleitoral no Brasil*. São Paulo: Símbolo, 1980.

LEAL, Vitor Nunes. *Coronelismo, enxada e voto: o município e o regime representativo no Brasil*. 5. ed. São Paulo: Alfa-Ômega, 1986.

QUEIROZ, Adolpho. "Voto, mídia e pesquisa: propaganda política no Brasil". *Revista Comunicação & Sociedade*, São Bernardo do Campo: Umesp, n. 30, pp. 105-140, 1998.

__________. "De Debret a Nizan: a construção da imagem pública dos governantes". *Revista Brasileira de Comunicação*, São Paulo: Intercom, n. 21, pp. 69-79, jan./jun. 1999.

QUEIROZ, Adolpho & OLIVEIRA, Dennis de (org.). *Jornais centenários de São Paulo*. Piracicaba: Degaspari, 2002.

SCHWARCZ, Lilia Moritz. *As barbas do imperador: D. Pedro II, um monarca nos trópicos*. 2. ed. São Paulo: Companhia das Letras. 1999.

TCHAKHOTINE, Serge. *A mistificação das massas pela propaganda política*. Trad. Miguel Arraes. Rio de Janeiro: Civilização Brasileira, 1967.

TORQUATO, Gaudêncio. *Tratado de comunicação: organizacional e política*. São Paulo: Pioneira Thomson Learning, 2002.

VIANNA, Oliveira. *O ocaso do Império*. 4. ed. Recife: Fund. Joaquim Nabuco, 1990 (Série República, 13).

VITTI, Guilherme. *Subsídios à história de Piracicaba: ofícios da Câmara Municipal de Piracicaba de maio de 1855 a julho de 1871*. Vol. 3. Piracicaba: Diário de Piracicaba, 1965.
WITTER, José Sebastião. *República, política e partido.* Bauru: Edusc, 1999.

2

Getúlio Vargas: a propaganda ideológica na construção do líder e do mito

Karla Amaral*

No Brasil, durante a República Velha (1889-1930), o poder era controlado por alianças entre as oligarquias de São Paulo e Minas Gerais, cujos representantes se revezavam na presidência do país, num período em que a base econômica repousava na agropecuária. Diante da insatisfação dos demais estados e das más condições de vida e de trabalho, essa alternância de poder começou a sofrer abalos. No campo social, crescia o número de greves e protestos do operariado na luta por seus direitos. Na política, abriam-se novas frentes, com as correntes de esquerda postulando mudanças radicais, enquanto a ala conservadora defendia a manutenção do *status quo*.

Em 1930, com o assassinato do presidente eleito, João Pessoa, um movimento armado estabelece no País um governo provisório, assumido por Getúlio Vargas, que fora eleito governador do Rio Grande do Sul em 1928. O ditador procurou, primeiramente, controlar o Partido Democrático Paulista (PDP), que, amparado pelos tenentistas e por grupos de esquerda, defendia a restauração do regime

* Karla Amaral, publicitária, mestre em Comunicação Social pela Universidade Metodista de São Paulo (Umesp), é professora das Faculdades Integradas Claretianas de Rio Claro (SP). E-mail: karlaamaral@terra.com.br.

democrático, o que levaria à Revolução Constitucionalista de 1932. Esta foi vencida pelos situacionistas, mas a luta contra o governo provisório teve continuidade, forçando Vargas a estabelecer uma Assembléia Nacional Constituinte, que, em 1934, o elege presidente.

Em 1937, para manter-se no poder, já que a oposição era cada vez mais forte e no ano seguinte haveria eleições, ele deu um novo golpe de Estado, com o apoio das Forças Armadas. O fato se consumou no dia 10 de novembro, quando, fazendo uso do rádio, Vargas anunciou que o país acabara de receber uma nova Constituição e que estava sendo proclamado o "Estado Novo". O novo regime, que iria vigorar até 1945, quando teve fim a ditadura Vargas (1930-1945), acabou com a autonomia regional, passando os estados a ser administrados por interventores federais.

O Estado Novo assumiu como meta promover o desenvolvimento do país, para levá-lo a superar seu atraso em relação aos países mais avançados. Com esse propósito, ante o declínio do setor agropecuário, Vargas procurou incrementar os setores industrial e comercial. Criou o Ministério do Trabalho, da Indústria e do Comércio. Começou a elaborar projetos de integração territorial, política e social, perseguindo a construção do progresso dentro da ordem e envidando esforços para legitimar-se. As leis trabalhistas passaram por um processo de modificação e os sindicatos, sempre mantidos sob controle, começaram a receber maior atenção, convertendo-se em âncoras de uma política paternalista e corporativista.

O plano econômico do governo vinha se fortalecendo desde 1930, graças à intervenção do Estado. Mas, com a queda dos preços de seu principal produto de exportação – o café – e a crise externa (ainda como reflexo do *crack* da Bolsa de Nova York), o Brasil teve que partir para o desenvolvimento da indústria e do comércio locais. As alterações geradas, internacionalmente, pela Primeira Guerra Mundial (1914-1918) e a deflagração da Segunda Guerra Mundial (1939-1945), configuraram a nova forma de desenvolvimento do Brasil. A industrialização, o crescimento dos centros urbanos, o surgimento da classe operária, a nova concepção de relações de produção, tudo isso implicou uma reformulação socioeconômica do país.

Concomitantemente com o regime ditatorial, Getúlio Vargas deu novos rumos ao Brasil, assumindo a ideologia de um Estado Nacional. Nacionalismo, trabalhismo e populismo foram ingredientes principais desse "Estado Novo", inspirado por ideólogos dos regimes nazista, fascista e stalinista, que tinham como objetivo criar a imagem de um líder capaz de solucionar todos as crises sociais e econômicas existentes na época. Para tanto, ele se valeu da propaganda política, com o objetivo de transmitir mensagens de conteúdo emotivo, que reforçavam a necessidade de apoio ao poder. Seu governo ficou marcado pela repressão dos opositores e pela persuasão das massas. O Estado Novo teve um perfil totalitário, mas sem incorporá-lo na plenitude.

A criação de um Estado Nacional era vista como condição para a construção da unidade nacional. Para os protagonistas do Estado Novo, a existência de um território e de um povo não eram suficientes para a formação da nacionalidade, que devia contar com a cumplicidade do governo federal. Vargas considerava que isto só era possível com um governo central, capaz de administrar e contornar os conflitos e o individualismo reinantes no sistema anterior.

Diante de um domínio cada vez maior sobre os grupos políticos, a massa trabalhadora foi sendo subordinada ao regime, tanto política como administrativamente, num cenário em que o governo procurou descaracterizar a existência de classes sociais. A ideologia de um Estado Nacional constituiu-se em base para a formação de projetos trabalhistas mais abrangentes. No contexto autoritário do regime, instituíram-se, de um lado, um plano de coerção e, de outro, um plano de informação – envolvendo a mídia e os materiais didáticos, explorados na construção do mito da importância do Estado Nacional e da figura do "chefe". Mas, apesar da influência fascista na Constituição de 1937, o Estado Novo não absorveu por completo o ideário desse regime. Assimilou, todavia, o perfil da propaganda totalitária de alguns países europeus, adotando de forma consciente seu caráter de instrumento persuasivo.

A meta de desenvolvimento econômico do país levou o próprio governo central a patrocinar o incremento da indústria. Montou, assim, a Companhia Siderúrgica Nacional, instalada em Volta Redonda (RJ). Para a exploração de minério de ferro, matéria-prima da siderurgia, criou a Companhia Vale do Rio Doce. A borracha passou a ser extraída de forma mais intensiva, tendo cerca de 60 mil pessoas sido enviadas para os seringais amazônicos entre 1942 e 1945 (Neces, 2005). E o Conselho Nacional de Petróleo estabeleceu medidas quanto ao controle estatal do refino e da distribuição do petróleo, essencial para a indústria e para a ampliação dos meios de transporte[1].

A organização do poder, na Ditadura Vargas, diferia significativamente do que acontecia na República Velha. Enquanto os interesses desta se achavam voltados às oligarquias de São Paulo e Minas Gerais, o Estado Novo centralizou o poder. O "líder", Getúlio Vargas, se transformou em árbitro, defendendo os interesses da sociedade brasileira como um todo, embora favorecendo a oligarquia rural e a burguesia industrial, através de uma espécie de solidariedade econômica[2].

O Estado Novo promoveu alguns benefícios para o operariado, que, desde o final do século XIX, lutava por certos direitos, conquistados nesse período, como: lei do salário-mínimo, jornada de oito horas, férias remuneradas, estabilidade no emprego, indenização por dispensa sem justa causa, regulamentação do trabalho das mulheres e dos menores, criação de institutos de aposentadoria.

Vargas apoiou a música e a cultura popular, especialmente o carnaval do Rio de Janeiro, tendo sido o primeiro presidente a fomentar

---

[1] A Petrobras (Petróleo Brasileiro S. A.) surgiria anos depois, em 1953, quando Getúlio Vargas já deixara de ser ditador e era presidente constitucionalmente eleito do país (1950-1954).

[2] Os interesses desses dois segmentos sociais estavam vinculados à dependência do investimento governamental nas indústrias e à acumulação de capital na agricultura, sendo os recursos canalizados através dos bancos, sob a forma de créditos e financiamentos.

a criação de escolas de samba e seus desfiles. Além disso, patrocinou os esportes, sobretudo o futebol, tendo o Brasil sido, desde então, o único país a se classificar para todas as copas mundiais quadrienais nessa modalidade.

Getúlio e a propaganda estatal[3]

Para manter o controle de seu projeto, a propaganda do Estado Novo sempre se manteve atrelada à doutrina nacionalista. O governo estabeleceu um plano de ação que envolvia o uso segmentado dos diferentes veículos de comunicação, como o rádio, a imprensa e o cinema. Buscava dar atenção aos diferentes públicos-alvo a serem atingidos, todos eles com suas particularidades e seus anseios, criando-se signos identificadores para cada um. Garcia (1982) e Souza (1990) discorrem sobre como Vargas fez uso dos signos orais e escritos.

Visando unificar a linguagem publicitária e mantê-la sob seu controle, o governo central criou, em 1939, o Departamento da Imprensa e Propaganda (DIP) que substituiu o Departamento Nacional de Propaganda e Difusão Cultural. O DIP teria como objetivo primordial difundir a ideologia do Estado Novo e fomentar o culto à imagem de Vargas. Um dos principais expedientes utilizados nesse sentido seria correlacionar a comunicação e a educação.

Para homogeneizar a linguagem oficial, o DIP teve a seu lado intelectuais de elite e com um elevado nível de conhecimento, que se engajaram na produção de artigos para revistas, a exemplo de *Cultura Política – Revista Mensal de Estudos Brasileiros*, em que todos os artigos eram favoráveis a Getúlio. Essa revista tinha as seções de Ideologia, Política, Economia, História, Artes, Educação/Ciências, nas quais sempre se ressaltavam, na introdução, os benefícios que o governo oferecia à população. A seção sobre São Paulo incluía temas espe-

---

[3] Este capítulo versará apenas sobre a propaganda de Getúlio Vargas como ditador do Brasil, de 1930 a 1945. Não abordaremos, assim, sua propaganda política no período em que ele seria presidente eleito pelas vias constitucionais, ou seja, o qüinqüênio 1950-1955 – na verdade interrompido em agosto de 1954, com seu suicídio.

cíficos como: Eventos, Segurança/Guerra, Publicidade, Transporte, Energia, Trabalho. E a de Economia subdividia-se em Agricultura, Indústria e Comércio. No total, eram quinze as seções.

Uma das principais armas da propaganda impressa, no Estado Novo, foi destacar o fracasso do passado e o futuro promissor com Vargas. O insucesso a que se aludia era a interferência da mídia na administração da República Velha, o que, segundo textos publicados em *Cultura Política*, não aconteceria no novo regime, que buscaria nivelar o desenvolvimento brasileiro, de sorte que o incremento das indústrias, por exemplo, levasse o Brasil a deixar de ser dependente de países como a Alemanha e os Estados Unidos. Dessa forma, o Estado Novo se colocou como um divisor de águas entre o Brasil Velho e o Brasil Novo. Traçando uma visão do regime, Goulart (1990) explica que a revista *Cultura Política* analisava a República Velha como individualista e, por isso, incapaz de promover a unificação de um país tão difuso, enquanto a Revolução de 1930, seguida do Estado Novo, veria a unidade como uma "vocação centralizadora", "essência constitutiva da personalidade nacional".

O Estado Novo adotou essa vertente com o objetivo de fazer do mercado interno um denominador comum, para que as crises não abalassem o andamento da construção de um Estado Central. Prova de um país "unificado" seria a comemoração do décimo aniversário da Revolução de 1930, quando os escolares ofereceram punhados de terra ao "líder", em sinal de gratidão. A bandeira nacional também se tornaria um símbolo desse objetivo, tendo-se declarado sua supremacia em relação às bandeiras estaduais, cujo uso foi suspenso. Somente ela podia abrir as solenidades, mesmo porque o indivíduo, para o Estado Novo, era visto como mero cidadão e não como integrante ativo da revolução política do país. Por tudo isso, a bandeira nacional, as marchas, os desfiles e as manifestações sempre estiveram presentes em festas cívicas.

Apesar da ditadura explícita reinante no país, a propaganda explorava a "democracia" do regime através dessas festas cívicas, que eram veiculadas por cinejornais com o intuito de proporcionar um sentimento de bem-estar e de integração entre governo e sociedade. Assim, ao mesmo tempo que se buscava incorporar a democracia ao comportamento da população, todas as ações do regime levavam a marca da autoridade. Exemplo disso é o fato de que em todas viagens de Vargas pelo território brasileiro, ele sempre se fazia acompanhar do Exército Nacional. Enquanto este cuidava da vigilância, o presidente desfilava pelas ruas em visitas "cívicas".

Vargas valeu-se habilmente dos meios de comunicação para promover a integração nacional, divulgar suas propostas e obras, e popularizar sua imagem. O cinema constituiu-se em uma espécie de diário do governo, transmitindo o cotidiano do presidente no país e no exterior. Enquanto isso, a imprensa era usada para a propaganda de eventos comemorativos de aniversários de pessoas vivas ou mortas, instituições, cidades, batalhas, centenários, dias cívicos e militares, Semana da Pátria e tudo mais que pudesse traduzir o amor à nação.

Com a posição do governo de utilizar a mídia para a propaganda do governo central e a convocação da população para a união e o apoio ao regime, não sobrou muito espaço para a arte. Esta só encontrava lugar quando se tratava de expressões de grande projeção nos campos das artes plásticas, da literatura, da música, do teatro e do cinema. Na revista *Cultura Política*, cada categoria artística era confiada a um intelectual de renome. A propaganda para esse meio era feita regionalmente, através de filmes, palestras, folhetos e cartazes, explorando-se sempre a doutrina do Estado Nacional. Quando o tema exigia maior cuidado, como a economia do país, a divulgação nas mídias que têm base na oralidade, como o rádio e o cinema, era insignificante. Na mídia impressa, que atingia uma classe mais letrada, faziam parte da pauta discussões e reflexões mais completas sobre o assunto.

Com o interesse focado na indústria, mais do que na agricultura, a revista *Cultura Política*, segundo Goulart (1990), retratou a atenção do Estado ao trabalho, que era visto como "formador da personalidade humana, um meio de emancipação, elemento de valorização e dignidade que tornava o indivíduo digno de respeito e da proteção da sociedade". Já para Souza (1990), a revista se valia de belas palavras, mas não via interesse intelectual na divulgação do trabalho.

Como no rádio, nem Vargas nem os profissionais de cinema tinham maiores cuidados em divulgar a sua imagem de forma adequada nas festas ou nos encontros cívicos, como Goebbels fazia em relação a Hitler. A força de um ditador estava acima de qualquer posicionamento das câmeras, julgando-se que o interesse do receptor estaria na atitude do presidente quanto à situação exposta. Até mesmo porque, para o país, ele, Vargas, era o chefe nacional "de um tal governo constitucional"[4]. Souza (1990) menciona que o presidente não se sentiria à vontade se tivesse de obedecer a normas perante as câmeras.

Vargas mantinha-se distante do povo, talvez por receio de perder o controle do poder. Adotou essa postura até 1940, quando, tardiamente, tentou uma aproximação. Era um ditador avesso a grandes espetáculos políticos e seu relacionamento com as massas sempre foi formal. Sua popularidade ficou em evidência quando, no discurso de comemoração dos dez anos da Revolução de 1930, trocou agrados e dividiu a mesa com sindicalistas e o ministro do Trabalho. Os festejos do Dia do Trabalho de 1944, no estádio do Pacaembu, em São Paulo, podem ser vistos como um marco da informalidade entre o presidente e a população.

A necessidade de uma nação fraca ter um líder que zelasse por ela fez com que a propaganda de Vargas também entrasse em ação quando ele se dirigia a lugares distantes, preocupando-se com os problemas regionais, deixando tranqüila a população, que passava a ter certeza de que não estava desamparada. Getúlio levou a massa a esquecer-se de séculos de abandono, com seu sorriso cativante e sua transformação em símbolo de modernidade.

Fazer de Vargas um mito foi de suma relevância para a ideologia do regime como base de segurança para as novas classes sociais. Cou-

---

[4] Getúlio Vargas nunca se preocupou em cumprir a Constituição.

be ao Estado Novo criar os aparatos para que a "arquitetura do mito Vargas" fosse construída com eficácia, através do aperfeiçoamento do projeto de propaganda governamental. Sabendo que o ser humano era adepto de idéias que levavam à harmonização em relação ao seu semelhante e à unanimidade, a propaganda teve o papel de reforçar essa idéia, criando a noção do "único" como um fato real, através da criação do mito. Capelato (1998, p. 37) discorre sobre a relação entre propaganda e mito. Esta relação faz que o indivíduo "reviva o desejo de felicidade e a promessa de comunhão". Para isso a "propaganda joga com os sentidos e com a imaginação utilizando diversos símbolos". A sua natureza é sentimental, agindo sobre os sentidos e moldando o comportamento coletivo.

A propaganda do Estado Novo buscou muito mais a criação de símbolos por meio de argumentos convincentes. Para tanto, ela não podia ser lógica, argumentativa, pois estaria implicando raciocínio, dialética e dedução. Para desenvolver uma propaganda baseada no emocional, o Estado se aproveitou da falta de senso crítico por parte do receptor. Basta ver as peças publicitárias, leis e mensagens voltadas ao trabalhador e à classe menos favorecida, todas explorando o lado irracional, buscando despertar emoção e paixão, condições propícias para aceitação da mensagem.

O *slogan* de uma campanha é fundamental para a aceitação da ideologia que a propaganda pretende transmitir. Para isso, o inconsciente do receptor é trabalhado com frases curtas e sentenças expressivas e dramáticas. Cite-se, por exemplo, o inesquecível apelo inicial de todos os discursos de Vargas, "Trabalhadores do Brasil!", cuja entonação, visivelmente expressiva, retratava toda a atenção do presidente para os conflitos da classe operária.

Quando muitos políticos atualmente se valem de ferramentas de propaganda como a modificação do vestuário, a postura e a impostação de voz, Vargas trabalhou com a massa sugestionável, que estava predisposta a fazer uso do lado racional da situação. Para que o controle não lhe escapasse por entre os dedos, valeu-se da emoção, construindo uma paixão nacional, como um líder carismático, articulando todas as classes sociais.

Na década de 1930, quando era produzido o golpe que implantaria o Estado Novo, o governo debatia a esfera da atividade política. Os termos razão e sedução passaram a caminhar juntos, quando se referiam à mobilização da opinião pública. Com o envolvimento do jogo da sedução, a visão, a crença e a razão se tornaram alicerces do conceito de propaganda aplicado no Estado Novo. Segundo Lacerda (1998), é importante frisar que o bom político se faz de "sacerdote de uma nova religião" que, usando a irracionalidade, propaga e defende as idéias dentro de um processo muito metódico.

O método de Vargas estava em aproveitar cada meio de comunicação de forma eficaz para mobilizar toda a nação. Ele usou os veículos de forma multiplicada, montando toda uma engenharia de produção para difundir a ideologia do regime. A vida política passou a ser construída com a divulgação feita pelos meios de comunicação, pois, com o avanço da propaganda política, a classe popular passou a ter uma participação efetiva na vida do Estado[5].

Seu discurso reforçava o ideário do Estado Novo, enfatizando que era real e positivo tudo o que dizia, buscando não só conseguir a compreensão, mas despertar a convicção. Exemplificava as situações dizendo, por exemplo, que, se um policial praticasse um homicídio e este fosse em benefício do Estado, ele podia alegar que estava a serviço da lei e da nação.

A propaganda estatal durante a Segunda Guerra Mundial[6]

A Segunda Guerra Mundial criou um cenário em que a união de nacionalismo, militarismo e racismo romperam qualquer idéia

[5] Essa participação deu-se pela presença em comemorações e desfiles, pelo apoio aos projetos ideológicos do regime e não de uma forma democrática e populista.

[6] Esse subtítulo tem como base a obra de Roney Cytrynowicz, *Guerra sem guerra: a mobilização e o cotidiano em São Paulo durante a Segunda Guerra Mundial*, na qual ele aborda a propaganda política de Vargas nesse período.

de humanidade e princípios morais que garantissem a todos os indivíduos o direito à vida e à diferença social, fazendo da Europa um continente de fracassos e injustiças.

No Brasil, a guerra ensejaria um contexto de diplomacia, devido ao jogo duplo de Vargas e à curta participação dos militares nos campos de batalha. Apesar do reduzido envolvimento na guerra, o país sofreu com as mobilizações promovidas pelo presidente, que criou um "*front* interno", trazendo para o cotidiano brasileiro, de outra forma, a situação real vivida na Europa. As ações afetavam particularmente a população civil, buscando-se mobilizá-la em torno dos ideais do Estado, que não tinha interesse efetivo na guerra que acontecia no Velho Mundo.

Muito da publicidade dessa época foi dirigido às classes médias urbanas, objetivando-se criar um vínculo com grupos pró-Estado Novo e, apenas supostamente, pró-aliados[7]. A propaganda ideológica tinha conotações do campo militar: povo em marcha, disciplina, bravura e lealdade. Junto com as aulas de educação física, pregava-se a importância do homem forte e dotado de destreza, capaz de defender o país na guerra contra a Alemanha.

Para Vargas, que tinha como meta construir um Estado Novo através da unificação da Nação, a Segunda Guerra Mundial representou um papel importantíssimo, pois ele conseguiu mobilizar a população em torno das Forças Armadas e de idéias cívicas nacionalistas. O momento era oportuno para recrutar cidadãos "salvadores da Pátria", como enfermeiras e escoteiros enviados para a Europa. Os blecautes fizeram parte da dramatização do regime, além da escassez de alimentos e do uso do gasogênio como combustível. Nada, porém, que levasse o Brasil ao caos, mas apenas encenações que levaram a engendrar campanhas como "O pão de guerra e o fator dieta" e "O gasogênio e mobilização da escassez".

---

[7] Aliados eram os países (liderados por Inglaterra, URSS, França e Estados Unidos) que se uniram contra o Eixo (Alemanha, Itália e Japão).

A escassez de pão fez que o país entrasse em estado de choque, porque ele se via assemelhado à realidade de uma Polônia, que realmente sofreu com a falta de alimentos. Tratava-se de uma estratégia política para que a sociedade vivenciasse a guerra. Segundo Cytrynowicz (2000, p. 51), São Paulo foi alvo dessa mobilização, podendo-se citar o exemplo da falta de pão "branco", substituído pelo pão "preto" (hoje consumido por adeptos de regimes alimentares). "Brasil em guerra, alarme da escassez [...]. Economia de guerra sem guerra, um fenômeno estranho: de repente, havia muita gente, pão de farinha de trigo, só em certas padarias, em certos dias, em certas horas"[8]. Concomitantemente com a escassez de pão, o governo apregoava sua preocupação com a boa nutrição da população, para que esta estivesse preparada para enfrentar a guerra, que efetivamente não se estendeu ao território brasileiro.

Foi um momento singular e único esse em que os jornais, tanto os aliados como os opositores, divulgaram a escassez de alimentos no país, sem contestar a posição do governo. As publicações traziam receitas de pão de macarrão e discursos de ministro anunciando que a procura pelo novo pão – feito com trigo integral – estava sendo grande e que a população tinha aderido à mobilização.

Controle da informação

Com o Departamento de Imprensa e Propaganda (DIP), o governo tinha todo o poder sobre a mídia, além do domínio do Estado, graças ao controle de informações sobre qualquer ação contrária por parte de políticos divergentes, comunistas e dirigentes de veículos de comunicação. Lourival Fontes, então diretor do DIP, teve como objetivos principais centralizar, coordenar, orientar e supervisionar toda mensagem a ser transmitida, auxiliando ministérios, órgãos públicos e empresas privadas na produção de informações de interesse

[8] Passagem do diário de Mina Mutchnik, retratando a situação do Brasil durante a guerra, que foi usado por Cytrynowicz (2000).

nacional. A criação e divulgação de propagandas internas e externas passaram a depender exclusivamente desse departamento. Fontes e seus assessores enfrentaram grandes problemas, tendo o primeiro sido conseguir centralizar todos os órgãos ligados à propaganda política do regime ou dedicados à difusão de sua ideologia.

A divulgação das informações veiculadas no período do Estado Novo era totalmente discursiva. Entre as publicações mais interessantes e criativas estavam os "livrinhos", do tamanho de uma caixa de fósforo, impressos em várias línguas. As imagens publicadas nos meios de comunicação, segundo Lacerda (1998), não eram tão importantes para o DIP, apesar de a fotografia, como técnica a serviço da imprensa e da propaganda, ter como objetivo registrar de forma real o momento vivido, facilitando o convencimento e a aceitação do receptor.

Feita toda a articulação com a mídia, mas encontrando resistência da sociedade à assimilação das mensagens do regime, o DIP adentrou os campos do lazer, da vida intelectual e da saúde do homem urbano. Assim, fez ouvir sua voz em associações esportivas, recreativas e de diversões públicas (circos, bares, bailes, espetáculos de variedades), supervisionando portarias, ingressos, registros de artistas e contratos. A arte, a música, o teatro, a literatura, o intercâmbio de escritores, os estudos sobre aspectos sociais e econômicos e as questões levantadas sobre o perfil do regime, tudo era abertamente controlado pelo órgão. Não escaparam dele nem a propaganda médica e farmacêutica, a divulgação de medicamentos, assim como a manutenção de jornais, revistas, rádios e cinema[9].

No Estado Novo, os opositores eram vistos no contexto de um jogo político individual, sendo as proibições impostas a eles tratadas como uma questão pessoal, para dar a impressão de que não ocorriam manifestações sociais contra o governo. Souza (1990) relata que

---

[9] Na década de 1940, as empresas incorporadas da União, como as rádios *Nacional* e *Mauá*, além dos jornais *A Manhã* e *A Noite*, foram os maiores produtores e animadores culturais do país.

os vetos do DIP "foram dirigidos a 185 pessoas", das quais 157 eram personalidades nacionais e 54, estrangeiras. O órgão fez desses vetos um artefato sutil para preservar a imagem presidencial, evitando relacioná-los com manifestações sociais.

Além de controlar os meios de comunicação, cabia ao DIP promover exposições sobre as atividades do governo. Para que não houvesse a possibilidade de contestação por parte do público, exibiam-se gráficos, mapas etc., com o objetivo de apresentar as transformações decorrentes da atuação estatal. Exemplo disso foi a Exposição Nacional do Estado, que contou com estandes de diversos ministérios, utilizando-se materiais de propaganda impressa e imagens ligadas a gráficos administrativos. Segundo Lacerda, o discurso mais visível, nessa exposição, estava nos materiais de linguagem simples e com abundância de imagens, feitos para quem a elite chamava de "o homem da rua". Disse o presidente, na ocasião:

> Contemplamos aqui o Brasil inteiro com a variedade dos seus aspectos [...], numa demonstração panorâmica dos resultados obtidos durante alguns anos de labor profícuo e persistente. Qualquer de vós poderá verificar com seus próprios olhos, examinando esta amostra das atividades governamentais (*apud* Lacerda, 1998, p. 53).

Na divulgação administrativa, em estandes do DIP, destacavam-se todas as benesses do órgão em relação aos meios de comunicação, procurando-se com isso levá-las ao conhecimento da classe excluída do acesso à mídia.

Para unificar e controlar as informações transmitidas pelos veículos de comunicação, bem como para impedir a manifestação de opositores, o DIP contava com cinco divisões: imprensa, cinema, teatro, rádio, turismo e divulgação. A primeira delas ultrapassou todas as expectativas do órgão, conseguindo uma "colaboração construtiva" com o regime vigente, publicando apenas o que fosse de interesse do Estado.

No período que antecedeu o domínio do DIP sobre os meios de comunicação, a imprensa foi censurada de forma "amigável" pela polícia civil, coordenada por Filinto Müller. Os jornais e as revistas não eram interditados, sendo os artigos vetados de forma sutil, como no exemplo de uma delegacia "implorando desculpas por estar em meio de amigos, na redação, e ter que desempenhar funções tão ignóbeis"[10]. A censura reduzia-se a telefonemas provenientes de uma voz neutra e sem identificação, informando que matéria deveria ou poderia ser publicada e que notícias de agências telegráficas precisavam ser vetadas. Dessa forma, perdia-se o contato pessoal. Numa ponta da ligação, o emissor dava uma ordem e, na outra, o receptor, ou seja, o jornal, a acatava, cumprindo-a imediatamente. Só em lugares mais afastados, como Teresina (PI), por exemplo, o contato continuou sendo pessoal.

Vinculado à divisão de imprensa, o Conselho Nacional de Imprensa servia como um tribunal onde se julgavam ações contra a categoria jornalística e tudo o que ferisse a índole dos leitores ou da nação, isto é, matérias publicadas que arranhassem o ideário da sociedade varguista. Para que o controle do Estado sobre a mídia não fosse abalado, exigiu-se, em 1941, que a língua usada pela imprensa fosse a portuguesa, envolvendo cerca de 102 publicações de caráter variado. Essa campanha serviu para impedir o ataque ao regime por parte de jornais impressos em alemão ou japonês. Em documentos levantados por Souza (1990), menciona-se que "a imprensa em língua estrangeira – que era distribuída no país para atender às necessidades de estrangeiros – agia contra as nossas legítimas aspirações, por mais amigas que de nós fosse".

Nesse período, extinguiram-se veículos, enquanto outros enfrentaram repressão ou mesmo suspensão, como aconteceu com o jornal *O Estado de S. Paulo*. Neste caso, aventou-se como motivo a possibilidade de uma revolução contra o governo, como resultado da divulgação

---

[10] Notificação a um jornal regional da cidade de Campinas (SP), citada por Souza (1990), na dissertação em que ele aborda o poder do DIP sobre os meios de comunicação.

de reuniões políticas com caráter subversivo. Assim, o DIP impediu a família Mesquita de dirigir o jornal, que, a partir de 6 de abril de 1940, foi assumido pelo próprio governo. Ademar de Barros, interventor federal de São Paulo, envolveu-se diretamente com o *affair*, convocando diretores de sindicatos e de associações de revistas, bem como a Imprensa Oficial do Estado, para presenciar o fechamento do jornal. O fato deveu-se a uma curiosa portaria que acusava os dirigentes de *O Estado de S. Paulo* de esconderem munições de guerra, numa prova de que estariam engendrando uma agressão armada contra o regime.

A Agência Nacional exerceu uma função muito importante, como uma espécie de grande ilha de edição dentro do DIP, funcionando durante dezesseis horas do dia, em turnos diferenciados, acrescidos dos plantões noturnos e em feriados. Seu quadro de pessoal, em 1944, chegou a ter 220 funcionários, distribuídos pelos setores de redação, serviços internos, imprensa estrangeira, arquivo, laboratório fotográfico, expedição, rádio, controle, recortes e tombamentos. Ocupada por profissionais habilitados na área do jornalismo, a redação produzia artigos doutrinários que abordavam questões políticas e econômicas, procurando agradar o leitor e induzi-lo a aderir ao regime, sempre com ilustrações bem trabalhadas, mostrando a "realidade" do governo[11]. Além disso, ela facilitava o trabalho da imprensa estrangeira, à disposição da qual colocava dados e material fotográfico expressivo. Dessa forma, o DIP tinha a possibilidade de construir uma imagem segura e real do país, com seus problemas e suas perspectivas de desenvolvimento.

Ao mesmo tempo que manipulava as informações dos jornais e das revistas, a Agência Nacional envolveu-se com uma propaganda mais ampla do governo, divulgando ações em benefício da sociedade e fatos verídicos e de fácil aceitação. Ela procurava mostrar Vargas como detentor de uma força de persuasão criativa, que sabia

[11] Souza (1990) menciona que a revista *Cultura Política* traz um vasto material sobre a Agência Nacional.

estabelecer relações e criar afinidades, transmitindo a sensação de humanidade e de carisma. Retratando-o sempre sorridente, com um sorriso "puro", fazia que o líder tivesse em suas mãos um trunfo na aproximação com a massa, mantendo sua popularidade.

A fotografia passou a ter o mesmo peso dado às notícias de publicação obrigatória. Uma das exigências do DIP, quando esse recurso passou a ter maior destaque na imprensa, era que toda a propaganda deveria dar a entender que as matérias publicadas junto com as fotos de Vargas tinham sido idéia da própria imprensa, proibindo-se assim o uso de aspas. A revista *Brasil Reportagem* também foi responsável pela propaganda visual do presidente, juntando aos textos sobre as atividades do regime um rico material fotográfico, editando também álbuns, cartazes e outras peças impressas.

No rádio, a propaganda foi trabalhada de forma repetitiva, para que a sociedade memorizasse a mensagem de Vargas. Era o que Goebbels fazia desde o início da campanha de Hitler na Alemanha, quando esse veículo de comunicação foi usado de forma intensiva. Com essa estratégia, as rádios germânicas foram estatizadas, ficando o Ministério de Informação e Propaganda responsável pela seleção de locutores e dos programas a serem veiculados, além da distribuição intencional de aparelhos de rádio para a população.

Segundo Perosa (1995), Getúlio Vargas soube explorar o potencial do rádio como agente econômico. Ampliando as concessões de canais, ainda que de forma precária, propiciaria o controle das emissoras pelo Estado. Sua estratégia de fazer que o país, até então marcado pela predominância da sociedade agrária, passasse para a condição de uma nação urbano-industrial, amparou-se, sobretudo, no uso do rádio. À medida que crescia a migração da zona rural para as cidades, esse veículo foi se modernizando, mas nunca escapou do controle do Estado.

Esse meio assistiu às manifestações estudantis e populares de maio de 1932, em São Paulo, por meio da Rádio Record, quando da campanha em favor da Revolução Constitucionalista, em que foram mortos quatro estudantes de Direito[12]. Por sua vez, em 1936, Nelson Dantas, na direção da Rádio Transmissora, contribuiu para semear a doutrina nazi-fascista da Ação Integralista Brasileira (AIB), movimento capitaneado por Plínio Salgado.

O radiojornalismo se fez presente no decorrer de toda a década de 1930, cumprindo a função de interpretar a realidade social, cultural e econômica do país. Foi necessário criar departamentos para que as informações se tornassem cada vez mais rápidas. Graças ao Departamento de Propaganda e Difusão Cultural (DPDC), criado em 1934 e posteriormente transformado no DIP (1939), o rádio tinha, já desde então, um papel não só informativo, mas também educativo, criando-se para tanto uma rede nacional de rádios para transmitir os pronunciamentos do governo.

Na mesma década, ocorria, na Europa, a exploração do rádio para a difusão de ideários nazi-fascistas. Segundo Caparelli (1986), os meios de comunicação de massa, especialmente o rádio, passaram a servir de instrumentos de poder nas mãos dos governantes. Entre nós, com o golpe de 10 de novembro de 1937, que instituiu o Estado Novo, o rádio, como meio de fácil penetração e assimilação, passou a ser explorado pelo regime ditatorial, mediante o DIP, que criou o programa "A hora do Brasil" (hoje, "A voz do Brasil"). Ao mesmo tempo foram emitidas portarias para o controle da radiodifusão.

"A hora do Brasil" teve um grande papel estratégico na veiculação das idéias de Vargas, além de ter conduzido a contrapropaganda à Aliança Nacional Libertadora (ANL). Esta frente política, de caráter popular-progressista, criada em março de 1935, reunia líderes sindicais, ex-tenentes, comunistas e liberais alijados do poder, propugnando a instauração de um governo democrático, ante a ameaça adicional do ideário integralista de cunho nazi-fascista.

O programa passou a ser transmitido em cadeia nacional a partir de 1937, nos dias úteis – das 18h45 às 19h30 em ondas curtas

---

[12] Eram os estudantes Miragaia, Martins, Dráusio e Camargo. As letras iniciais de seus nomes serviram para, daí em diante, designar o movimento paulista pró-Constituição.

e médias, e das 19h30 às 19h45 em ondas curtas. Tudo sabiamente planejado, tendo em vista que se tratava de um horário em que todos se encontravam em suas residências. Às escuras, seu conteúdo envolvia um objetivo extra-oficial, porque a prestação de contas do governo à população, com uma linguagem simples e clara, não passava de um convincente elogio ao regime. O Estado, no entanto, segundo Perosa (1995), alegava que de forma alguma se tratava de manipular a opinião pública, mas tão-somente de divulgar as ações levadas a efeito por ele. O restante da programação era reservado à cultura. Buscava-se incentivar o gosto pela boa música, por exemplo, dando-se vez, no final, a cantores populares como Herivelto Martins e Francisco Alves, às "cantoras do rádio" Carmem e Aurora Miranda, entre outros.

Mesmo estimulada pelo governo, a música popular brasileira enfrentou momentos de censura quando encerrava reivindicações ou colidia com os valores preconizados pelo regime. Foi o que aconteceu, por exemplo, com o samba de Ataulfo Alves questionando o governo no âmbito trabalhista. Dizia sua letra original:

> O bonde São Januário
> leva mais um sócio otário:
> sou eu que não vou trabalhar.

Fiel à filosofia de exaltação ao trabalho por parte do Estado, o DIP fez divulgar uma nova letra:

> Quem trabalha é que tem razão,
> eu digo e não tenho medo de errar (*bis*).
> O bonde São Januário
> leva mais um operário:
> sou eu que vou trabalhar.[13]

---

[13] Letra retirada da obra de Perosa (1995), em que a autora, analisando a história do programa "A voz do Brasil", faz alusão ao período do Estado Novo.

Em 1940 foi criada, dentro do DIP, a divisão de rádio para controlar a produção do programa "A hora do Brasil" e supervisionar e censurar letras de músicas veiculadas em rádios e discos. Cabia a ela, também, fazer o registro de alto-falantes que irradiavam festividades públicas conduzidas pelo DIP ou por ministérios.

Para que o controle não tivesse falhas, implantou-se a rádio-escuta e uma censura prévia das programações, mediante a análise dos *scripts* e *sketches,* tanto de novelas como de radioteatro. Segundo o Departamento Estadual de Imprensa e Propaganda (DEIP), de São Paulo, cerca 43 200 horas de transmissão foram por ele acompanhadas, tendose analisado o tempo, o sentido dos anúncios, as músicas executadas, os nomes de artistas locutores etc. O DIP censurou 108 programas em 1940, número reduzido para 44 em 1941, o que leva a crer que os donos de emissoras de rádio passaram a fazer auto-censura, tornando menos árduo o trabalho do órgão estatal. Produções como o "Programa das reclamações" eram censuradas por denegrir a imagem do governo, apresentando suas falhas administrativas e políticas. "Cenas escolares" teve a veiculação impedida por transmitir trechos musicais com linguagem considerada imprópria pelo governo.

A divisão de cinema e teatro censurava filmes e peças que ofendessem o decoro público, apresentassem cenas de ferocidade, induzissem aos maus costumes e incitassem a agressões contra o regime vigente, a ordem pública e as autoridades constituídas. Nos filmes, avaliava-se, além disso, também a uniformidade das legendas e sua correção ortográfica. A propaganda era veiculada através do Cine Jornal Brasileiro, que divulgava eventos e personalidades como, por exemplo, "Os dez anos da construção nacional", "A parada militar de sete de setembro", "Missão gloriosa dos soldados do Brasil Central" e "Santos Dumont".

A divisão de turismo do DIP executava planos de propaganda no exterior e supervisionava sua divulgação interna, organizava cadastros de informações turísticas e produzia matérias de propaganda relacionadas com sua área. Quanto às agências de viagens, ela exercia um controle sobre registros, guias, intérpretes e materiais. Cabia-lhe trazer pessoas ilustres de outros países, com o intuito de promover o relacionamento cordial do Brasil com nações do primeiro mundo. Exemplo dessa estratégia foi a visita de Walt Disney ao Brasil, da qual resultaria a criação do personagem "Zé Carioca", de histórias em quadrinhos.

A formação da opinião nacional estava a cargo da divisão de divulgação, mediante livros, cursos, festividades públicas, conferências, cartazes e folhetos, espetáculos musicais eruditos e populares, tendo sido de sua competência também a censura de obras consideradas prejudiciais ao regime.

No final de 1944, Vargas começou a sentir o descontrole do Estado quanto aos veículos envolvidos na comunicação governamental. As divisões do DIP não conseguiam mais censurar e barrar as manifestações contrárias à ideologia do Estado Novo. Com isso, o órgão foi perdendo espaço ante a pressão pela democratização do país. Convertido em parte frágil do governo, ele ficaria responsável apenas pela divulgação da cultura brasileira e, com um decreto de 25 de maio de 1945, acabaria sendo extinto e substituído pelo Departamento Nacional de Informações (DNI), subordinado ao Ministério da Justiça e de Negócios Interiores.

Considerações finais

A propaganda de Getúlio Vargas, no período em que ele se impôs como ditador do Brasil (1930-1945), visava à integração do país mediante um Estado Central, como guardião das necessidades sociais, e à popularização da figura do "líder nacional". Ela teve como objetivo primordial desenvolver técnicas de comunicação capazes de persuadir os operários e a classe média urbana, assim como, posteriormente, desarmar os opositores liberais. A transformação do líder em mito, a nosso ver, só se concretizaria em 1940, quando veículos como o rádio e o cinema passaram a tratar sua imagem por um ângulo mais técnico, preocupando-se com o perfil transmitido à sociedade.

O Estado Novo soube construir um sistema de comunicação eficaz, firmando alianças com os sindicatos e estabelecendo um controle ideológico sobre as entidades trabalhistas, levando-as à compreensão do processo histórico, para que pudessem, mediante o conhecimento adquirido, auxiliar na manipulação da opinião pública. Para tanto, preocupou-se com a divulgação das diferenças entre a República Velha (1889-1930), o Governo Provisório (1930-1937) e o Estado Novo (1937-1945).

Apesar da ligação que teve com os regimes democráticos da época, é fácil notar que Vargas não adotou todos os pontos positivos da propaganda deles no que se referia à mídia. Com a criação do DIP, impôs a censura e o controle da expressão da sociedade pelos meios de comunicação impressos e audiovisuais. As forças desse órgão seriam minadas pela interferência dos Estados Unidos, logo após a Segunda Guerra Mundial, abalando o regime ditatorial de Vargas.

Cada veículo recebeu uma atenção específica por parte do DIP. A imprensa, porém, servindo de veículo para divulgar os acontecimentos nacionais e internacionais, além do dia-a-dia do presidente, foi o alvo de maior controle por parte do Estado. As notícias e os telegramas eram analisados pelo DIP antes de serem publicados, mas os donos de jornais, como Chateaubriand, se insubordinaram.

O rádio foi um projeto que poderia ter dado certo, como aconteceu no regime nazista da Alemanha, que elaborou uma propaganda por esse meio tendo consciência de seu poder. O objetivo do Estado Novo foi criar uma programação que fizesse propaganda durante as 24 horas do dia, como veículo comercial e não social, apesar de parecer voltado para a sociedade.

O cinema foi o único veículo audiovisual utilizado no período. Servia como uma agenda do governo, além de ter tido um papel na formação da população, mediante filmes sociais e educativos que incentivavam as atividades cívicas.

Na divulgação de Vargas, a preocupação não era só com seu perfil ideológico, na construção do mito, mas também com seu visual.

O controle das câmeras, depois de 1940, fez parte do cotidiano da propaganda. As fotografias foram os instrumentos mais valorizados para retratar a ideologia do regime. Nessa época também aumentou o número de materiais de difusão.

Em suma, Vargas não deixou escapar nenhuma oportunidade de trabalhar a propaganda ideológica de seu governo, mediante festas cívicas, materiais didáticos, controle dos meios de comunicação e, por fim, trazendo para o Brasil a Segunda Guerra Mundial, com a simulação de um "*front* interno". Mas a propaganda poderia ter sido muito mais eficiente se, além de projetos interessantes, tivesse havido uma linguagem sincronizada entre os dirigentes dos meios de comunicação, o DIP e os ministros responsáveis pela divulgação do Estado Novo.

Histórias como essas reforçam nossa opinião de que, quando se trata de propaganda política, é necessário desenvolver projetos que usem a ideologia em benefício da construção da cidadania e da igualdade social. Não da forma adotada pelo Estado Novo. Nem como fazem aqueles que ainda hoje procuram copiar as fórmulas publicitárias daquele período, até com mais êxito, graças aos recursos disponibilizados pela modernidade política e tecnológica.

Vargas foi um pioneiro no que se refere à percepção do valor da propaganda política. Valendo-se das circunstâncias de sua época, operacionalizou-a de forma competente, do ponto de vista técnico, na batalha pela manutenção do poder. Seu nome continua sendo lembrado até hoje como um político hábil e conhecedor de seu ofício. Graças a isso, conseguiu afirmar-se, por um lado, como "o pai dos pobres"e, por outro, como um notável criador de ilusões, que permanecem fortes no imaginário do povo brasileiro.

Referências bibliográficas

CAPARELLI, Sérgio. *Comunicação de massa sem massa*. 5. ed. São Paulo: Summus, 1986 (Novas Buscas em Comunicação).

CAPELATO, Maria Helena R. *Multidões em cena: propaganda política no varguismo e peronismo*. Campinas: Papirus, 1998 (Textos do Tempo).

CYTRYNOWICZ, Roney. *Guerra sem guerra: a mobilização e o cotidiano em São Paulo durante a Segunda Guerra Mundial.* São Paulo: Geração Editorial Edusp, 2000.

GARCIA, Nelson Jahr. O *Estado Novo, ideologia e propaganda política: a legitimação do Estado autoritário perante as classes subalternas.* São Paulo: Loyola, 1982 (Série Comunicação, 29).

GOULART, Silvana. *Sob a verdade oficial: ideologia, propaganda e censura no Estado Novo.* São Paulo: CNPq/Marco Zero, 1990 (Onde está a República?).

LACERDA, Aline Lopes de. *Fotografia e discurso político no Estado Novo: uma análise do projeto editorial – obra getuliana: o caso Xerox.* Dissertação de mestrado em Comunicação, Escola de Comunicação, Universidade Federal do Rio de Janeiro, Rio de Janeiro, 1998.

NECES, Marcus Vinicius. "A heróica e desprezada batalha da borracha". *Revista História Viva*, São Paulo, Duetto Editorial, n. 8, jun. 2004. Disponível em: www2.uol.com.br/historiaviva. Acesso em nov. 2005.

PEROSA, Lilian Maria de Lima. *A hora do clique: análise do programa de rádio "Voz do Brasil" da Velha à Nova República.* São Paulo: Annablume/ECA-USP, 1995.

SOUZA, José Inácio de Melo. *A ação e o imaginário de uma ditadura: controle, coerção e propaganda nos meios de comunicação durante o Estado Novo – o caso Xerox.* Vol. I. Dissertação de mestrado em Ciências da Comunicação, Escola de Comunicações e Artes, Universidade de São Paulo, São Paulo, 1990.

3

Peixe vivo em água fria: Juscelino e a propaganda política

João Carlos Picolin*

O que se apresenta aqui diz respeito apenas à leitura do ambiente político da eleição de 1955 para a presidência da República, bem como aos instrumentos de comunicação utilizados por Juscelino Kubitschek de Oliveira para vencer a eleição. Os temas abordados foram extraídos, quase que em sua totalidade, do último capítulo da dissertação de mestrado *As metas e o plano: Juscelino para presidente do Brasil – as estratégias de comunicação política que ajudaram a eleger JK*[1] *em 1955*, defendida em março de 2002, na Universidade Metodista de São Paulo.

Em nossa dissertação realizamos uma leitura do processo eleitoral de 1955, considerando toda a trajetória política de JK e sua imagem pública construída por meio de duas ações na prefeitura de Belo Horizonte e no governo de Minas Gerais. Esta leitura foi feita

* João Carlos Picolin, graduado em Jornalismo e em Publicidade e Propaganda pela Universidade Metodista de Piracicaba (Unimep) e mestre em Comunicação Social pela Universidade Metodista de São Paulo (Umesp), é coordenador do curso de Comunicação Social – Habilitação em Publicidade e Propaganda, das Faculdades Integradas Claretianas de Rio Claro (SP). E-mail: coordenacao_comunicacao@claretianas.br.

[1] Sigla com que Juscelino se tornou amplamente conhecido.

a partir de conceitos de propaganda política, publicidade eleitoral, marketing político e eleitoral, imagem pública e opinião pública e, também, propaganda ideológica. Tais conceitos foram tratados a partir de autores clássicos e contemporâneos e suas referências estão indicadas no texto.

Trata-se de uma pesquisa descritiva (Gil, 1989, p. 45), desenvolvida a partir de técnicas de coleta de dados como pesquisa documental (Marconi e Lakatos, 1986, p. 56) e bibliográfica (Idem, p. 58), bem como entrevistas não estruturadas, na modalidade focalizada (Idem, p. 71), com pessoas que fizeram parte daquele processo eleitoral.

Projeção planejada

Não resta dúvida de que o principal referencial para observar o processo sucessório presidencial, em 1955, é a morte de Getúlio Vargas em agosto de 1954. A partir daquela reviravolta e da eleição em outubro de 1954[2], as principais peças do jogo político começaram a se encaixar, dando os indicativos de como se comportaria o cenário eleitoral para 1955.

Juscelino Kubitschek iniciou as discussões sobre a sucessão presidencial somente após um balanço das eleições para governador e para o Congresso em outubro de 1954. Entretanto, se observarmos sua trajetória, podemos perceber que, desde o início do seu governo em Minas Gerais, ele veio abrindo espaço no cenário político nacional até ser indicado candidato a presidente da República.

Ao assumir o governo de Minas Gerais, rapidamente sua imagem ganhou projeção nacional. Ao mesmo tempo que sua imagem ia se solidificando no interior de Minas Gerais, com o binômio Energia

---

[2] A eleição de 1954, após a morte de Getúlio Vargas, teve como resultado a perda de espaço da União Democrática Nacional (UDN – partido de oposição ao ex-presidente e a Juscelino Kubitschek) na Câmara dos Deputados, bem como no Senado. Saíram vitoriosos o Partido Social Democrático (PSD – de Juscelino Kubitschek) e o Partido Trabalhista Brasileiro (PTB – de João Goulart), que fariam uma dobradinha para a eleição de 1955.

e Transportes[3], também rompia as fronteiras do Estado, ganhando *status* de chefe político, em âmbito nacional. A estratégia de JK, nesse sentido, foi muito bem planejada. Ele sabia que precisaria contar com o apoio irrestrito do povo mineiro para se impor no cenário político nacional. Por isso, utilizou um estilo diferenciado de administração, de contato com o público e de propaganda.

Conforme o binômio Energia e Transportes ia saindo do papel, a figura de JK ganhava projeção, "que, em boa parte, se deve à barulheira udenista, cujo faro desde logo localizara o grande adversário do próximo pleito" (Moraes, 1955, p. 88). O próprio PSD passou a observar Juscelino mais de perto a partir de 1951. Entretanto, não foram apenas eles. É que

> nas visitas oficiais que, de 1951 a 1954, pôde fazer a vários estados, iria ouvir da boca dos governadores Munhoz da Rocha, Lucas Garcez, Ernesto Dorneles, Pedro Ludovico, Amaral Peixoto e outros vários pronunciamentos públicos, apontando sua obra como inspiradora e modelar para os governos das demais unidades da Federação e reconhecendo que o seu nome ultrapassava as fronteiras das Minas Gerais (Idem, p. 89).

Os intentos de marketing político de Juscelino foram capazes de lançá-lo, por si sós, candidato a presidente da República. É que, além de transformar o binômio Energia e Transportes em realidade, tornaram públicas essas realizações em todo o território nacional, ao mesmo tempo que o tornava quase uma unanimidade no território mineiro. Nesse sentido,

---

[3] O binômio Energia e Transportes foi o *slogan* do Governo JK em Minas Gerais, adotado já durante sua campanha eleitoral nesse Estado, em 1950. A idéia de JK foi resumir no binômio as necessidades que o Estado tinha para sair da situação agropastoril em que se encontrava. Em 1954, quando deixou o governo para concorrer à presidência da República, Minas Gerais já era um dos estados mais fortes da Federação, e Belo Horizonte ganhava ares de metrópole. Este foi um fator determinante para a visualização do binômio pelo eleitor. De fato, as obras saíram do papel e não se resumiram apenas em promessas.

> também se espalha pelo País, num fluxo de notícias gradualmente decorrente da projeção montante de seu nome, a noção de sua profunda identificação pessoal com os problemas do povo, dos pobres e dos humildes. Suas íntimas ligações com os trabalhadores mineiros [...] lhe valem a predisposição das massas petebistas nacionais em seu favor. A linguagem clara e terra-a-terra com que, mensalmente, em palavras pelo rádio, discute com o povo mineiro as angústias quotidianas do custo de vida, da alimentação, do vestuário e da habitação, alcança ouvidos atentos em todos os estados (Idem, Ibidem).

Podemos observar, aqui, que elementos de propaganda por persuasão, conforme nos aponta Tchakhotine (1967, pp. 353-354), já eram utilizados por Juscelino no governo de Minas Gerais, num aliciamento dos eleitores não só do seu Estado, mas de outras regiões do país. Aqui fazemos referência, também, aos apontamentos de Neusa Gomes (2000, p. 54) sobre a propaganda política. Na verdade, Juscelino conseguiu planejar toda uma ação que o tornaria virtual candidato a presidente da República.

A construção de sua imagem pública (Farhat, 1992; Poyares, 1998) revela-nos que, passo a passo, por meio das mais diversas ferramentas da comunicação política, ele conseguiu tornar públicos e propagar suas idéias, seu estilo diferenciado e, por fim, ganhar espaço e confiança entre os eleitores de todo o Brasil. A idéia defendida por JK, de "tornar-se conhecido"[4], valeu-lhe a presidência da República.

Dessa maneira, desde a utilização da propaganda ideológica (Garcia, 1982, pp. 60-64) do desenvolvimentismo, por meio de sua ação na prefeitura de Belo Horizonte (quando ficou conhecido como

---

[4] Na década de 1930, ainda no seu "noviciado político", JK, ao atuar como chefe da Casa Civil de Minas Gerais, revelou: "Vivendo no palácio do governo e desfrutando da intimidade dos líderes estaduais, havia aprendido uma lição que nunca mais deveria esquecer: para fazer política, é indispensável tornar-se conhecido. [...] Ao decidir fazer-me conhecido, dei início aos meus contatos pela cúpula política. Em seguida, procurei alargá-los, no sentido de me promover em direção às bases eleitorais, o povo" (Kubitschek, 1974, pp. 221-222).

"prefeito-furacão" e "prefeito-tatu", pela agilidade com que fazia as obras na capital mineira) e centrada no binômio Energia e Transportes no governo de Minas Gerais (quando ficou conhecido como "governador-a-jato", por cortar os céus de Minas Gerais fiscalizando as obras do binômio); da aproximação com o eleitorado e de sua presença constante em todos os setores da administração pública, cumprindo, de forma determinada, os papéis que a si próprio havia atribuído; bem como da utilização minuciosa da contrapropaganda (Idem, ibidem) – principalmente contra a União Democrática Nacional (UDN) e, na eleição de 1955, em relação ao próprio presidente Café Filho – Juscelino abriu todas as portas de que precisava para ser aclamado por onde passou.

A presença constante de Juscelino Kubitschek no interior de Minas Gerais, suas visitas regulares a outros Estados, os convites para outros governadores inaugurarem, ao seu lado, obras concretizadas do binômio Energia e Transportes, o acompanhamento constante da imprensa mineira, a projeção dessas informações em âmbito nacional já indicavam que ele, ao assumir o governo de Minas Gerais, mantinha-se em campanha.

Antes mesmo da morte de Vargas e da eleição de outubro de 1954, a imprensa nacional já falava em campanha de Juscelino. É o caso do *Diário da Noite*, de São Paulo, de 3 de agosto de 1954, que abriu a manchete "Kubitschek em plena campanha eleitoral" e complementou com uma linha fina: "Já visitou 350 municípios dos 450 que possui Minas Gerais". Na reportagem, feita em Andradas (São Paulo), Juscelino deixou claro o seu diferencial: "Tenho a meu favor todo um programa concreto de obras"; e completa: "o binômio energia e transportes, que deu ótimos resultados em nosso Estado, será levado ao plano nacional".

O mesmo *Diário da Noite*, de 5 de agosto de 1954, dedicou toda a sua primeira página ao governador de Minas Gerais com a manchete: "As montanhas vão rolar (prometem os mineiros)" e, em letras garrafais, destacava "Juscelino candidato". O jornal paulista acompanhou

JK durante uma série de visitas e inaugurações para fazer uma reportagem especial que ocupou toda a sua primeira página. Várias fotos, declarações e sugestões estão estampadas no jornal. Em uma delas, o ex-ministro da Justiça e assessor direto de JK, Negrão de Lima, declarou que, a respeito do binômio Energia e Transportes, "até as crianças já [o] entendem como inventado pelo governador" e completava: "O binômio, que constitui elementos de popularização do sr. Juscelino Kubitschek, irá fazê-lo, também, presidente da República". Por fim, o jornal apontou no mesmo sentido, dizendo que, por onde passou Juscelino, o povo gritou "vivas ao futuro presidente da República".

Carlos Murilo Felício dos Santos[5], em entrevista concedida ao autor, revela que as visitas de JK já eram uma estratégia planejada. A presença constante de outros governadores em Minas Gerais representava convites oficiais para ele visitar outros estados. Por diversas vezes em seu governo, declara Carlos Murilo, Juscelino convidou membros da imprensa de outros estados para que conhecessem o seu trabalho em Minas Gerais, como ocorreu com o *Diário Carioca*. Essa estratégia de comunicação política o colocou em evidência em todo o território nacional, reforçando as declarações de José Moraes (1955, p. 89) sobre o apoio recebido por Juscelino de outros governadores.

Dessa maneira, ao observarmos as estratégias de JK, podemos identificar elementos da comunicação política como determinantes no processo que culminou com a sua candidatura para presidente da República. Fazem-se referências, aqui, novamente, à rádio-propaganda de Tchakhotine (1967, pp. 353-354), à propaganda política de Neusa Gomes (2000, p. 54), além de outros elementos que não foram observados anteriormente, como as propagandas de doutrinação, agitação e integração, apontadas por Pinho (2001, pp.144-146), bem como das leis e regras que norteiam a propaganda política apontadas por Domenach (*apud* Pinho, 2001).

---

[5] Carlos Murilo Felício dos Santos é primo de Juscelino Kubitschek e o acompanhou em algumas viagens durante a campanha eleitoral de 1955. Ele também foi deputado e um dos correligionários de JK.

Todo esse suporte teórico leva-nos a crer que Juscelino se municiou de elementos da comunicação política para alcançar seu plano estabelecido. Se, mais adiante, vamos procurar apontar, como um dos atrativos oferecidos por ele na campanha, o seu Plano de Metas, podemos entender, aqui, que as metas estabelecidas no seu plano pessoal de conquista do cenário político foram vencidas uma a uma, permitindo a conquista do eleitorado.

Essas reflexões iniciais são importantes para verificarmos que, a todo o momento, Juscelino Kubitschek utilizou estratégias de comunicação política para construir sua imagem pública, projetá-la no cenário político nacional para trabalhar com as predisposições dos eleitores, reforçá-las e concretizá-las em planos de ação e, para o municiamento constante de informações para falar ao eleitor o que ele esperava ouvir.

Juscelino para presidente do Brasil

Começamos a entender, efetivamente, a campanha eleitoral de Juscelino Kubitschek a partir de dezembro de 1954, quando foi indicado candidato pelo Diretório Nacional do Partido Social Democrata (PSD) para a convenção que aconteceu em fevereiro de 1955.

A partir da indicação do seu nome pelo Diretório Nacional, Juscelino traçou uma estratégia de campanha que o colocou em evidência em todo o território brasileiro. Em vista das complicações em torno da sua indicação[6], decidiu fazer visitas aos diretórios do PSD que o apoiaram na reunião do Diretório Nacional, no dia 10

[6] A indicação de JK sofreu ameaças até o dia da convenção. Todos os enfrentamentos, inclusive um diretamente com o presidente Café Filho, que ganhou um grande espaço na mídia nacional, renderam-lhe bons frutos; entre eles, uma frase que acabou virando uma das suas bandeiras de campanha: "Deus poupou-me o sentimento do medo". Além disso, JK passou a usar termos como "legalidade", "cumprimento da constituição" e "democracia" para justificar o seu direito de ser candidato à presidência da República. Dessa maneira, ele procurava despertar na opinião pública esses valores, que já faziam parte das predisposições do eleitorado. A estratégia de Juscelino vai nos direcionar para o que Lasswell e Kaplan (1998, p. 150) disseram a respeito da propaganda política: que a propaganda favorável às predisposições do eleitorado tende a se fortalecer e a fortalecê-las.

de dezembro de 1954. Entretanto, tais visitas não se resumiam, exclusivamente, a um contato com os líderes políticos, diziam respeito, na verdade, a uma aproximação com o eleitorado dos outros estados.

Uma destas passagens, em 12 de novembro de 1954, merece destaque. Já em campanha, ele foi convidado a participar do programa Fórum Econômico conduzido pelo conselheiro Humberto Bastos e transmitido em rede pela TV Record, canal 7, e pela TV Tupi, canal 3. No programa Juscelino pôde apresentar, aos paulistas, um balanço sobre o seu governo em Minas Gerais e apontar soluções para os problemas brasileiros.

Destaca-se, entretanto, a divulgação dessa entrevista. Foi feito um anúncio de página inteira pelo jornal *Folha da Manhã* do mesmo dia, 12 de novembro. Além de anunciar Juscelino como "figura expressiva da moderna geração de homens públicos do País", o anúncio trazia informações de que ele iria responder às perguntas dos telespectadores. Um outro elemento importante do material publicado pelo jornal é o patrocínio do Banco Cruzeiro do Sul, de São Paulo que, na ocasião, tinha "a honrosa satisfação de apresentar o governador Juscelino Kubitschek" à população de São Paulo.

A presença de capital privado, nacional e estrangeiro na campanha de Juscelino foi fundamental para a realização de sua estratégia de visitar todo o território nacional em praticamente sete meses. Segundo Riedinger (1988, p. 245), a campanha de Juscelino e Jango recebeu apoio financeiro de empresas como a Mannesmann, a Belgo-Mineira, a Vickers, a General Eletric, a Radio Corporation of America, além de associações comerciais e sindicatos nacionais, e de homens ricos, como Sebastião Paes de Almeida, que fez fortuna fabricando vidro, Augusto Azevedo Antunes, proveniente de negócios da mineração, Wolf Kablin, do ramo da construção, Celso Rocha Miranda, do ramo de seguros e Horácio Lafer, do ramo de fabricação de papel.

Além dessas contribuições, a campanha de JK também contou com a colaboração dos eleitores e das pessoas comuns. Foram feitos vários modelos de "bônus da vitória" que, na verdade, representavam contribuições voluntárias de 500 cruzeiros e 1 000 cruzeiros para a "propaganda eleitoral" da campanha.

A partir de uma revisão de literatura sobre a trajetória de Juscelino Kubitschek, procuramos sistematizar sua agenda de quando era candidato a presidente da República. Nesse material, encontram-se, principalmente, referências de José Moraes (1955), Waldemar Rodrigues (1955), Edward Riedinger (1988), Affonso Heliodoro (1991), Palmerinda Donato (1997), Serafim Jardim (1999), Cláudio Bojunga (2001), além do próprio Juscelino Kubitschek (1976), entre outros, e alguns materiais coletados na pesquisa de campo. Esse material sistematizado foi divido em duas partes: entre a indicação do Diretório Nacional e a convenção do PSD em fevereiro de 1955; entre a oficialização da sua candidatura na convenção do PSD e a eleição de 3 de outubro.

Para colocar em prática a estratégia de tantas visitas, ele fez uso de um avião Dauglas DC-3, prefixo PP-ANR, que acabou por se tornar a residência da equipe que o acompanhou por todo o território nacional. O avião estava equipado com escrivaninha e uma biblioteca para as consultas de Juscelino. A respeito da biblioteca, Geraldo França de Lima, assessor político de Juscelino, em entrevista ao autor, disse que ele "lia demasiadamente". Segundo Lima, esse foi um diferencial importante da campanha, porque "Juscelino sabia de tudo o que precisava saber ao falar com o público". Ele revela também que JK lia sobre propaganda política e biografias de grandes estadistas "para evitar os seus erros". Dessa maneira, "era um homem bem informado".

O que será apresentado neste capítulo diz respeito apenas a um balanço final da agenda de JK. Na dissertação, foram expostos, praticamente, todos os passos do candidato e os lugares que visitou. Vejamos então o balanço da campanha que nos foi possível identificar a partir da pesquisa.

Unidade Federação	Cidades visitadas*	Comércio Indústria	Sindicato Associação	Igreja	Entrevistas/ reportagens		
					Rádio	TV	Jornal
Rio Grande do Sul	29	1		1	2		7
Santa Catarina	08			1			1
Paraná	12	1	1		4		4
São Paulo	69	4	5	1	6	2	15
Rio de Janeiro	28	4	4	3	22	2	28
Minas Gerais	23	2	1	1	12	5	15
Espírito Santo	08				1		1
Mato Grosso	05		1		2		2
Goiás	09		1	3	3		4
Bahia	28	2	1	1	2		4
Pernambuco	23	3	5	6	3	2	4
Alagoas	03	1	1	2	1		2
Paraíba	10		1		2		2
Rio Grande do Norte	05		3	1	1		2
Sergipe	04				1		1
Ceará	07	1	1	2	2		2
Piauí	03				2		2
Maranhão	02				2		2
Pará	24	2		2	3		3
Amazonas	04		2		1		3
Território do Acre	01						
Território do Amapá	01						
Território de Guaporé	01						1
Território do Rio Branco	01						
Total	**308**	**21**	**27**	**24**	**72**	**11**	**105**

* Sem considerar mais de uma visita por cidade.

Os resultados dos debates na imprensa, da contrapropaganda e das aproximações de JK com o eleitorado antes de fevereiro de 1955 já lhe haviam garantido bons resultados. Uma pesquisa feita pelo Ibope, no Rio de Janeiro, em 1955, mostrou a evolução do seu nome nas tendências eleitorais. Juscelino, que aparece com 1% de intenção de voto em dezembro de 1953, contra 17% de Ademar de Barros e 29% de Eduardo Gomes, em novembro de 1954, quando as discussões sucessórias começam a ganhar um espaço maior junto à opinião pública, já está com 9%, contra 13% de Jânio Quadros,

14% de Eduardo Gomes e 17% de Ademar de Barros. Já em março de 1955, Juscelino aparece, pela primeira vez, em primeiro lugar, com 21,9%, contra 18,2% de Ademar de Barros e 11,4% de Jânio Quadros (Cesop, 1994, p. 5).

Os números finais da agenda do candidato apresentados aqui, a partir da revisão de literatura, não batem com o balanço feito por José Moraes (1955) nem com o de Juscelino Kubitschek (1976). Segundo Moraes (1955, p. 186), JK teria visitado 341 cidades brasileiras, realizando 412 discursos diferentes se contabilizadas as falas no rádio e na televisão, além das conferências e mesas-redondas. Já Kubitschek (1976, p. 372) garante ter pronunciado mais de mil discursos, participado de mais de cem programas de televisão e trezentas mesas-redondas, além de ter concedido mais de quinhentas entrevistas à imprensa.

Entretanto, apesar de alguns números estarem distantes dos que foram levantados aqui, a agenda apresentada nos dá uma idéia do volume de trabalho desenvolvido durante a campanha de Juscelino, em 1955, bem como dos esforços de propaganda política nesse período.

Talvez os números apresentados por JK se justifiquem se levarmos em conta que, em todas as visitas feitas por ele, sempre esteve acompanhado de uma pessoa influente na região (normalmente um deputado, um líder político ou religioso), bem como de José Moraes, assessor de comunicação, dos fotógrafos Fernando Ricardo, Antonio Freitas e João Mascarenhas, além do cinegrafista Nelson Machado e do locutor da Rádio Mayrink Veiga, Nobre de Almeida. Além destas pessoas, diretamente responsáveis pela propaganda da campanha, viajavam com Juscelino enviados especiais dos jornais ligados à campanha, como Evandro Andrade, do *Diário Carioca*, Fernando Leite, do *Última Hora* (Rio de Janeiro), e outras participações mais esporádicas, como as dos jornalistas da revista *Manchete* e dos Diários Associados (Moraes, 1955, p. 163).

Quanto ao material de campanha, a equipe estava bem articulada. José Moraes era o responsável pelo que seria distribuído pelo

Comitê Nacional Interpartidário (CNI) do Rio de Janeiro. Após os comícios nas capitais e no interior do Brasil, José Moraes preparava o noticiário com fotos e declarações gravadas para o rádio e para a televisão e as enviava para o CNI. Esse comitê, comandado por Francisco Negrão de Lima, encaminhava o material para os veículos de comunicação, principalmente os "aliados" da campanha.

Este, por exemplo, foi o caso dos Diários Associados, a maior rede de comunicação da época no país. Palmerinda Donato[7], responsável pelo Comitê Feminino do Leme, no Rio de Janeiro, em entrevista ao autor, disse que "eles [JK e Assis Chateaubriand] foram aproximados naquela época, e é óbvio que aquilo contribuiu grandemente" com a campanha. O acordo teria partido do próprio Chateaubriand por ocasião de sua candidatura ao Senado (pelo Maranhão)[8], como havia ocorrido em 1952, quando também se aproximara do PSD para se tornar senador pela Paraíba. Segundo Fernando Morais (1997, p. 564), Chateaubriand teria chegado a dar um ultimato a Tancredo Neves sobre a questão: "Ou o PSD arranjava uma vaga de senador para ele ou os Diários Associados não assumiriam qualquer compromisso com a candidatura do partido à presidência da República".

Com a eleição de Chateaubriand, todo o peso dos Diários Associados recairia sobre a campanha de JK, em forma de apoio, que, entretanto, se "traduzia pela publicação de anúncios pagos pelo candidato (e os veículos não recusavam a publicidade de ninguém, nem mesmo dos adversários) mais a garantia da cobertura jornalística da campanha – pela qual o candidato também tinha de pagar"

---

[7] Palmerinda Donato foi correligionária de JK. Ela liderou o Comitê Feminino do Leme durante a campanha eleitoral de 1955.

[8] No dia 18 de novembro de 1954, Tancredo Neves foi até o Maranhão para negociar a candidatura de Assis Chateaubriand, a partir da renúncia do senador Antonio Baima e de seu suplente, Newton Belo, para que o TSE convocasse novas eleições e o PSD pudesse mostrar força para eleger o dono dos Diários Associados. "Tancredo argumentou que era exatamente a candidatura de Juscelino que estava em jogo – o apoio dos Diários Associados era uma peça indispensável à eleição – e, depois de candentes apelos em nome da solidariedade partidária, acabou dobrando a liderança do PSD" (Morais, 1997, p. 565) do Maranhão. Chateaubriand foi eleito com 70% dos 200 mil votos do Maranhão.

(Morais, 1997, p. 573). Isso quer dizer que o esquema era altamente lucrativo para o empresário da comunicação, a ponto de manter empenhada sua palavra de "apoio" à campanha de JK e recusar um convite para ser candidato a vice-presidente na chapa de Ademar de Barros.

José Moraes (1955, p. 162) revela que "nos últimos quatro dias da campanha [...] o senador Assis Chateaubriand chegou a dar ordens aos Diários Associados para que mais nada fosse publicado sobre Juscelino, tendo em vista o atraso imperdoável nos pagamentos das matérias contratadas". A dívida era bem alta, cerca de 100 milhões de cruzeiros, algo em torno de 1,3 milhão de dólares na época (Morais, 1997, p. 573).

De qualquer maneira, a proximidade com Chateaubriand garantiu a Juscelino Kubitschek presença constante nos jornais, nas rádios e na televisão, abraçando eleitores de todos os estados brasileiros.

O esquema montado entre a equipe que acompanharia o candidato, o CNI e os comitês municipais e estaduais funcionava da seguinte forma: salvo algumas exceções, em vista de problemas de ordem política, o CNI planejava todo o trajeto das visitas, distribuindo antecipadamente, para os diretórios das cidades, o material de divulgação da campanha.

Eram convites para o comício e notas para serem publicadas na imprensa. Na primeira viagem de JK como candidato, o jornal *O Popular*, de Goiânia, do dia 3 de abril de 1955, anunciou na primeira página: "Juscelino amanhã em Goiás". Assim também aconteceu na maioria das cidades visitadas. O *Correio Popular*, de Campinas, do dia 25 de maio de 1955, também publicou uma nota, com uma grande foto, dizendo que Juscelino Kubitschek estaria em Espírito Santo do Pinhal e que "dava início, em São Paulo, com verdadeira emoção, a sua campanha". Na cidade de Rio Claro, no interior de São Paulo, o *Diário do Rio Claro* publicou a nota "Juscelino Kubitschek e Jango Goulart estarão dia 22 em nossa cidade" (*Diário do Rio Claro*, 9 ago. 1955, p. 4). O mesmo jornal inseriu, no dia 20 de agosto de 1955, uma propaganda que ocupava todo o topo da página 4, anunciando o comício para dali a dois dias, convidando o povo para uma "grandiosa demonstração de fé democrática".

Passado o comício, normalmente os jornais davam a cobertura do evento. Nos casos específicos, citados acima, destacamos a manchete de *O Popular* do dia 5 de abril de 1955: "Juscelino festivamente recebido em Goiás"; em linha fina o jornal dizia: "Vibração em Jataí com a chegada do candidato do PSD à presidência da República – apesar da forte chuva, grande massa compareceu ao aeroporto – desfile pelas ruas da fortaleza pessedista do sudoeste – festiva recepção também em Anápolis – hóspede do ex-governador Junas Duarte segue hoje para Manaus". A reportagem destacou a recepção dos eleitores e a presença de muitos municípios vizinhos no discurso em Jataí. No mesmo dia, o jornal *O Popular* lançou outra manchete: "Firme com Juscelino o PR de Minas". Em Rio Claro, o *Diário do Rio Claro,* no dia 24 de agosto de 1955, estampou na página 4: "Juscelino Kubitschek falou ao povo no primeiro comício na nossa cidade"; e destacava: "Desviando-se da deselegante atuação de candidatos que utilizam a tribuna livre para atacar os adversários, [JK] falou calmamente ao povo, explanando, com imagens facilmente compreendidas, a situação do brasileiro de vários pontos do País".

Por sua vez, as investidas na comunicação de massa se concentraram mais nas capitais do que no interior. Era importante que os comícios do interior também repercutissem nos grandes centros. Porém, Geraldo França de Lima e Carlos Murilo Felício dos Santos, em entrevista a nós, revelaram que no interior o que prevalecia era o corpo-a-corpo, o contato direto com os eleitores; já nas capitais, além desse contato direto, era importantíssimo o uso dos meios de comunicação de massa, principalmente o rádio e o jornal. Ambos garantem que a ação da equipe responsável pela comunicação era fundamental e muito foi feito para divulgar as obras de JK. Quando ele visitava um "estado, o pessoal da imprensa ia na frente preparando o eleitor, distribuindo o material de campanha sobre o que ele tinha feito em Minas Gerais", revelou Carlos Murilo.

Isso quer dizer que a força do partido, no interior, representaria um número bastante interessante de votos. A preparação desse eleitorado para receber Juscelino e o contato dele com esses eleitores eram fundamentais na formação da empatia entre candidato e eleitor. Em uma pesquisa do Ibope, em 1954, sobre as eleições para senador, deputado e vereador, 35% dos eleitores revelaram ter votado na chapa, ou seja, nos candidatos de um mesmo partido ou coligação (Cesop, 1994, p. 10). Isto quer dizer que a aliança PSD-PTB (Juscelino e João Goulart) representava uma possibilidade imensa de mobilização eleitoral, já que juntos totalizavam mais de sete mil diretórios na época (Kubitschek, 1976, p. 399).

Algumas características da campanha

O primeiro comício de JK como candidato oficial do PSD aconteceu no interior do país e não foi por acaso. Quem garante é Antonio Soares Neto, o Toniquinho de Jataí, homem que entrou para a história do país como um dos principais atores da campanha de Juscelino Kubitschek em 1955. Em entrevista concedida a nós, ele disse que o comício em Jataí "foi uma estratégia do Juscelino para escapar dos militares".

Naquele momento da campanha a candidatura de JK ainda corria riscos. Segundo Antonio Soares Neto, "Jataí era um dos maiores redutos do PSD em todo o país. [...] não tinha qualquer oposição". Juscelino teria revelado a Antonio Soares Neto, em 1972, que, quando se desincompatibilizou do governo de Minas Gerais, sua equipe já havia feito uma pesquisa, por encomenda sua, para localizar o melhor local para iniciar a campanha.

Como Jataí ficava no interior, era um reduto pessedista e "não geraria grande repercussão, como se fosse em São Paulo ou Rio de Janeiro, Juscelino decidiu começar a campanha por ali, sem muito barulho para não chamar a atenção dos militares"[9], disse Antonio Soares Neto ao autor. "A imagem que Juscelino trazia era de um obreiro, ele construía mesmo, ele era um nome civil imbatível na época", comenta. Ele levou para Jataí o mesmo espírito do embate com Café Filho, "quando disse 'Deus poupou-me o sentimento do medo'. [...] A coragem de Juscelino era cívica, de trabalho, de um idealista", finaliza Neto.

O primeiro comício marcou também um novo estilo, que iria acompanhá-lo durante todo o período eleitoral. Quando tomou a palavra, Juscelino investiu na estratégia adotada a partir dos problemas de relacionamento com o governo: a democracia e o cumprimento da Constituição. Segundo Antonio Soares Neto (2001, p. 123),

> Juscelino falava muito em cumprir a Constituição e manter a democracia [...]. Só que ele não queria falar sozinho, um monólogo, então ele pediu para que o povo falasse e desse sugestões, contasse os seus problemas para que ele pudesse incluir as soluções no seu plano de Governo.

A idéia, de acordo com Toniquinho, deixou a todos surpreendidos. Foi no primeiro aparte que ele pediu a palavra e alertou Juscelino sobre a construção da capital federal no Planalto Central, como previa a Constituição. O resultado foi a construção de Brasília.

A concessão desses apartes durante os comícios foi uma marca de JK durante a campanha eleitoral. "Ele foi o primeiro candidato que fez com que o povo participasse de fato de uma eleição", disse Carlos Murilo Felício dos Santos.

---

[9] A pressão de alguns setores do Exército se tornou ainda maior quando, em meados de abril, o Partido Comunista Brasileiro (PCB) decidiu dedicar o seu apoio à candidatura de Juscelino. O próprio general Teixeira Lott chegou a declarar na imprensa que o apoio dos comunistas a JK o havia deixado impossibilitado de controlar as reações "de certos meios militares". Logo depois do comício em Jataí, no dia 6 de abril, a Rádio Globo chegou a anunciar que os militares haviam proibido a realização das eleições e decretado a prisão de Juscelino Kubitschek. Entretanto, esse foi um "alarme falso" gerado pela emissora carioca, que era contra a campanha de JK (Kubitschek, 1976, pp. 368-369; Moraes, 1955, p. 136).

Além dos apartes e do sorriso franco, Juscelino também adotou uma outra estratégia para fazer o comício. "Ele mandava que a gente fosse ficar no meio do povo para sentir o que o povo estava achando sobre o que ele falava [...]. Ele queria saber os comentários que o povo fazia", disse Carlos Murilo. As pessoas que o acompanhavam na comitiva ficavam responsáveis por essa tarefa.

Apesar de não ter repetido nenhum de seus comícios, segundo José Moraes (1955, pp. 159-160), os discursos de Juscelino seguiam uma ordem lógica: apresentava um breve currículo de sua trajetória política, revelando seus principais pensamentos e, em seguida, emendava, com "eloqüentes tiradas sobre democracia, o futuro do Brasil, as manobras dos adversários inescrupulosos, sem nunca fazer alusões pessoais ou emitir conceitos insultuosos". A partir daí, começava a falar do plano de governo, reduzindo as temáticas gerais até encontrar ganchos para falar diretamente dos problemas daqueles que o estavam ouvindo, "mostrando espantosos conhecimentos, exibindo familiaridade com o assunto". Daí para frente o terreno para os apartes estava firmado, procurando promover no comício um "verdadeiro diálogo".

Outra novidade da campanha de Juscelino foram os comitês femininos organizados por Dona Sarah Kubitschek. Utilizando um termo do próprio JK e de Palmerinda Donato, a idéia era "aliciar" as donas de casa do Rio de Janeiro e de Minas Gerais. A falta de recursos para a mobilidade da esposa de JK impediu que esses comitês fossem abertos em outros estados. Os comitês serviam como centros de distribuição de material de campanha e promoviam várias ações de mobilização popular em nome da candidatura de Juscelino Kubitschek.

Palmerinda Donato, responsável pelo Comitê Feminino do Leme, disse que foi assim na inauguração do seu comitê. "Eu conversei com um rapaz que trabalhava na lavanderia em frente ao comitê. [...] Ele morava no morro da Babilônia e eu pedi que ele me ajudasse a ensaiar alguma coisa sobre Juscelino." A iniciativa resultou na presença da bateria de uma escola de samba na grande festa, que "acabou fechando o bairro do Leme".

Na verdade, eles tinham por função o que Juscelino chamou de "fazer a onda". Não só os comitês femininos, mas toda a equipe de campanha. O pessoal da imprensa, por exemplo, era chamado de "batedores". Eles eram "responsáveis pela preparação do território logístico e político para a chegada do candidato" (Riedinger, 1988, p.72). Os diretórios locais do PSD, os comitês femininos, os "batedores", assim como as associações de bairro de Belo Horizonte, que acabaram por se transformar em comitês eleitorais (como já havia acontecido no passado), eram grandes motivadores do eleitorado.

Para cada região visitada do país, Juscelino levava um político influente junto àquele eleitorado, além de pessoas com fácil circulação junto ao povo, para estimular os eleitores em relação à sua candidatura. De acordo com Lazarsfeld, Berelson e Gaudet (1962, pp. 122-123), "a principal função da campanha política consiste na ativação das predisposições latentes", ou seja, que "a propaganda política [...] transforma a tendência política latente em um voto manifesto"[10].

Como a mídia já havia se pautado pela sucessão presidencial e o tema era corrente em todos os setores da sociedade, a ação dessas pessoas estava relacionada com a aproximação do candidato com os eleitores de regiões determinadas. Nesse caso, da mesma maneira que a comunicação de massa serviu como elemento de ativação, os cabos eleitorais, estrategicamente escolhidos, também atuaram para motivar as discussões sobre o processo eleitoral e, especificamente, sobre o nome de Juscelino Kubitschek. Assim, é possível dizer que a magnitude da propaganda política será medida pela heterogeneidade da opinião pública, pela disparidade entre o efeito desejado e as predisposições, técnicas e métodos de comunicação, dependendo do tamanho do público, bem como pelo nível de heterogeneidade do grupo.

Isso quer dizer que a formação de bases políticas, envolvendo populares e outras pessoas que eram naturais das bases eleitorais, o investimento na comunicação de massa e a intensificação da comunicação

---

[10] Tradução nossa.

de grupo e interpessoal envolvendo essas pessoas-chave e o próprio candidato Juscelino foram capazes de permitir um controle maior da população, mesmo com a heterogeneidade dos eleitores brasileiros em 1955, marcada pelas diferenças sociais gigantescas entre as várias regiões do país. Isso tem uma influência direta no comportamento do eleitor.

> Além disso, devemos levar em consideração a ação das predisposições psicológicas inconscientes do próprio eleitor. As experiências econômicas, religiosas e comunitárias, vivenciadas no passado e compartilhadas com o grupo que o integra, o predispõe a atender mais a determinadas manifestações"[11] (Lazarsfeld, Berelson e Gaudet, 1962, p. 131).

Além disso, essa técnica permitiu diminuir a diferença entre o que os eleitores, motivados pela mídia, pensavam sobre Juscelino e o que este representava de fato, naquele momento, procurando, dessa forma, conduzir as predisposições latentes em seu favor e, conseqüentemente, transformá-las em voto.

Assim, conforme podemos observar em Lasswell e Kaplan (1998), a propaganda política pode sugerir novos elementos no contexto social, mas irão reforçar as predisposições já existentes. As pessoas que compunham esses grupos tinham, portanto, a função denominada por JK de "fazer a onda", mas

> existem dois tipos de forças ativadoras nas comunicações políticas. Em primeiro lugar, se encontram os elementos de propaganda difundidos pelos meios de comunicação de massa formais: jornais, rádios e revistas. Em segundo lugar, existem as influências pessoais diretas que [...] podem ser mais importantes que a publicidade em grande escala[12] (Lazarsfeld, Berelson e Gaudet, 1962, p. 123).

[11] Tradução nossa.

[12] Tradução nossa.

A existência de um fluxo de comunicação em dois níveis, sendo um deles a comunicação em grupo ou interpessoal, prevendo a ação de líderes de opinião, faz-nos crer que a incursão de personagens respeitados no cenário político, onde se desenvolve a ação da campanha, significa uma tentativa de aliciar o eleitor de maneira mais incisiva, principalmente considerando o grau de influência desses personagens sobre aos grupos de eleitores. Dessa maneira, os comitês femininos, bem como os demais grupos motivadores da campanha, tiveram um papel determinante como formadores de opinião. O contato direto dos formadores de opinião com os eleitores não só servia como elementos de inserção do nome de Juscelino nas discussões políticas, mas também como reforçador das predisposições dos eleitores já convencidos de sua imagem pública e das recompensas do seu discurso.

Outro fator determinante no processo eleitoral de 1955 foi o plano de governo estabelecido por JK e sua equipe. Trabalhar o seu discurso, invocando recompensas ou promessas aos eleitores foi tática usada por ele, assim como havia feito durante a campanha eleitoral para o governo de Minas Gerais. Entretanto, dessa vez, seus argumentos poderiam ser mais facilmente comprovados. Ele tinha em mãos um Estado que havia saído da condição agropastoril para chegar ao *status* de industrializado.

Trabalhar com números e dados concretos era o forte do discurso de Juscelino. O Programa de Metas[13], como ficou conhecido

---

[13] O Plano de Metas consistia em trinta metas agrupadas em cinco setores: Energia – 43,4% dos investimentos a considerar: energia elétrica, energia nuclear, carvão, produção de petróleo e refinação de petróleo; Transportes e Comunicações – 29,6% dos investimentos a considerar: reequipamento e construção de estradas de ferro, pavimentação e construção de estradas de rodagem, portos e barragens, marinha mercante e transporte aéreo e reaparelhamento do Departamento de Correios e Telégrafos; Alimentício – 3,2% de investimentos a considerar: produção de trigo, armazéns e silos, frigoríficos e matadouros, mecanização da agricultura e fertilizantes; Indústrias de Base – 20,4% dos investimentos a considerar: aço, alumínio, veículos motorizados, exportação de ferro, construção naval, maquinaria pesada e equipamento elétrico; Educação para o desenvolvimento – 4,3% dos investimentos em meta única (*Nosso século*, 1980, p. 207; Moraes, 1955, pp.187-189; Rodrigues, 1955, pp. 83-85). Como resultado do aparte de Antonio Soares Neto no comício de Jataí, também ficou estabelecida a construção da nova capital no Planalto Central.

posteriormente o programa elaborado por Juscelino, Lucas Lopes e sua equipe, representava um poderoso instrumento de propaganda ideológica. Além da fácil associação com os resultados de sua administração no governo de Minas Gerais, o estabelecimento de metas a serem alcançadas no governo federal estimulava a população, facilitava a visualização de um país maior em relação ao nível de emprego e de auto-suficiência.

Além de tudo isso, os eleitores, principalmente dos grandes centros, já mentalizavam a idéia nacional-desenvolvimentista. A ideologia, que alimentava a esperança de crescimento e equilíbrio da economia, já vinha sendo trabalhada, na época, pelos pensadores introduzidos no seio social, como os do Iseb (Instituto Superior de Estudos Brasileiros), por exemplo. Outro fator importante, foi que os apartes concedidos por JK, durante os comícios, na maioria das vezes, foram considerados no Programa de Metas. Isto quer dizer que a configuração socioeconômica do país favorecia seu discurso ideológico, pelas próprias incursões que o Iseb fazia no contexto social da época, conforme relatamos anteriormente.

Foi através de um de seus assessores, o poeta Augusto Frederico Schmidt, que Juscelino foi apresentado, no segundo semestre de 1954, ao grupo de intelectuais que trabalhavam com o ideal nacional-desenvolvimentista e "se mostravam dispostos a dar sustentação ideológica ao desenvolvimentismo juscelinista" (Bojunga, 2001, pp. 277-278). Assim, Juscelino podia demonstrar aos eleitores que pretendia construir o país desejado por eles, ao mesmo tempo que alimentava a esperança de crescimento e desenvolvimento, como fizera com Minas Gerais.

O fato de ter sido o único candidato a apresentar um plano de atividades com embasamento técnico foi um dos fatores primordiais para a vitória de Juscelino, principalmente se considerarmos que

> o êxito de uma campanha eleitoral pode ser atribuído não somente porque esteja integrada às ações de um plano de marketing, mas sim,

> pelo fato de que devem estar fundamentadas sobre a oferta de um programa-promessa de serviços, em torno do qual se estruturarão todos os argumentos a serem empregados nos vários meios selecionados para difundi-los (Gomes, 2000, p. 61).

Segundo Geraldo França de Lima, Juscelino entrava nas cidades conhecendo tudo sobre o município. "Ele tinha uma equipe que preparava isso", mas, conforme já apontamos anteriormente, JK lia muito e procurava se preparar para cada um dos comícios. Era como se fosse uma prova: Juscelino estudava a região, a equipe oferecia-lhe informações sobre as necessidades e virtudes da cidade e, "quando ele falava com o povo, já sabia o que o povo queria ouvir", revela Lima.

De acordo com Carl Hovland (1966), para que haja a aprendizagem da mensagem (retenção), é necessário, antes, que a audiência tenha dedicado uma certa atenção a ela; mais do que isso, além de chamar a atenção, a mensagem precisa ser compreendida pela audiência e atingir certo nível de aceitação para, aí sim, ser retida e, quem sabe, promover uma ação, que, no nosso caso, é o voto consumado.

É possível dizer que a retenção que os eleitores tinham da mensagem política de Juscelino Kubitschek era a de uma associação de sua pessoa com as realizações administrativas. Nesse sentido, o apelo em torno de apoio era cada vez maior, principalmente porque a recompensa pelo investimento do voto era garantida.

Se considerarmos que "a propaganda produz um aumento de interesse que, por sua vez, desperta nas pessoas uma predisposição a prestar mais atenção à campanha, e assim sucessivamente"[14] (Lazarsfeld, Berelson e Gaudet, 1962, p. 129), podemos dizer que os eleitores já estavam predispostos a receber as mensagens de JK. Nesse sentido, a quantificação e o discurso dirigido, considerando as características regionais e mesmo locais, facilitaram a compreensão dos eleitores. Todos esses elementos, associados ao aliciamento da propaganda po-

---

[14] Tradução nossa.

lítica e de seus vários mecanismos, bem como o reforçamento das idéias de democracia e cumprimento da Constituição permitiram a Juscelino um acesso mais direto às motivações dos eleitores, o que, aliado à imagem que ele havia construído como "obreiro", facilitaram a identificação das recompensas que o eleitorado esperava em relação às suas predisposições.

A manutenção desse *status* aconteceu justamente graças às recompensas oferecidas por Juscelino Kubitschek, ou seja, pela realização das promessas de campanha, na concretização do discurso ideológico do candidato em obras para os eleitores. Nesse sentido, David Berlo (1999, p. 91) vai dizer que, "quanto maior a recompensa obtida da resposta, maior a probabilidade de que a mantenhamos", ao mesmo tempo que, "quando um receptor de comunicação obtém recompensa imediata por sua resposta, é mais provável que mantenha esta resposta" (Idem, p. 92).

Ainda a respeito do Programa de Metas, um dos *slogans* mais conhecidos no cenário político nacional teve origem aí: "50 anos em 5". O *slogan* é atribuído ao poeta e assessor de JK Augusto Frederico Schmidt. Sabe-se que ele sintetiza toda a idéia do Programa de Metas, assim como se dera com o binômio Energia e Transportes no governo de Minas Gerais.

Entretanto, a maioria das peças publicitárias trazia o *slogan* "Juscelino para presidente", sempre acompanhando um figura ou foto do candidato[15]. Eram bexigas, faixas, cartazes, folhetos, pequenos *folders* com uma biografia de Juscelino e suas obras em Minas Gerais, flâmulas, além de itens criativos, como um que aparece no filme *Os anos JK: uma trajetória política*. Trata-se de uma peça de três faces que, pendurada por uma linha ao alto, fica em constante movimento por causa do vento. Em uma das faces está a foto de Juscelino com o

---

[15] Não foram encontrados registros do uso do *slogan* "*50 anos em 5*" durante a campanha eleitoral. Pessoas ligadas a Juscelino dizem que ele teve força já durante o governo JK na presidência da República.

slogan "Para presidente, Juscelino"; na outra, a foto de João Goulart com o *slogan* "Para vice-presidente, João Goulart"; uma terceira face apresenta os dizeres: "Liberdade sindical – Contra udenistas".

Outros *slogans* e palavras de ordem, como "Novos rumos para o Brasil", também relacionados ao Programa de Metas, foram utilizados durante a campanha, além, é claro, da repetição constante da célebre frase "Deus poupou-me o sentimento do medo", e de outras, como "Se tenho alguma força, esta reside na legalidade".

A presença constante da imagem de Getúlio Vargas foi outro elemento importante da campanha. Todas as reações a partir da morte do "pai dos pobres" acabaram por favorecer Juscelino. Na agenda do candidato é possível identificar a presença da sobrinha de Getúlio, Ivete Vargas, em vários momentos, nos Estados do Rio Grande do Norte, Ceará, São Paulo, Pernambuco e Minas Gerais. Alzira Vargas e Lutero Vargas, filhos de Getúlio, também declararam, publicamente, apoio ao candidato do PSD. Ao lado de João Goulart, herdeiro político de Getúlio, JK conseguia unir as duas maiores forças políticas da época, o PSD e o PTB, partidos que tiveram origem em Vargas, além de associar à sua campanha a imagem do ex-Presidente, que simbolizava os anseios dos eleitores associando os opositores de Juscelino às pessoas que eram responsáveis pela tragédia de 24 de agosto de 1954.

Esse também foi um elemento de propaganda ideológica utilizada durante a campanha de Juscelino. Procurou-se agregar a ela valores intrínsecos à imagem de Getúlio Vargas, na tentativa de universalizá-los, ao mesmo tempo que se caçavam os culpados pela morte de Vargas, associando-se os opositores de Juscelino às pessoas responsáveis pela tragédia de 24 de agosto de 1954.

Um volante, feito pelo "Movimento cívico-democrático JJ", coordenado por Luiz Corrêa, trazia a foto de Getúlio em meio ao mapa do Brasil, com as fotos de Juscelino e de Jango e, ainda, com um trecho de sua "carta-testamento": "Meu sacrifício vos manterá unidos e meu nome será a vossa bandeira de luta".

Foram vários os momentos da campanha de Juscelino Kubitschek em que a equipe e o próprio candidato tiveram de trabalhar com temas específicos de contrapropaganda ou "doutrinação política". Em um deles, em especial, o PSD teve de usar toda a sua estrutura, aliada à do PTB, com seus mais de 7 mil diretórios conjuntos, para treinar os eleitores a votar.

Acontece que, em julho de 1955, fora proposta no Congresso uma reforma eleitoral cujo objetivo era substituir a cédula eleitoral individual[16] por uma cédula única, a qual seria chamada de cédula oficial. O trâmite dessa reforma eleitoral foi bastante tumultuado, principalmente com a incursão de uma campanha feita pela imprensa de oposição à candidatura de JK, trabalhando a idéia de que quem fosse contra a cédula oficial seria a favor da fraude.

Houve quem saísse ameaçando o não-reconhecimento dos resultados da eleição caso a cédula individual fosse mantida, sugerindo, também, o cancelamento das eleições, como no caso de Carlos Lacerda, que propôs a instituição do parlamentarismo e que um militar ocupasse o seu primeiro gabinete, adiando as eleições para 1º de janeiro de 1956.

Para o PSD, partido com maior número de diretórios e o que mais se caracterizava como partido nacional (no sentido de presença física), a idéia da cédula oficial representava centenas de milhares de votos perdidos. A situação tornou-se bastante complicada para JK e Jango quando a Igreja decidiu dedicar o seu apoio à cédula oficial, numa declaração do cardeal Jaime de Barros Câmara pela Rádio Vera Cruz, que depois teria sido desmentida, em vista do "entusiasmo" político que a imprensa udenista teria dado ao assunto. Outra declaração, desta vez do general Teixeira Lott, também promoveu grande reação.

---

[16] Até a eleição de 1955, os partidos distribuíam as cédulas de seus candidatos aos eleitores. Cada candidato tinha uma cédula diferente do concorrente. Dessa maneira, com a grande rede que representava a coligação PSD-PTB, com o apoio de outros partidos menores, as chances de Juscelino eram muito superiores às dos outros candidatos. Com a proposta da cédula oficial, assim como tivemos no país até a eleição digital, tiraria vantagem dos candidatos Juscelino Kubitschek e João Goulart.

Sobre a realização ou não das eleições, no dia 20 de agosto, a revista *O Cruzeiro* publicou uma matéria em sua seção de política, afirmando: "Ainda que enquadradas num esquema experimental, parece fora de dúvidas, [...] as articulações atuais não promoverão a unificação militar necessária para os pronunciamentos de exceção". A matéria considerava que a própria candidatura de Juarez Távora era uma garantia das eleições, com "oitenta por cento" da coletividade militar acreditando no êxito do general na eleição de 3 de outubro de 1955.

Em vista das pressões, o PSD conseguiu provar, na época, que a questão da cédula oficial poderia representar um golpe ainda maior. É que a responsabilidade do governo em imprimir e distribuir as cédulas poderia implicar atrasos intencionais na Imprensa Nacional, comprometendo a realização das eleições, conforme declarou Ulisses Guimarães ao *Diário da Noite* do dia 22 de agosto. Outra preocupação era que pudesse haver uma distribuição maior nos locais onde a UDN tivesse mais força.

Por sua vez, pressionado pela opinião pública, o PSD concordou em aprovar a cédula oficial com as seguintes considerações: não aceitaria a confecção da cédula pelo governo, mas pelos partidos, de acordo com o modelo apresentado pelo Superior Tribunal Eleitoral; não aceitaria a colocação invariável dos nomes nas cédulas; e os partidos e os candidatos poderiam enviar, diretamente, as cédulas aos juízes eleitorais (*Diário da Noite*, 22 ago. 1955). A proposta e a cédula oficial foram aprovadas faltando cerca de vinte dias para a eleição.

"Todos os diretórios já haviam recebido suas cédulas e se achavam aptos para mobilizar seus comandados para um comparecimento maciço às urnas. A mudança do sistema de votação ocasionou tumulto e incompreensões" (Kubitschek, 1976, p. 399). Isso quer dizer que, em vinte dias, os diretórios do PSD teriam de trabalhar junto aos eleitores para ensiná-los a votar numa cédula única, na qual estavam os nomes de todos os candidatos a presidente e a vice-presidente. A organização da campanha e os comitês JJ prepararam um material diversificado, para instruir os eleitores e também servir de publicidade eleitoral. Os diretórios, em todos os estados, receberam as orientações sobre o uso da nova cédula e tiveram de repassá-las para os eleitores, às pressas. Além de orientar os diretórios centrais e municipais e os comitês, um esquema de distribuição desse novo material de publicidade teve de ser organizado. Revela Kubitschek (1976, p. 399):

> Tivemos que providenciar a impressão das cédulas e fretar aviões para que a remessa pudesse ser levada a efeito com certa antecedência, de forma a permitir que os chefes dos estados, ao recebê-las, dispusessem ainda de tempo para instruir seus respectivos liderados.

Como a imprensa da época também publicou notas sobre o uso da nova cédula, coube aos líderes locais orientar os eleitores sobre como votar em Juscelino Kubitschek e João Goulart. Entretanto, o tempo escasso e a proporção do impacto da reforma eleitoral acabaram por tirar de Juscelino mais de um milhão de votos, segundo avaliação dele próprio (Idem, ibidem).

Um panorama feito por *O Cruzeiro* (20 ago. 1955, p. 66) dava vantagem a Juscelino, antes da aprovação da cédula única. Segundo a revista,

> as previsões eleitorais continuam a apresentar o Sr. Juscelino Kubitschek como o favorito, seguido de perto pelo general Juarez Távora, situando-se o Sr. Ademar de Barros numa terceira posição, da qual dificilmente sairá, pois falta à sua campanha o ímpeto que dela se esperava. Homens como o Sr. Jango Goulart estão seriamente abalados quanto a possibilidade de êxito do Sr. Kubitschek, cuja derrota é prevista em esferas isentas. [...] No interior, a força do juscelinismo é maior do que nas grandes cidades, e da mobilização daquele eleitorado é que dependerá a sorte do candidato do PSD.

Essa edição da revista *O Cruzeiro* é um importante documento histórico, que já previa a pequena diferença entre os dois primeiros colocados e a contestação dos resultados proclamados, exatamente como aconteceu após a eleição, em outubro de 1955. Juscelino, após vencer as eleições, só conseguiu tomar posse com um contragolpe, conhecido como "o golpe da legalidade", dirigido pelo general Teixeira Lott, que garantiu o cumprimento da Constituição.

Outra arma importante utilizada durante a campanha foi o cinema. As obras realizadas em Minas Gerais foram gravadas e exibidas nas salas de várias cidades por onde a comitiva de Juscelino passou. Moraes menciona, por exemplo, a exibição, em Anápolis (GO), "de filmes documentários de sua gestão em Minas Gerais" (1955, p. 135) e as "sessões públicas de cinema" em Bragança (PA) – [onde] "fazemos passar os filmes sobre a administração de Juscelino em Minas" (1955, p.145).

A vantagem do cinema é que era possível apresentar realmente os feitos de JK no governo de Minas Gerais, sustentando o discurso do candidato, referindo-se às recompensas oferecidas por ele no programa-promessa de serviços, sintetizados no Programa de Metas. Além das obras, aqueles que assistiam podiam testemunhar sua dinâmica no estado mineiro e comprovar o "entusiasmo" com que conduzia os trabalhos, contagiando a população com seu sorriso franco e suas ações.

Também "cantava-se muito durante a campanha", conforme disse Palmerinda Donato ao autor. A música sempre esteve presente, principalmente a que o consagrou na campanha eleitoral para governador e no governo de Minas Gerais – *Peixe vivo*. Com origem no folclore diamantinense, a canção virou o símbolo de JK e o acompanhou até a sua morte, conforme mostra o filme *Os anos JK: uma trajetória política*, de Silvio Tendler. Moraes (1955) também faz várias citações sobre momentos em que Juscelino era recebido nas cidades e homenageado com ela. A música tem dezenas de estrofes, algumas delas transformadas em *jingles* para a campanha de JK. Geraldo França de Lima disse, em entrevista a nós, que "*Peixe vivo* é a própria figura de Juscelino e a *água fria* é a política". Entretanto, outros versos diziam respeito, diretamente, à pessoa de Juscelino, sem necessidade de maiores interpretações:

Os pastores desta aldeia
Já escolheram o seu destino:
Pro governo desta terra
Só interessa Juscelino.

Um outro *jingle* (em ritmo de marchinha), entretanto, simboliza, em nossa opinião, o discurso e a imagem que JK tentou projetar em todo o território nacional. Ele trabalha com elementos que sempre estiveram presentes em sua campanha, como o nacionalismo, o desenvolvimentismo, a participação direta do povo nas decisões, sua aproximação e o contato direto com os eleitores, a democracia e a convocação dos eleitores para irem às urnas:

Liberte pela própria natureza,
Há quatrocentos anos já dormiu.
São 21 estados,
São seus filhos a chamar:
Acorda, vem lutar!
Vamos trabalhar!
Queremos demonstrar ao mundo inteiro
E a todos que nos querem dominar
Que o Brasil pertence aos brasileiros.
E "o homem" vai surgir para trabalhar.

Aparece como estrela radiosa
Neste céu azul de anil.
O seu nome é uma bandeira gloriosa
Pra salvar este Brasil.

Juscelino Kubitschek é o homem.
Vem de Minas, das pasteias do sertão.
Juscelino é o homem
Que, além de patriota, é nosso irmão.

Brasil, vamos para as urnas.
Povo democrata, gente varonil,
Juscelino, Juscelino, Juscelino
Para presidente do Brasil.

Antes de terminar a descrição da campanha de JK para presidente e alguns materiais que utilizou como elementos de publicidade e propaganda naquele período, é necessário ressaltar, mais uma vez, que toda ela, sob a óptica da comunicação política, foi muito bem articulada para persuadir o eleitor. Seu sentido visual e auditivo permitiu ao eleitor uma associação rápida com o candidato Juscelino Kubitschek. A imagem projetada por ele no território nacional, desde a prefeitura de Belo Horizonte, como "prefeito-furacão", entusiasmava o eleitorado brasileiro, que procurava um substituto para Getúlio Vargas. A convocação que JK fazia para que os trabalhadores brasileiros o ajudassem a pôr em prática o seu Programa de Metas, bem como a perspectiva de industrialização e do crescimento econômico das pessoas que se viam prisioneiras da economia da época, foram bem explorados como propaganda ideológica, juntamente com os demais instrumentos da propaganda política.

O elemento persuasivo sempre esteve presente, apelando para todos os sentidos humanos, até mesmo propondo metas a serem atingidas por toda a Nação, sugerindo e facilitando (como no caso do cinema, por exemplo) as interpretações e visualizações do tema da campanha pelos eleitores, bem como a difusão e/ou ratificação de uma ideologia nacional-desenvolvimentista.

Entretanto, um dos aspectos mais marcantes da campanha foi o poder de reação de Juscelino e sua equipe, por meio da propaganda, principalmente com o resguardo das mídias de massa que a apoiavam. Além do conceito de contrapropaganda, fazemos referência, aqui, a um conjunto de regras segundo as quais ela pode ser mais bem visualizada, principalmente dentro dos fatos expostos nesta pesquisa: 1. descobrir os temas do adversário, isolá-los e classificá-los por ordem de importância e depois combatê-los separadamente; 2. atacar os pontos fracos; 3. nunca atacar frontalmente a propaganda adversária, mas tomá-la como ponto de partida; 4. atacar e desconsiderar o adversário; 5. pôr a propaganda do adversário em contradição com os fatos; 6. ridicularizar o adversário; 7. fazer predominar o seu clima de força (Domenach, *apud* Tchakhotine, 1967, pp. 290-291).

Se considerarmos que os ataques de JK nunca foram dirigidos aos seus concorrentes diretos à presidência da República, mas sim à oposição liderada pela UDN, à pressão de alguns setores militares e às interferências de Café Filho, podemos fazer leituras das sete regras nas informações e descrições apresentadas nesta pesquisa.

O livro *Por que Juscelino?*, de Waldemar Rodrigues, é um exemplo. Lançado em 1955, ele resgata a história política do Brasil, desde o Império. Depois faz referências à trajetória política de JK e, finalmente, narra vários fatos ocorridos durante a campanha, como a questão de sua declaração de bens e a candidatura única. Entretanto, a obra foi dada a público no Rio de Janeiro pela Gráfica Tupy, antes do dia da eleição, representando um excelente material de propaganda ideológica e contrapropaganda de Juscelino. Depois de tecer severas críticas aos opositores de JK, Rodrigues termina o livro com a seguinte frase: "Quanto aos assassinos do presidente Vargas, cabe ao povo puni-los nas urnas a 3 de outubro!"

No final das apurações, Juscelino Kubitschek conseguiu atingir 36% dos votos válidos, concorrendo com três candidatos. Vale lembrar que, em novembro de 1954, ele tinha apenas 9% das intenções de voto, atrás de Eduardo Gomes, Ademar de Barros e Jânio Quadros. Juscelino venceu em doze estados e três territórios federais.

Considerações finais

Entre a morte de Getúlio Vargas, em agosto de 1954, e a posse de Juscelino Kubitschek, em 31 de janeiro de 1956, o Brasil viveu um dos períodos mais conturbados da sua história. Insere-se nesse contexto a eleição para a presidência da República, em outubro de 1955, que teve como principal protagonista Juscelino Kubitschek.

Foi um período em que a força dos partidos e das lideranças locais exerciam muita pressão sobre os eleitores. Também configurou-se como um momento de transição no estilo de fazer eleição e da participação dos eleitores no processo eleitoral. Nunca, no Brasil, uma eleição presidencial teve tanta interferência como a de 1955. Referimo-nos, aqui, não ao coronelismo, mas sim à configuração político-partidária em blocos antagônicos e com perfis bem delimitados. As várias regiões do país sofriam a influência desses partidos, configurando-se em verdadeiras comunidades políticas. Diferentemente dos dias atuais, quando os partidos se transformaram em simples legendas, na década de 1950 eles representavam ideologias, linhas de trabalho, grupos de interesse e tinham os seguidores fiéis. O partido, por si só, podia concretizar o voto.

Em relação ao momento de transição no estilo de fazer eleição, fazemos referência às incursões de Juscelino Kubitschek no processo eleitoral. Sem dúvida, podemos considerá-lo um ícone do marketing político brasileiro, e mais, um dos precursores do marketing político e eleitoral utilizado até hoje nas eleições brasileiras. Não se trata simplesmente do sorriso franco e do aperto de mão, nem mesmo das concessões de apartes nos discursos, evitando o monólogo e investindo no diálogo, mas sim de toda a configuração do seu estilo. Ele conseguia contagiar as pessoas e oferecia algo que parecia viável e que representava crescimento, desenvolvimento e independência.

A estratégia adotada na eleição de 1955 reproduziu aquela de Minas Gerais por ocasião da eleição para o governo estadual. A sua quase-onipresença e o ritmo frenético que lhe valeu os apelidos de "prefeito-furacão" e "governador-a-jato" entusiasmaram o eleitorado de Minas Gerais e repercutiram em todos os estados brasileiros. A seu novo estilo associou a comunicação social como elemento determinante para ganhar o cenário nacional. De antemão ele sabia que precisaria "tornar-se conhecido" e fez isso muito bem.

A presença constante de intelectuais e escritores em suas equipes de trabalho, o acompanhamento diário de jornalistas e fotógrafos a cada passo seu e os acordos e as influências junto aos principais órgãos da mídia de massa sempre foram marcas de Juscelino Kubitschek. Em contrapartida, somente a comunicação massiva não seria suficiente para transformá-lo em presidente da República. Ele também soube falar diretamente ao público, soube criar lideranças capazes de sustentar sua imagem nos vários setores da sociedade e, principalmente, soube trabalhar com os anseios do eleitorado.

Nesse sentido, valeu-se de instrumentos da propaganda política para suscitar debates, fazer que o eleitor reconhecesse e/ou identificasse seus anseios e, a partir daí, motivá-lo com seu discurso empolgante, sugerindo planos e metas a atingir, incitando o povo ao trabalho, à busca da independência e à confirmação da democracia como instrumento de liberdade, mexendo com as predisposições dos eleitores quanto ao processo democrático, ao nacionalismo e ao crescimento econômico, aguçados com a morte de Getúlio Vargas.

Enfim, Juscelino conseguiu agregar à sua imagem as realizações que fizera quando administrador, um estilo modernista e ousado, que representava uma garantia das promessas que fazia aos eleitores. Dessa maneira, afirma-se a totalidade da comunicação política utilizada por ele durante a sua trajetória, confirmada em sua eleição para presidente da República, em 1955. Ali, como vimos, estiveram presentes elementos de publicidade eleitoral, marketing político e eleitoral e propaganda ideológica, como instrumentos da propaganda política na construção da sua imagem pública e na concretização, em votos, dessas investidas.

Quanto às interferências no processo eleitoral, Juscelino soube explorar bem os elementos da comunicação política para reverter o quadro a seu favor. Da tentativa de suprimir sua candidatura às ameaças de golpe e mesmo do não-reconhecimento dos resultados da eleição, utilizou a contrapropaganda, fazendo dela sua grande arma durante os dez meses da campanha. Valendo-se de argumentos como "a democracia e o cumprimento da Constituição", conseguiu agregar a ela um certo grau de legalidade, que, aliado ao suicídio de Vargas, entendido como um golpe, repercutiu de forma bastante positiva na sustentação de sua imagem junto ao eleitorado.

A utilização da comunicação de massa, interpessoal e em grupo foi determinante na construção da imagem de Juscelino no cenário político nacional. *Slogans* como "50 anos em 5" e "Deus poupou-me o sentimento do medo", o significado da concretização do binômio Energia e Transportes, bem como a música *Peixe vivo* são instrumentos da campanha eleitoral de 1955 e de sua trajetória política que já estão historicamente associados à sua imagem, assim como o é Brasília, meta-síntese que, após a sua morte, transformou-se no maior símbolo relacionado à sua pessoa.

Seja pela publicidade eleitoral convencional, seja pela propaganda ideológica e/ou política, ou pelos mecanismos do marketing político e eleitoral, não restam dúvidas de que JK se pautou por elementos da comunicação política para conseguir sua projeção até a presidência da República.

Fazendo uma alusão a seu Plano de Metas, pode-se dizer que Juscelino conseguiu cumprir cada uma das metas que traçou em sua trajetória política: tornar-se deputado federal, prefeito de Belo Horizonte, governador de Minas Gerais, reconhecimento do PSD, aclamação popular e, por fim, completar o plano, estabelecido já no governo mineiro, de ser presidente da República. Para isso valeu-se da comunicação política como peça-chave.

Referências bibliográficas

"As montanhas vão rolar (prometem os mineiros) – Juscelino candidato". *Diário da Noite*, São Paulo, 5 ago. 1954, primeira página.

Berlo, David K. *O processo da comunicação: introdução à teoria e à prática*. 9. ed. Trad. Jorge Arnaldo Fontes. São Paulo: Martins Fontes, 1999.

Bojunga, Cláudio. *JK, o artista do impossível*. Rio de Janeiro: Objetiva, 2001.

CENTRO de Pesquisa e Documentação de História Contemporânea do Brasil. *Dicionário histórico-biográfico brasileiro: 1930-1983*. Rio de Janeiro: Forense Universitária/FGV-CPDOC, 1984. pp. 1698-1717.

CESOP. Centro de Estudos de Opinião Pública. *Opinião Pública*, Campinas, Unicamp, v. II, n. 2, pp. 3-11, dez. 1994.

CORBISIER, Roland. *JK e a luta pela presidência: uma campanha civilista*. São Paulo: Duas Cidades, 1976.

DEPARTAMENTO do Patrimônio Histórico – Secretaria Municipal de Cultura. *História das eleições no Brasil*. São Paulo: DPH-SMC, 1985.

DONATO, Palmerinda. *Os comitês femininos*. Brasília, jul. 2001. Entrevista concedida a João Carlos Picolin.

__________. *JK o homem dos 3 emes*. Brasília: Royal Curt, 1997.

FARHAT, Saïd. *O fator opinião pública: como se lida com ele*. São Paulo: T. A. Queiroz, 1992.

"FIRME com Juscelino o PR de Minas". *O Popular*, Goiânia, 5 abr. 1955, primeira página.

FRANÇA DE LIMA, Geraldo. *A campanha de JK em 1955*. Rio de Janeiro, out. 2001. Entrevista concedida a João Carlos Picolin.

GARCIA, Nelson J. *O que é propaganda ideológica*. São Paulo: Brasiliense, 1982 (Primeiros Passos, 77).

GIL, Antônio Carlos. *Métodos e técnicas de pesquisa social*. 2. ed. São Paulo: Atlas, 1989.

GOMES, Neusa Demartini. *Formas persuasivas de comunicação política: propaganda política e publicidade eleitoral*. Porto Alegre: EdiPUCRS, 2000 (Comunicação, 3).

HELIODORO, Affonso. *JK: exemplo e desafio*. Brasília: Thesaurus, 1991.

HOVLAND, Carl. "Efeitos dos meios de comunicação". In: STEINBERG, Charles Side. *Meios de comunicação de massa*. São Paulo: Cultrix, 1966. pp. 561-605.

JARDIM, Serafim. *JK: onde está a verdade?* 2. ed. Petrópolis: Vozes, 1999.

"JUSCELINO amanhã em Goiás". *O Popular*, Goiânia, 3 abr. 1955, primeira página.

"JUSCELINO estará hoje em Espírito Santo do Pinhal". *Correio Popular* Campinas, 25 maio 1955, primeira página.

"JUSCELINO festivamente recebido em Goiás". *O Popular*, Goiânia, 5 abr. 1955, primeira página.

"JUSCELINO Kubitschek e Jango Goulart estarão dia 22 em nossa cidade". *Diário do Rio Claro*, Rio Claro, 9 ago. 1955, primeiro caderno, p. 4.

"JUSCELINO Kubitschek falou ao povo no primeiro comício na nossa cidade". *Diário do Rio Claro,* Rio Claro, 24 ago. 1955, primeiro caderno, p. 4.

KUBITSCHEK, Juscelino. *Meu caminho para Brasília: a experiência da humildade.* Rio de Janeiro: Bloch, vol. I, 1974.

____________. *Meu caminho para Brasília: a escalada política.* Rio de Janeiro: Bloch, vol. II, 1976.

"KUBITSCHEK em plena campanha eleitoral". *Diário da Noite.* São Paulo, 3 ago. 1954, primeira página.

LASSWELL, Harold & KAPLAN, Abraham. *Poder e sociedade.* 2. ed. Trad. Maria Lucy Gurgel Valente de Seixas Corrêa. Brasília: UnB, 1998.

LAZARSFELD, Paul; BERELSON, Bemard & GAUDET, Hazel. *El pueblo elige: estudio del proceso de formación del voto durante una campaña presidencial.* 3. ed. Trad. Aida y Dora Cymbler. Buenos Aires: Imprenta López, 1962.

LOPES, Lucas. "O programa de metas". *In*: HELIODORO, Affonso & ALVES, Maria Helena (coords.). *JK, o estadista do desenvolvimento.* Brasília: Memorial JK/Senado Federal/Subsecretaria de Edições Técnicas, 1991. pp. 135-149.

MARCONI, Marina de Andrade & LAKATOS, Eva Maria. *Técnicas de pesquisa: planejamento e execução de pesquisas; amostragens e técnicas de pesquisa; elaboração, análise e interpretação de dados.* São Paulo: Atlas, 1986.

MORAES, José. *Juscelino: o homem, a candidatura, a campanha.* Belo Horizonte: Imprensa Oficial de Minas Gerais, 1955.

MORAIS, Fernando. *Chatô, o rei do Brasil: a vida de Assis Chateaubriand.* 3. ed. São Paulo: Companhia das Letras, 1997.

MOREIRA, Sonia Virgínia. *Rádio Palanque: fazendo política no ar.* Rio de Janeiro: Mil Palavras, 1998.

NOSSO SÉCULO. Memória fotográfica do Brasil no século XX. São Paulo: Abril Cultural, vol. 4: 1945-1960, 1980.

O CRUZEIRO. Rio de Janeiro, Diários Associados, a. XXVII, pp. 66-69, 20 ago. 1955.

"O LANCE da cédula oficial em seu dia 'D' – conclui o PSD, depois de longos depoimentos". *Diário da Noite,* São Paulo, 22 ago. 1955.

PINHO, José Benedito. *Comunicação em marketing: princípios da comunicação mercadológica.* 5. ed. Campinas: Papirus, 2001.

POYARES, Walter. *Imagem pública: glória para uns, ruína para outros.* 2. ed. São Paulo: Globo, 1998.

PUBLICIDADE. *Diário do Rio Claro*, Rio Claro, 20 ago. 1955, p. 4.

PUBLICIDADE. *Folha da Manhã,* São Paulo, 12 nov. 1954, p. 3.

RIBAS, Geraldo. "Em torno da cédula oficial". *O Diário*, Belo Horizonte, 25 ago. 1955.

RIEDINGER, Edward Anthony. *Como se faz um presidente: a campanha de JK.* Trad. Roberto Raposo. Rio de Janeiro: Nova Fronteira, 1988.

RIO DE JANEIRO (Distrito Federal). Lei n. 2.550, de 25 de julho de 1955. Altera dispositivos do Código Eleitoral e dá outras providências. Brasília: Arquivo Histórico do Senado Federal.

RODRIGUES, Waldemar. *Por que Juscelino?* Rio de Janeiro: Gráfica Tupy, 1955.

SANTOS, Carlos Murilo Felício dos. *A trajetória política de JK e a eleição de 1955.* Brasília, jul. 2001. Entrevista concedida a João Carlos Picolin.

SKIDMORE, Thomas E. *Brasil: de Getúlio a Castelo Branco (1930-1964).* 10. ed. Rio de Janeiro: Paz e Terra, 1996.

SOARES NETO, Antonio. *O comício de Jataí.* Jataí, nov. 2001. Entrevista concedida a João Carlos Picolin.

TCHAKHOTINE, Serge. *A mistificação das massas pela propaganda política.* Trad. Miguel Arraes. Rio de Janeiro: Civilização Brasileira, 1967.

TENDLER, Silvio. *Os anos JK: uma trajetória política.* Prod. de Hélio Paulo Ferraz. Rio de Janeiro: Caliban, 1980. [Fita de vídeo – 110 min. – VHS, son., color e PB].

4

Jânio Quadros: as representações metafóricas da vassoura no imaginário popular

EDUARDO GROSSI*

Este ensaio faz parte dos estudos realizados para nossa dissertação de mestrado *A vassoura e o voto: publicidade eleitoral na campanha presidencial de Jânio Quadros em 1960*, defendida no Programa de Pós-Graduação em Comunicação Social da Universidade Metodista de São Paulo, em janeiro de 2001, sob a orientação do Prof. Dr. Adolpho Queiroz.

Por sugestão da banca examinadora, fizemos algumas incursões nas teorias folkcomunicacionais e decidimos preparar um estudo com o material empírico coletado no trabalho de pesquisa. Pretendemos, aqui, esboçar uma análise de conteúdo das peças publicitárias janistas produzidas por líderes comunitários, sob a perspectiva da folkcomunicação.

Jânio Quadros no processo de intercomunicação

Como entender os desejos e as aspirações mais íntimas de um eleitorado? Em 1960, Jânio Quadros venceu as últimas eleições di-

* Eduardo Grossi, jornalista, é mestre em Comunicação Social pela Universidade Metodista de São Paulo (Umesp) e professor da Faculdade de Jornalismo e Relações Públicas na mesma instituição. E-mail: eduardo.grossi@metodista.br.

retas do período democrático 1945-1964 e ainda conseguiu quase 50% dos votos.

Naquele momento, Jânio era considerado um político novo, um "corpo estranho" na definição de Thomas Skidmore (1979), sendo que sua ascensão política se deu à margem dos "caciques" tradicionais.

Jânio se apresenta como uma liderança com luz própria, que despontou no Estado de São Paulo em 1947 e, rapidamente, se tornou presidente da República, projetando-se como alternativa à velha oligarquia política que detinha o controle do poder. Isso não significa que o político agiu diferentemente dos ex-dirigentes da nação, mas seu discurso imprimia um novo viés que seduziu profundamente as massas.

Para se projetar politicamente num país com dimensões continentais, Jânio Quadros soube falar diretamente ao povo. Ele rompeu um modelo político institucionalizado e percebeu que, para atingir o coração das massas, era necessário passar por cima do discurso dos políticos tradicionais e se apresentar como interlocutor do povo. Para isso, Jânio soube compreender as regras do processo de comunicação e fazia uso da mídia – principalmente do rádio à época –, para ampliar sua popularidade.

Porém, nosso objetivo aqui é examinar a mensagem da propaganda impressa de Jânio Quadros durante a campanha presidencial de 1960. Naquele momento, a televisão encontrava-se num estágio inicial e o rádio era o veículo de comunicação com maior penetração junto às massas. Nas ruas, a campanha política se aquecia pela distribuição de "santinhos", manifestos e volantes movimentada por comícios dos candidatos em diversos pontos do país.

Beltrão (1967) considera a oposição entre Estado e nação, entre elites dirigentes e massa operária urbana, um sinal marcante da falta de identidade nacional. Para ele, a busca de um conceito de identidade é essencial para o estabelecimento de uma política que facilite uma evolução econômica mais acelerada. Dizia que "No Brasil não chegamos à inteira formação desta consciência". Jânio Quadros percebeu que o povo brasileiro necessitava de uma unidade e usou os meios de comunicação de massa e a propaganda política para disseminar conceitos que o colocavam como aglutinador dos ideais populares. Ele tinha a ânsia de se apresentar como "igual ao povo" em suas aspirações, e, para isso, usava toda a sua sensibilidade. Parece-nos que, exatamente para atingir esse objetivo, Jânio promovia fatos políticos e ações exacerbadas, vistas pelos sociólogos como expressão de um "populismo extremado". Ele buscava ser o mais humilde e, ao mesmo tempo, o mais culto dos homens. Com esse intuito, fazia uso da propaganda e dos meios de comunicação com uma habilidade rara dos políticos antigos e também dos atuais.

Adotamos como referência os estudos de Lazarsfeld, Berelson e Gaudet, que, em pesquisa realizada no condado de Erie, no Estado norte-americano de Ohio, identificaram que a influência dos meios de comunicação coletiva – jornais, rádios, televisão –, colocados a serviço da propaganda política para a cristalização, reforço ou inversão de idéias e opiniões, não era tão eficaz quanto se imaginava. Segundo as constatações dos autores,

> Há dois tipos de forças ativadoras na comunicação política. Em primeiro lugar estão os elementos de propaganda difundidos pelos meios de comunicação de massa formais: jornais, rádio e revistas. Em segundo lugar estão as influências pessoais diretas que [...] podem ser mais importantes que a publicidade em grande escala. (Lazarsfeld, Berelson e Gaudet, 1962, p. 123).

Os autores apresentaram nessa pesquisa um núcleo intermediário de formadores de opinião, com informação específica acima da média dos demais eleitores, que exerciam forte influência sobre o eleitorado, mudando ou conservando suas posições. Esses agentes foram identificados como "líderes de opinião".

> Sabemos, por exemplo, que os indivíduos de determinada idade se uniram preferencialmente a outros de mesma idade e dificil-

> mente o fariam com pessoas mais jovens ou mais velhas que eles. Se comprovamos, então, que existem diferenças políticas entre os diferentes grupos etários, podemos concluir que as pessoas com contatos mais próximos são mais propensas a votar em um mesmo candidato (Idem, p. 194).

A partir dessas constatações, foi concebida a idéia do "fluxo de comunicação em dois estágios", que por intermédio dos meios de comunicação atingia os líderes de opinião e estes, por sua vez, exerciam influência sobre os amigos mais próximos.

Beltrão (1967), trabalhando com os resultados de pesquisa do Departamento de Pesquisa Social Aplicada da Universidade de Columbia, relacionou as seguintes características levantadas sobre o "fluxo de comunicação em duas etapas":

1) a influência de outras pessoas em decisões específicas tende a ser mais freqüente, e certamente mais efetiva, que a dos meios de comunicação coletiva;
2) influenciadores e influenciados mantêm relações estreitas e, conseqüentemente, tendem a compartilhar das mesmas características de situação social;
3) indivíduos intimamente relacionados tendem a ter opiniões e atitudes comuns e relutam em abandonar o consenso do grupo, mesmo que os argumentos dos meios de comunicação coletiva lhes pareçam atraentes;
4) embora a influência passe dos mais para os menos interessados, os últimos devem ter suficiente interesse para serem suscetíveis à mudança.

Porém, pesquisas mais recentes constataram que os líderes de opinião buscavam conselhos com outros agentes e, dessa forma, a hipótese do "fluxo de comunicação em dois estágios" foi substituída por um processo que Lazersfeld denominou "fluxo de comunicação em múltiplos estágios". A mensagem parte dos meios de comunicação coletiva, atinge vários líderes que se comunicam entre si e chega até os grupos liderados. Esta nova hipótese foi estabelecida a partir da mobilidade dos líderes de opinião que nunca se encontram completamente incorporados à sua comunidade. Eles viajam freqüentemente para o contato com seus informantes e, no retorno, são referências para o grupo na transmissão de informações, desbancando o crédito conferido aos mais velhos (Beltrão, 1967).

A partir destas novas constatações, Lazarsfeld (*apud* Beltrão, 1967) estabeleceu algumas características mais precisas sobre os líderes de opinião:

1) a personificação de interesses específicos – jovens solteiros tornavam-se líderes de moda pela importância que seu grupo atribuía ao modo de vestir-se;
2) a ocupação de posições que propiciavam alta autoridade no campo definido – senhoras de idade com grandes famílias davam conselhos sobre compras;
3) os líderes de opinião eram acessíveis e extrovertidos, com muitas relações;
4) tinham acesso a informações relevantes, provenientes de fora de seu círculo imediato. Os líderes viajavam freqüentemente a outras localidades e tinham interesse em se submeter aos meios de comunicação coletiva, adequados às suas esferas de influência – líderes de moda liam mais revistas sobre moda.

Tendo como base as constatações dos pesquisadores da Universidade de Columbia, Beltrão investigou em sua tese de doutoramento a particularidade da ação dos líderes de opinião no processo de comunicação interpessoal no Brasil. O autor identificou a existência de um sistema específico de troca de informações entre grupos sociais marginalizados da população brasileira, o qual foi denominado folkcomunicação, termo originado pelo fato de seus agentes estarem relacionados, direta ou indiretamente, com manifestações folclóricas (Beltrão, 1971, p. 149).

O líder de opinião específico foi denominado por Beltrão "comunicador de folk", identificando suas especificidades e características próprias, particulares da região em que atua.

> O comunicador de folk tem a personalidade característica dos líderes de opinião identificada (e nele, talvez, ainda mais aguçada) nos seus colegas do sistema de comunicação social: 1) prestígio na comunidade, independentemente da posição social ou da situação econômica, graças ao nível de conhecimentos que possui sobre determinado(s) tema(s) e à aguda percepção de seus reflexos na vida e costumes de sua gente; 2) exposição às mensagens do sistema de comunicação social, participando da audiência dos meios de massa, mas submetendo os conteúdos ao crivo de idéias, princípios e normas do seu grupo; 3) freqüente contato com fontes externas autorizadas de informação, com as quais discute ou complementa as informações recolhidas; 4) mobilidade, pondo-se em contato com diferentes grupos, com os quais intercambia conhecimentos e recolhe preciosos subsídios; e, finalmente, 5) arraigadas convicções filosóficas, à base de suas crenças e costumes tradicionais, da cultura do grupo a que pertence, às quais submete idéias e inovações antes de acatá-las e difundi-las, com vistas a alterações que considere benéficas ao procedimento existencial de sua comunidade (Beltrão,1980, p. 35).

Os estudos de Beltrão identificaram como líderes de opinião diversas figuras da expressão popular, como cantadores e violeiros, motoristas de caminhões, poetas e amadores de astrologia e ciências ocultas, titereiros, compositores, artistas, ceramistas e outros artesãos que, na maioria dos casos, não percebiam que desempenhavam este papel.

Deixando de lado as questões políticas e os conchavos entre partidos e autoridades – que muitas vezes são elementos que podem alterar o resultado de uma eleição – e levando-se em consideração a comunicação de Jânio Quadros, pode-se estabelecer que ele tinha a capacidade de simplificar a mensagem, tornando-a adequada e de fácil entendimento ao seu público. O símbolo máximo de Jânio, a vassoura, foi um forte ícone para traduzir na linguagem popular a maior mensagem eleitoral janista: sua bandeira contra a corrupção.

Mais do que isso, Jânio conseguiu construir e disseminar por meio da propaganda eleitoral um conceito de identidade nacional, mas não conseguiu colocá-lo em prática no curto período em que governou o país.

Suas múltiplas habilidades no discurso permitiram encontrar um elo comum entre a elite e a classe popular e fazer que sua proposta política unificasse a nação. O discurso de Jânio encontrou ressonância entre a população urbana emergente dos grandes centros e a população rural, mais concentrada no interior. A publicidade janista chegou até os comunicadores de folk, contaminando-os, e estes a propagaram aos eleitores. Os líderes de opinião populares encontraram identificação com a mensagem do político e foram agentes ativos no processo de intercomunicação, ampliando o eleitorado do candidato.

Nesse contexto, Jânio Quadros acertou as regras do processo de comunicação interpessoal e não fez uso, em sua campanha, somente dos meios de comunicação tradicionais, partindo para a conquista dos líderes de opinião que disseminaram as mensagens eleitorais do político com recursos, veículos e habilidades específicas que apenas os comunicadores de folk possuíam.

A seguir descreveremos algumas ações da publicidade eleitoral janista, mais notadamente no que diz respeito a peças publicitárias espontâneas, produzidas por simpatizantes de Jânio. O objetivo aqui é demonstrar os intensos aspectos folkcomunicacionais da campanha eleitoral de 1960 tendo como base o processo de comunicação das peças publicitárias. Apresentaremos diversas mensagens ideológicas, demonstrando como as propostas políticas de Jânio Quadros foram incorporadas pelo povo, que fabricava suas próprias peças publicitárias em favor do ex-presidente, e nas quais declaravam sua admiração pessoal pelo político.

A vassoura como símbolo

O grande símbolo da liderança política de Jânio Quadros surgiu em 1952, na disputa pela prefeitura de São Paulo. Nas eleições presidenciais de 1960, a vassoura foge dos limites paulistas e passa a ser a maior expressão da propaganda política janista para o país. O material de propaganda da campanha presidencial foi personalizado com o símbolo, no intuito de fazer referência a uma possível administração que ampliaria os princípios morais do país. Selos, broches, ofícios, cartazes, panfletos, manifestos e "santinhos" foram estampados com diferentes variações da vassoura para a publicidade eleitoral. Muitas vezes, o símbolo desdobrava-se nas mais variadas formas, como caricaturas do político, determinando humor, seriedade, combatividade etc.

A vassoura é um objeto popular, um instrumento indispensável às donas-de-casa. As crianças usam-na em brincadeiras, fazendo-a de cavalinho, equilibrando-a nos dedos e até utilizando-a como par num passo de dança.

Este símbolo também evoca representações metafóricas. Além de sua ação principal, a varrição, o instrumento de limpeza se constitui como elemento folclórico do imaginário popular, sendo adotada por bruxas e feiticeiros em suas ações sobrenaturais. Jânio, com seu bigode tradicional, com os cabelos longos, formando um topete sobre a testa, e com a visão estrábica, evocava a figura de um feiticeiro, um líder espiritual poderoso, que poderia promover uma transformação radical.

Para os mais jovens, essa imagem representava o abandono de um estilo clássico de política e sua substituição por outro mais jovial. Jânio parecia romper com os padrões e evocar representações mais modernas[1].

Na onda do misticismo, havia também uma expressão popular que recomendava guardar a vassoura com o cabo para baixo, atrás da

[1] Como relata Valente (1996), tudo em Jânio representava formas de comunicação: seu corpo, seu discurso, seu olhar eram expressões de sua comunicação que despertavam a simpatia das massas.

porta, quando se desejava espantar visitas indesejáveis[2]. O instrumento adotado por Jânio, na linguagem metafórica, serviria então para expulsar os maus cidadãos do poder público.

Para demonstrar a associação de Jânio com o imaginário popular, um periódico não identificado da cidade de Volta Redonda (RJ) trazia em 2 de outubro de 1960 uma coluna assinada por Wilson Montemór, que descrevia um sonho em que uma feiticeira surgia montada numa vassoura:

> Em minha visão, aparecia uma estranha figura de feiticeira, em que se reconhecia facilmente o semblante de V. Exa. [Jânio Quadros], em hábito comum à imagem lendária, montado sobre a indefectível vassoura que se tornou, mais tarde, o seu símbolo preferido! — suspenso no ar por enorme balão, onde se lia, sob o fundo também marrom como a vestimenta, em letras brancas, bem nítida, a célebre expressão "Jânio vem aí"[3].

Pode-se fazer aqui uma relação do processo de persuasão da propaganda política no inconsciente das massas. A característica popular da propaganda e as associações metafóricas invadiam os sonhos das pessoas e reforçavam o processo de persuasão em favor de Jânio.

O símbolo da vassoura só obteve expressividade porque Jânio tinha habilidade no manejo do processo comunicacional em sustentar a ação do símbolo. Outros políticos, que posteriormente também adotaram a vassoura como signo, não conseguiram o mesmo êxito eleitoral. Portanto, vale a máxima de que "não basta ser honesto, é necessário parecer honesto".

---

[2] Muitos destes panfletos apresentam uma enorme quantidade de erros ortográficos e alteração nos padrões da metodologia científica. Nas descrições deste ensaio vamos manter os erros. Adotamos este critério para preservar a autenticidade dos documentos originais e ser o mais fiel possível à linguagem popular e manter as características da mensagem comunicacional.

[3] Fonte: Arquivo de José Aparecido de Oliveira.

Com o intuito de demonstrar os desdobramentos do símbolo da vassoura, relacionamos aqui um panfleto que traz mensagens que seguem o roteiro da bula de um medicamento. Nele são apresentados muitos aspectos humorísticos. Eis algumas partes do texto:

> VASSOURICILINA
> O princípio ativo deste produto é a vitamina JQ 100% pura, associada a extratos, igualmente fortes, de elementos anti-demagógicos (*sic*) [...].
> PROPRIEDADES
> Descoberto por pessoas humildes em Mato Grosso, este produto foi levado para São Paulo, onde foi experimentado e empregado com grande sucesso, sendo finalmente lançado no mercado brasileiro por um consórcio de todas as forças renovadoras do País [...].
> EXPERIMENTAÇÃO
> A vassouricilina é tipicamente verde-amarela, sendo contrária ao vermelho, não se deixando, outrossim, dissolver por dólares [...].
> POSOLOGIA
> Existem oito milhões de doses à disposição no País. Tome-a em forma de voto, se deseja realmente ver restabelecido o corpo e a alma de sua Pátria. A vassouricilina poderá ser aplicada no Brasil no próximo dia 3 de outubro de 1960.
> [...]

Outra característica marcante da força do instrumento-símbolo de Jânio Quadros foram as vassouras trazidas espontaneamente pelos simpatizantes que freqüentavam seus comícios. Eles carregavam o instrumento de limpeza até o local do ato e, nos momentos de exaltação, viravam-na de ponta-cabeça e a erguiam para aclamar o candidato. O jornalista Joel Silveira, que acompanhou a comitiva de Jânio em campanha pelo país, descreve uma cena em que presenciou a chegada do candidato a um aeroporto:

> Lá fora, como sempre acontecia onde ele chegava, aquele mundão de gente, centenas e centenas, milhares e milhares de vozes gritando o seu nome: e toda uma eriçada floresta de vassouras de todo tipo, de piaçava ou de estopa, a transformar o aeroporto e toda a cidade numa espécie de pinheiral rústico, inquieto, como se batido por uma incontrolável ventania (*O Estado de S. Paulo*, 15 nov. 1989).

Já em outra cartilha [s.d.], denominada *Vassoura neles...*, produzida pela União dos Cantadores e Folcloristas do Brasil, numa linguagem com muito humor e irreverência, a vassoura é apresentada como instrumento moralizador, em alusão aos funcionários indolentes:

> E você que às vezes passa
> Mais de um mês sem ir ao emprego,
> Cuidado, rapaz: cuidado!
> Põe de lado esse chamego,
> Que a vassoura aonde (*sic*) passa
> Vai arrazando (*sic*) a couraça
> Desse tal bicho morcego[4].

Propaganda em panfletos

Para ampliar as discussões sobre a propaganda popular de Jânio e sua inserção nas teorias folkcomunicacionais, relacionamos aqui algumas outras mensagens de panfletos eleitorais. Pode-se notar que a comunicação se aproxima muito do perfil do comunicador de folk identificado por Luiz Beltrão.

Um panfleto que surgiu na cidade de Ecoporanga (ES) apresenta frases comparativas entre Jânio e seu concorrente principal, o Mare-

---

[4] Reiteramos que muitos destes panfletos apresentam uma grande quantidade de erros ortográficos e não se encaixam nos padrões da metodologia científica. Para preservar a autenticidade dos documentos originais e ser o mais fiel possível à linguagem popular, optamos por manter os erros nesta transcrição. Em outras passagens também podem ocorrer novos erros.

chal Lott, sempre ressaltando as qualidades do primeiro e diminuindo o valor do segundo. Vejamos:

> USE A CABEÇA
> Comparem Janeo e Lott, e obedeça ao craneo
> 1 - IDADE:
> Janeo 43 anos, Lott 64 anos
> 2 - ADMINISTRAÇÃO
> Janeo governou o mais populoso estado do Brasil.
> Lott até agora só comandou soldados.
> 3 - GOVERNO:
> Janeo pela idade e prática vai governar.
> Lott pela idade e sem prática será governado.
> 4 - NACIONALISTA
> Janeo nunca assinou nada contra o Brasil.
> Lott assinou um tratado cedendo Fernando de Noronha aos americanos.
> [...]

Na seqüência, outro panfleto, de conteúdo religioso e humorístico. Desta vez a base da publicidade é a oração cristã do pai-nosso:

> **ORAÇÃO DOS DESILUDIDOS**
> PRESIDENTE NOSSO, que estaes no ar, voador seja o vosso nome, seja feita a vossa viagem, assim de Avião, como de Elicóptero... o feijão nosso de cada dia, e um pedacinho de carne, de vez em quando nos dae hoje... perdoai a nossa revolta, assim como nós perdoamos aos vossos eleitores... não nos deixeis morrer de fome, e livrae-nos do Lott, AMEM [...][5].

Sob a denominação de Corrente da Uruca, o conteúdo de um outro panfleto beira o misticismo. A mensagem cita catorze motivos

[5] Erros ortográficos mantidos para preservar os documentos originais.

de azar que acometeram lideranças que apoiaram os adversários de Jânio. Seu objetivo era despertar o medo em quem aderisse à candidatura adversária:

> - O General Magalhães Barata, tendo aderido ao Marechal Lott, morreu de câncer
> - Oswaldo Aranha, na noite em que aceitou ser o vice de Lott, morreu de enfarto
> - Na hora do lançamento da candidatura de Lott, Jango, que é moço, também teve um enfarto
> - Juarez Távora indicou Lott para ministro de Café Filho e foi acometido de mal misterioso
> [...]

Propaganda em boletins sob forma de manifesto

Em Cachoeiro de Itapemirim (ES), encontramos um manifesto que procurava persuadir os eleitores para que votassem em Jânio Quadros por se tratar de um candidato favorável aos princípios nacionalistas.

> **NOSSO CANDIDATO "NACIONALISTA"**
> O caminho certo pois é LOTT. Com ele, não tenham dúvidas, vamos ter FEIJÃO a 200 cruzeiros o kilo. CARNE a 300 cruzeiros, BANHA a 400 cruzeiros. FARINHA a 80 cruzeiros, ARROZ a 150 cruzeiros, SAPATOS a 4.000 cruzeiros o PÉ, e REMÉDIOS? qualquer receita no mínimo 20.000 cruzeiros!.:. e tudo mais na mesma proporção. De sobremesa o LAVRADOR engolirá TANQUES DE GUERRA E CANHÕES nas MARCHAS DA PRODUÇÃO; e nós OPERÁRIOS engoliremos ESPADAS DE OURO...
> LOTT, hoje é uma bandeira que se desfralda em todo o país. É com ele que nós vamos! Para a FOME, para a MISÉRIA, para o INFERNO ou para o DIABO que o carregue.
> Mas não desespere!...Vem aí a salvação dos brasileiros.
> Para Presidente da República JÂNIO QUADROS.

Os janistas tentavam apontar algumas atuações políticas de Lott e Kubitschek usando expressões apócrifas. Também procuravam trabalhar com o aspecto emotivo, sugerindo que uma possível continuação da administração Kubitschek provocaria mais aumento no custo de vida e que Lott, por ser ligado às Forças Armadas, endureceria seu governo oprimindo a população. A propaganda usava o fator medo para exercer a persuasão. A estratégia, aqui, da campanha janista funciona como contrapropaganda ao marechal Lott, que era projetado como o grande defensor de valores nacionalistas.

Outras peças publicitárias

Tendo em vista todos os materiais descritos até o momento, podemos afirmar que a publicidade eleitoral janista transmitia mensagens em dois estilos. As peças publicitárias de caráter oficial apresentavam o candidato com uma postura séria, em estilo tradicional, com cabelos penteados e roupas alinhadas. Já aquelas produzidas por simpatizantes demonstravam um Jânio carregado por traços regionais, incorporando costumes e tradições das várias regiões do país em estilo bem populista.

Esse segundo traço era o caso da capa de um livreto, que mostrava Jânio a partir de um personagem típico do Nordeste: o cangaceiro. Na animação era introduzida uma charge do político com a barba por fazer, bigode desalinhado, olhos arregalados, usando um chapéu de cangaceiro e tocando uma sanfona. Logo abaixo vinha a mensagem: "Ó xente! O povo falou tá falado!".

Nas várias regiões do país o povo construía à sua maneira a imagem de Jânio. As habilidades físicas e sensitivas do candidato encontravam ressonância no imaginário popular. A campanha do político soube compreender as tradições regionais e aplicá-las adequadamente às suas especificidades.

A propaganda trabalhou a estratégia, a partir de São Paulo, de desdobrar o candidato em vários "jânios" pelo resto do país, nunca perdendo a individualidade, mas incorporando outras características conforme os contrastes regionais.

A propaganda política janista de 1960 demonstrou que não se pode impor um estilo pasteurizado de valores e conceitos preestabelecidos. Mas que as referências devem ser trabalhadas considerando os diversos aspectos culturais, de modo que estabeleça uma relação entre o nacional e o local. O reforço e a solidificação de valores e atitudes foram explorados em detrimento da imposição de novos estilos.

Acrósticos

Os simpatizantes também produziram acrósticos – versos formados a partir das iniciais de um nome. Veja-se o acróstico produzido por Ricardo de Paula Neto, em 27 de outubro de 1959, no Rio de Janeiro:

J - amais seja desonesto
A - me a responsabilidade e o trabalho
N - ão desanime e cuide bem de tudo
I - gualmente seja altruísta e bom
O - stente para todos o amor e a brandura
Q - uebre em pedaços o que ofende a sua moral
U - na o patriotismo aos seus demais deveres
A - me a coragem e lute em prol de si e do Brasil
D - ê o exemplo da coerência e da altivez
R - ecorra aos ensinamentos de Cristo e pratique a sua doutrina o mais que puder
O - bedeça à necessária parcimônia, sem que seja usurário para com aqueles que necessitam de você
S - e fizer tudo isso, então será digno de ser janista e de esperar os resultados benéficos dessa luta, como frutos do esforço dos homens de bem; dos que trabalham no sentido construtivo; dos que almejam, como maior prazer de sua vida, ter limpa a consciência; dos que se

cuidam intelectualmente, de modo a se valorizarem, elevando-se e engrandecendo o Brasil.

Uma outra composição em forma de acróstico foi dedicada a Eloá Quadros, esposa do candidato, e publicada como peça publicitária no jornal *O Imparcial*, de São Paulo, em 21 de setembro de 1960. Em alguns momentos, a referência a Eloá lembra a figura da Virgem Maria católica, como símbolo de mãe universal e, em outros, parece invocar a figura de uma heroína popular, como Evita Perón:

ACRÓSTICO A SNRª D. ELOÁ DO VALLE QUADROS

É s esposa exemplar
L uz de nossas vidas
O uvimo-la atentamente
A ugurando sua saúde junto aos seus.

D igna de aplausos ininterruptos
O nde esperamos uma gestão risonha e feliz

V igilante e cumpridora dos seus deveres
A mor!...
L ealdade!...
L evar-nos-á ao ponto que necessitamos
É s a baluarte dos brasileiros

Q uerida por todos bons brasileiros
U ltrapassando as mais elogiáveis expectativas
A ltiva, denodada...
D emonstra que fará tudo por nós
R espeitada por todo eleitorado
O ra quem vencerá?
S em sombra de dúvidas, será seu Exmo. esposo.

Considerações finais

Em nossa concepção, Jânio Quadros conquistou os comunicadores de folk chegando a eles de várias formas, entre as quais a mensagem publicitária em sua propaganda eleitoral. Esses líderes de opinião passaram a propagar o voto em Jânio nos determinados grupos de influência e, dessa forma, contribuíram para a consolidação do nome do candidato perante as classes populares.

Os comunicadores de folk produziram peças publicitárias específicas em forma de manifestos, volantes, panfletos, materiais de publicidade eleitoral adequados às realidades específicas das classes subalternas, os quais endossavam as idéias de Jânio. As mensagens eram carregadas de moralismo, preconceitos, religião, humor, medo, anticomunismo, atingindo conceitos e crendices do povo.

Entre todas as formas publicitárias que Jânio encontrou para atingir os eleitores, uma das mais eficazes foi o símbolo da vassoura. Mas só teve êxito porque Jânio possuía a habilidade de maximizar seus efeitos por meio da publicidade, principalmente a comunicação interpessoal. Provavelmente, a vassoura tenha sido um dos maiores símbolos publicitários de propaganda política já concebidos no país de todos os tempos.

Este ensaio pretendeu apenas destacar a importância do processo de comunicação interpessoal na definição de uma eleição política. Muitos candidatos, com maus propósitos e que souberem explorar os preconceitos arraigados da população, farão uso da propaganda política para persuadir os eleitores e conquistá-los para suas finalidades políticas. Cabe à Justiça Eleitoral, que controla a exibição da propaganda política, identificar as falsas ações desses políticos e impedi-los de propagar as suas mensagens eleitoreiras para grupos sociais fragilmente expostos aos efeitos deste tipo de propaganda. Cabe também ao Congresso Nacional promover uma reforma política para acertar as regras da publicidade eleitoral, tornando-a mais instrutiva para a população.

Por sua vez, a publicidade eleitoral populista vem diminuindo em campanhas eleitorais da atualidade. Já é um bom sinal do aperfeiçoamento do processo democrático.

Referências bibliográficas

BELTRÃO, Luiz. *Folkcomunicação: um estudo dos agentes e dos meios populares de informação de fatos e expressões de idéias.* Tese de doutorado em Comunicação, Universidade de Brasília, 1967.

__________. *Comunicação e folclore.* São Paulo: Melhoramentos, 1971.

__________. *Folkcomunicação: a comunicação dos marginalizados.* São Paulo: Cortez, 1980.

LAZARSFELD, Paul; BERELSON, Bernard & GAUDET, Hazel. *El pueblo elige: estudio del proceso de formación del voto durante una campaña presidencial.* Trad. Aída y Dora Cymbler. 3. ed. Buenos Aires: Imprenta López, 1962.

SILVEIRA, Joel. "Floresta de vassouras". *O Estado de S. Paulo.* 15 nov. 1989.

SKIDMORE, Thomas E. *Brasil: de Getúlio Vargas a Castelo Branco (1930-1964).* Trad. Ismenia T. Dantas. 6. ed. São Paulo: Paz e Terra, 1979.

VALENTE, Nelson. *Jânio de fio a pavio.* 2. ed. São Paulo: Edicon, 1996.

5

Tancredo Neves: muda, Brasil! Volta a sorrir, meu Brasil!

Hebe Maria Gonçalves de Oliveira*

A campanha de Tancredo Neves à presidência da República foi realizada de agosto de 1984 a janeiro de 1985. Sob a ressaca das "Diretas-já", após a derrota da emenda Dante de Oliveira em 25 de abril de 1984 – que propunha eleições diretas para presidente da República –, a campanha eleitoral ganhou as ruas, sendo apresentada como o projeto "Muda Brasil".

Esta pesquisa enfoca a trajetória de Tancredo Neves à presidência da República, os aspectos comunicacionais da campanha, isto é, a propaganda eleitoral, a construção da imagem do candidato, bem como sua projeção nacional como "construtor da Nova República". Trata-se de uma tentativa de identificar os elementos do marketing político que contribuíram para a projeção de Tancredo durante a campanha, considerando o candidato como um político que teve sua vida pública construída ao longo de cinqüenta anos.

* Hebe Maria Gonçalves de Oliveira, jornalista, é mestre em Comunicação Social pela Universidade Metodista de São Paulo (Umesp). É professora do curso de Comunicação Social/Jornalismo da Universidade Estadual de Ponta Grossa (PR). E-mail: goncalveshebe@uol.com.br.

Nosso trabalho explora conceitos de comunicação, propaganda, publicidade e marketing político, bem como contextualiza-os historicamente. Além da pesquisa bibliográfica, fizemos uma pesquisa documental no Centro de Pesquisa e Documentação de História Contemporânea (CPDOC), da Fundação Getúlio Vargas, no Rio de Janeiro, que concentra material promocional da campanha e da vida pública de Tancredo, e no Memorial Tancredo Neves, em São João Del Rei (MG). Realizamos também entrevistas com políticos, publicitários, teóricos da comunicação e jornalistas que, direta ou indiretamente, atuaram na campanha. A pesquisa baseou-se também em leituras sistemáticas de jornais e revistas da época, com o enfoque nos aspectos comunicacionais da campanha.

As eleições indiretas e o candidato das oposições

Embora a vitória de Tancredo Neves tenha representado o fim do regime militar, instaurado no país em 1964, o retorno à democracia não se consolidou pela ruptura, mas pela permissão ou anuência, por assim dizer, dos próprios militares. Thomas Skidmore reforça que o retorno à democracia se incluía como uma das principais metas do governo Ernesto Geisel. Até porque já estava previsto no projeto dos militares que a "Revolução de 1964 devia, após um limitado período governamental de emergência, conduzir a um retorno à democracia representativa" (Skidmore, 1994, p.321). Segundo o pesquisador, "apesar das garantias, Geisel e sua equipe não tinham intenção de permitir que a oposição chegasse ao poder. Eles imaginavam uma democracia em que o partido do governo continuasse a mandar sem contestação".

> Após a morte de Médici [1985] a viúva [dona Scilla Médici, ao *Jornal do Brasil*, no dia 1º jul. 1986] afirmou que seu marido desejara iniciar a abertura antes do fim do seu mandato, mas que Geisel ameaçou renunciar à sua candidatura se o presidente pusesse em prática aquela iniciativa (Idem, p. 323).

O próprio presidente João Figueiredo estava destinado a fechar o ciclo dos governos militares, prevendo a entrega do poder para o PDS, partido governista. Para impedir que este caísse sob os domínios de Paulo Salim Maluf – visto como político corrupto, "rei das mutretas", indesejado pelos governistas e com baixo índice de popularidade –, o próprio governo "articulou" a candidatura de Tancredo Neves, eleito governador de Minas Gerais pelo Partido do Movimento Democrático Brasileiro (PMDB), em 1982.

Por diversas vezes no decorrer de 1983 e 1984, Figueiredo manifestou sua indisposição, não publicamente, quanto a Paulo Maluf ocupar a presidência da República. "O turco não sentará no meu lugar de maneira nenhuma", disse ele (Dimenstein *et al.*, 1985, p. 15). O termo "turco" referia-se ao deputado paulista de origem libanesa que, segundo Dimenstein, o presidente considerava "arrogante, prepotente, despreparado para exercer o poder e despojado de escrúpulos". Quando a indicação de Maluf como candidato a presidente da República já estava prestes a passar na convenção do Partido Democrático Social (PDS), Figueiredo confessou ao deputado catarinense João Paganella, do mesmo partido: "Tancredo é um nome confiável e aceitável para a conciliação" (Idem, p.22). Mas publicamente afirmava prestar apoio a Maluf. Conciliação naquele momento significava ter a confiança de Figueiredo e, portanto, das Forças Armadas, além de prestígio junto à opinião pública.

> O ano de 1984 terminou com o ex-presidente Ernesto Geisel levando o candidato da oposição [Tancredo Neves] à portaria do seu edifício, em Ipanema, no Rio de Janeiro, para que a imprensa pudesse fotografá-lo num abraço de despedida. O ex-presidente Geisel não dá abraços por descuido e muito menos por mera formalidade (*Veja*, 16 jan. 1985, p. 23).

Do PMDB, partido de maior sustentação do movimento Diretas-já, Tancredo é indicado como candidato oposicionista, aglutinando a Aliança Democrática – frente composta pelo próprio PMDB, pela Frente Liberal (dissidentes do PDS) e legendas de oposição à candidatura Maluf. "Sou o candidato da conciliação nacional", apresentava-se Tancredo em campanha (*Veja*, 14 nov. 1984, p. 24). Tancredo, aos 74 anos, foi eleito por via indireta (Colégio Eleitoral) com 480 votos, contra 180 dados a Maluf e 26 abstenções. O político mineiro tornava-se o primeiro civil a ocupar a presidência da República após 21 anos de regime militar. Na noite anterior à posse, prevista para 14 de março, Tancredo adoece durante a solenidade oficial religiosa. O presidente enfrenta uma sucessão de sete cirurgias em 38 dias, internado no Hospital de Base, em Brasília, e depois no Instituto do Coração do Hospital das Clínicas da Universidade de São Paulo. A população foi à comoção.

Segundo Britto (1985, p. 158), em 16 de abril, "Tancredo não emitia uma única palavra nos últimos doze dias, desde que recebeu a sonda orotraqueal". Escreve o ex-porta-voz da presidência: "Está sedado há quatro dias, emagreceu. Está inchado devido ao acúmulo de líquidos no organismo, tem manchas no rosto". No dia 12 de abril, o chefe da equipe médica, Henrique Walter Pinotti, contara a Britto que vinha recebendo telefonemas de empresários e políticos que o advertiam: "O País está parado, as ações na Bolsa estão caindo. Vocês têm que fazer alguma coisa para resolver esta situação!" (Idem, p. 161).

A posse oficial do então vice-presidente José Sarney como presidente da República ocorreu mesmo em 21 de abril de 1985, após ser declarada pela equipe médica a morte de Tancredo Neves, na então embrionária Nova República.

Tancredo: de vereador a presidente

Tancredo Neves iniciou sua carreira política como vereador de São João Del Rei (MG), em 1935. Ocupou a cadeira de presidente da Câmara Municipal e também de prefeito em exercício daquela cidade mineira. Elegeu-se deputado estadual de Minas Gerais, com a maior votação de seu partido, o PSD, e, em 1950, deputado federal pelo mesmo estado. Foi ministro da Justiça no segundo Governo Vargas. Desempenhou a função de primeiro-ministro com a instauração do parlamentarismo no Brasil, após a renúncia de Jânio Quadros em 1961. Voltou à Câmara Federal em 1962. Entrou para o Senado em 1978. Tornou-se governador de Minas Gerais, pelo PMDB, em 1982, mediante eleições diretas. E chegou à presidência da República em 15 de janeiro de 1985, em eleição indireta pelo Colégio Eleitoral.

Sobre sua postura política Tancredo costumava dizer: "Tenho horror ao revanchismo". Quanto ao caráter conciliador a ele atribuído, tentou explicar, em 1983: "Uma coisa é ser conciliador, outra é ser conformista. E o mineiro, sendo um conciliador, foi sempre um revolucionário. Todas as grandes revoluções no Brasil partiram de Minas, desde Tiradentes até 1964. As boas e más revoluções sempre partiram de Minas" (Silva e Delgado, 1985, p. 45).

Tancredo também se apresentava como um defensor do liberalismo: "O pensamento liberal está presente em todas as conquistas da humanidade e acredito que, enquanto houver aspirações democráticas no mundo, o pensamento liberal há de ser a fonte de inspiração" (*Jornal do Brasil*, 16 jan. 1985). Ele próprio afirmou em 1978: "Sou pragmático e conciliador na ação, mas ao mesmo tempo inflexível em matéria de princípios. Sempre que se transige em princípios, ganha-se apenas um episódio, mas perde-se em substância e permanentemente" (*apud* Silva e Delgado, 1985, p. 25). Conciliador, liberal, astuto e mineiro, lê-se sobre ele no *Jornal do Brasil* (16 jul. 1984), quando falou à imprensa como candidato à presidência da República:

> Seguro pelo braço por um cinegrafista, Tancredo dirigiu-se à sacada do restaurante [do Teatro Municipal, em Brasília], onde posou durante cinco minutos, com a Esplanada dos Ministérios ao fundo. "Aponte para o Palácio da Alvorada, governador", pediu um fotógrafo. "Me peçam tudo, mas isso eu não faço, meu filho".

Em entrevista que nos concedeu em 2002, Aécio Neves, neto de Tancredo, também reforça que o avô se impunha diante das vontades da imprensa, como no seguinte episódio:

> A *Folha de S.Paulo* queria fotografá-lo, já depois de eleito, subindo a rampa do Palácio do Planalto. A pressão era enorme sobre a sua assessoria de imprensa, para que ele concordasse. Tancredo chamou então um de seus colaboradores políticos, Mauro Santayana, e lhe pediu que fosse à direção do jornal paulista, a fim de explicar as suas razões para não fazê-lo. Mauro Santayana esteve pessoalmente com Otávio Frias Filho [diretor do jornal], que aceitou as ponderações do presidente.

A campanha de Tancredo e o marketing político

A mobilização da população em torno da candidatura Tancredo e o nacionalismo cultuado junto com os anseios de mudança possivelmente não teriam sido consagrados sem as ações do marketing. Os resultados da campanha podem ser sintetizados nas palavras de Brickmann (1998, p. 53): "Tancredo Neves, que encarnou a reação civil à ditadura militar, teria sido canonizado se a decisão dependesse dos brasileiros".

"A campanha foi até hoje, sem dúvida, o maior movimento de marketing político eleitoral e propaganda política a que este País já assistiu." A declaração de Carlos Augusto Manhanelli, em entrevista que nos concedeu em 2002, ainda que venha provocar discórdias, é reveladora, porque reforça a expressividade e simbologia do movimento, além de avançar o que vem sendo pontuado sobre o marketing político eleitoral no Brasil.

Queiroz (1998, p. 113) afirma que a campanha de Tancredo, "do ponto de vista da propaganda política [...] foi o movimento mais expressivo", nos anos 1980. Já Barros (2000, p. 32) ressalta que, no Brasil e na América Latina, o marketing político, na concepção que se tem hoje, "acontece bem depois da década de 1980", devido ao longo período ditatorial vivido na maioria dos países sul-americanos. Nesse raciocínio, Queiroz (1998, pp. 113-114), embora retroceda a data, reforça que só a partir do movimento "Diretas-já [...] é que o conceito de marketing político evoluiu, ganhou as ruas e passou a ser usado com freqüência".

A *Folha de S.Paulo* (*apud Boletim Intercom*, jan./fev. 1984, pp. 11-14), diz que

> a campanha pelas diretas para presidente da República, em termos de estratégia de divulgação, trouxe um novo elemento à cena política do Brasil moderno: a assessoria de marketing especializada, um desdobramento, na verdade, do que foi esboçado nas campanhas pelos governos estaduais em 1982.

Cláudia Passador (1998, p. 17) aponta para o pioneirismo da atividade no Brasil já em meados dos anos de 1950:

> A primeira tentativa de marketing político no Brasil ocorreu quando, em 1954, o deputado Magalhães Pinto chamou o publicitário João Moacir de Medeiros para auxiliar na campanha de Celso Azevedo para a prefeitura de Belo Horizonte, tornando-se o primeiro caso registrado da utilização de técnicas de marketing eleitoral no Brasil.

Ainda segundo Adolpho Queiroz (1998, pp. 113-114),

> Fernando Collor enfrentou as primeiras eleições sob um movimento cultural diferenciado da propaganda política. Foi a primeira eleição que teve todos os requintes da moderna comunicação de massa, envolvendo simultaneamente jornais, rádios, televisões, *outdoors*, revistas e mídias promocionais e alternativas distribuídas fartamente.

Manhanelli, na entrevista mencionada, afirma que "a verdadeira consolidação do marketing político no Brasil se deu na campanha de Tancredo Neves, visto que campanhas anteriores (para prefeitos e governadores) já utilizaram as técnicas do marketing político". A campanha de Tancredo ao governo de Minas Gerais, em 1982, foi coordenada pela agência Setembro e Propaganda, do publicitário Almir Sales. Além da própria vitória do candidato, a campanha também foi premiada, "como destaque no Prêmio Colunistas Regional e Nacional e ainda [no] Marketing Eleitoral" (Rossini, 1985), pela melhor propaganda política de 1982. Skidmore reforça a premissa em relação às eleições em 1982. Segundo o historiador (1994, p. 453),

> pela primeira vez desde 1965, os governadores seriam eleitos diretamente. Como as eleições tinham sido adiadas de 1980 para 1982, o eleitor deveria votar em candidatos para todos os níveis exceto o presidencial. Tanto o PDS quanto o PMDB se organizaram para uma propaganda *sofisticada* [grifo nosso] pelos meios de comunicação.

O caderno Propaganda & Marketing, encartado no jornal *A Gazeta Esportiva*, de São Paulo, em 20 de janeiro de 1985, analisa em seu editorial:

> Os votos de hoje, mais do que nunca, mesmo os do restrito e repelente Colégio Eleitoral, devem muito à comunicação, à formação (e por que não dizer, à manipulação) da opinião pública, a todo um processo de marketing político que Tancredo, às vezes de graça, mas muitas vezes deliberada e profissionalmente, utilizou de forma notável.

O mesmo caderno também comenta, em sua chamada de capa, "Propaganda capitalizou apoio popular para Tancredo":

> Em menos de um ano após a criação do Comitê dos Publicitários, formado espontaneamente por agências e profissionais de todo o país, o que parecia impossível tornou-se realidade. Tancredo Neves, eleito presidente na última terça-feira, *leva consigo, também, a marca histórica da ação da comunicação junto à opinião pública* [grifo nosso].

Uma campanha atípica para uma eleição atípica

O *pool* de agências de publicidade formado para a campanha de Tancredo era composto inicialmente por dez empresas, dentre as mais importantes do país: Denison, Salles/Interamericana, CPB, DPZ, AD/AG e CBBA/Propeg, de São Paulo; MPM e SGB, do Rio de Janeiro; Exclam, de Curitiba; Setembro Propaganda, de Belo Horizonte. Além disso, participaram dela jornalistas como Mauro Santayana e também o cartunista Ziraldo Alves. Para as agências, tratava-se de uma experiência única em todos os sentidos, principalmente com as amarras da legislação eleitoral que impedia a propaganda política em jornais, rádio e televisão Noticiou o *Jornal do Brasil*, em 12 de setembro de 1984:

> Elas [as agências de publicidade] concordaram primeiro que jamais enfrentaram tarefa parecida: atingir uma platéia de 686 pessoas – os delegados no Colégio Eleitoral – sem usar os meios de comunicação tradicionais, pois rádio, jornal e televisão estão proibidos de veicularem propaganda política. Para uma eleição atípica, uma campanha publicitária atípica.

Ao Comitê Nacional de Publicitários coube definir as bases comuns da campanha: a padronização das cores verde e amarelo; o gesto dos braços levantados em forma de "V"; e mãos dadas em uma longa corrente, representando a solidariedade. Os *slogans* "Muda Brasil. Tancredo presidente" ou "Muda Brasil. Tancredo já" foram padronizados em cartazes com as duas faixas em verde e amarelo e a palavra "Tancredo" em azul. Nos cartazes com a frase "Muda Brasil. Tancredo já", a proposta era estampar a imagem do candidato bastante sorridente.

As cores verde e amarelo como símbolos da campanha, de acordo com o então governador de São Paulo, Franco Montoro (*Folha da Tarde*, 30 ago. 1984), tiveram a seguinte significação: "A primeira por representar a esperança de mudança e a segunda para mostrar que a luta pelas diretas continua. As duas cores reunidas simbolizam a união nacional que se constitui em torno de Tancredo Neves".

Uma outra peça proposta pelos publicitários foi o desenho de um sorriso, um círculo em azul, com olhos em formato de estrelas ao lado do *slogan* "Volte a sorrir, meu Brasil". Nessas peças, o fundo seria em amarelo, com o nome "Tancredo" em azul e a frase escrita em verde. Além desse material, foram criadas peças-suporte como camisetas, bonés, leques, braçadeira, guarda-chuva/sol. Também foi estabelecida uma decoração padronizada para os ambientes de comitês, palanques, muros e residências, compostas por faixas e estandartes.

A estratégia de Tancredo e de seus assessores era construir uma campanha que tivesse a conotação de uma eleição direta, segundo o deputado pernambucano Fernando Lyra (*Jornal da Tarde*, 9 jul. 1984) – "como se diretas fossem" –, com a realização de grandes comícios nas principais capitais do país, "buscando comprometer o candidato com as aspirações populares, mobilizar o povo e levá-lo a pressionar os que têm voto no Colégio Eleitoral".

O *pool* de agências: um cerco publicitário

O Comitê Nacional de Publicitários teve origem em uma "reunião entre Roberto Gusmão, chefe da Casa Civil do governador [de São Paulo] Franco Montoro, e [os publicitários] Mauro Salles e Roberto Duailibi. O encontro deu-se na noite de quarta-feira, dia 12 de agosto, na residência de Roberto Duailibi" (Rossini, 1985, p. 30).

Em 19 de agosto de 1984, no hotel Maksoud Plaza, em São Paulo, foram apresentados a Tancredo os membros do comitê, escolhendo-se Mauro Salles como coordenador da Secretaria Geral de Comunicação. Ao receber o apoio dos publicitários, Tancredo teria afirmado: "Essa batalha é das mais ásperas, que só poderemos vencer com inteligência nesses cinco meses que nos separam de uma singular eleição, na qual todos votarão contra, e não a favor de alguém" (*Folha da Tarde*, 20 ago. 1984). Em matéria publicada no *Jornal do Brasil* em 4 de novembro de 1984, com o título "Sucessão abre duelo de marketing", lia-se:

> A vitória de Tancredo Neves ou Paulo Maluf no dia 15 de janeiro de 1985 consagrará também o triunfo de um estilo de *marketing* em campanha política. Com características inteiramente opostas, a propaganda dos dois candidatos se confronta logo em seu objetivo: enquanto a de Tancredo persegue a consolidação de sua imagem perante 60 milhões de eleitores, a de Maluf objetiva melhorá-la [grifo nosso].

No decorrer da campanha, somavam-se 31 agências em diversas cidades do país. "Toda a concentração do Comitê dos Publicitários ficou em São Paulo, mas, para racionalizar o trabalho de comunicação, algumas agências passaram a atender a área de São Paulo e outras somaram os seus esforços nacionalmente em função de suas estruturas" (Rossini,1985, p. 30).

A primeira decisão do *pool* de agências do candidato foi estimular a produção dispersa de material em todo o país, sem dispêndios financeiros. "Essa não é uma campanha publicitária, mas um esforço de comunicação", disse Roberto Duailibi, da DPZ, ao *Jornal do Brasil* (4 nov. 1984). Um dos princípios assinados no acordo entre as agências especificava: "Não há uma conta publicitária. O que existe é uma causa". Outro tópico determinava: "A função da nossa propaganda não é lapidar a imagem do candidato. Não há nada a lapidar em Tancredo Neves. Ele é autêntico e é assim que deverá ser apresentado à opinião pública". Daí a máxima do Manual da Campanha produzido pelas agências: "Tancredo não é um produto. É uma criatura humana".

Rossini (1985, p. 35) menciona que Caio Domingues atribuiu a eficácia da campanha ao "próprio personagem em que foi centralizada, se configurando numa situação ideal [...] o que, em publicitês, poderia ser denominado como um 'bom produto que se vende sozinho'".

O candidato da conciliação nacional

Veja (19 nov. 1984, pp. 24-29), citando Mauro Salles, escreve que Tancredo Neves "ouve muito, fala pouco, mas só age de acordo com a própria cabeça". Considerado "um dos mais astutos políticos da República" (*Veja*, 16 jan. 1985, p. 22), o candidato comandou o tempo todo a própria campanha. "Ele ouve todo mundo e faz o que quer", disse a *Veja* o então governador de Minas Gerais, Hélio Garcia, empossado após Tancredo deixar o cargo na segunda quinzena de agosto. Aécio Neves, na entrevista que nos concedeu, reforça a posição do político mineiro:

> Tancredo estava permanentemente atento a toda a campanha, que era orientada e dirigida pessoalmente por ele, e não titubeava em determinar, por intermédio do coordenador, Mauro Salles, a mudança de orientação, quando se fazia necessário. Ele ouvia os seus consultores políticos, que eram poucos, mas não aceitava sugestões dos homens de marketing quanto ao que devia dizer ou não.

A suposta renúncia de Maluf, anunciada pela imprensa em plena campanha, ilustra a astúcia de Tancredo, conforme a revista *Propaganda & Marketing* (20 jan. 1985, p. 31):

> Em outubro a situação [vitória de Tancredo] estava definida. Se Maluf renunciasse, a situação de Tancredo poderia ser alterada, pois o nome do ex-governador de São Paulo sempre encontrou muita resistência de militares e empresários. Para que Maluf continuasse na disputa, houve um lance de mestre digno somente de um político hábil e mineiro. Esse lance foi dado por Tancredo, que anunciou à imprensa que Maluf iria renunciar. Algumas horas depois, Maluf chamava a imprensa para declarar: "Não sou homem de renunciar". Foi neste instante que ele assinou seu próprio atestado de óbito. Sua candidatura começou a sofrer desgaste e terminou melancolicamente.

Glaudiston Eisenlohr, em entrevista que tivemos com ele em 2002, confirma que Tancredo comandou o tempo todo a sua campanha. "Ele se debruçava cuidadosamente e demoradamente sobre cada peça publicitária importante. Revisava tudo, com a preocupação – quase obsessiva – de não dar nenhum pretexto para reação dos militares ou de qualquer correligionário de importância no processo." Segundo a revista *Veja* (16 jan. 1985, p. 51), no início da campanha o candidato quis substituir o *slogan* "Muda Brasil. Tancredo já", criado como uma tentativa de resgatar o espírito das Diretas-já. A primeira sugestão de Mauro Salles foi "Tancredo neles". O candidato não gostou, segundo *Veja*. Argumentou que a idéia era muito agressiva e poderia provocar revanche. Mauro Salles sugeriu um novo *slogan*: "Não chore, Brasil – Tancredo para presidente". Tancredo concordou, mas foi a vez do candidato a vice-presidente, José Sarney, ficar horrorizado com a proposta. Estariam plagiando o "Don't cry for me, Argentina" e, além do mais, seria bom "saber que não se começa *slogan* de campanha política com a palavra não. É só o pessoal do Maluf borrar o não e a frase vira 'Chore Brasil – Tancredo para presidente'". Conta *Veja* (Idem) que Salles elaborou uma nova idéia: "Tancredo para presidente. Vamos voltar a sorrir", que também foi rejeitada em uma reunião, desta vez pelos publicitários. "Salles acabou por enervar-se e chorar na reunião, tendo de ser confortado com um copo de água oferecido pelo publicitário Roberto Duailibi. Tancredo, então, resolveu desistir – e a campanha ficou com o mesmo *slogan* que tinha no começo."

Outra intervenção de Tancredo ocorreu quando Almir Sales apresentou como símbolos da campanha duas manchas verde e amarelo na forma de explosões. "As explosões verde-amarelo representam as cores da Bandeira Nacional e partem de uma mensagem de esperança para o Brasil, a ser levada de maneira uniforme", disse Mauro Salles (*Jornal do Brasil*, 29 jul. 1984). Tancredo não gostou. As explosões foram substituídas pelas manchas em forma de faixas. Contou Aécio Neves, na mencionada entrevista:

> A "marca" de campanha, sugerida pela Setembro num primeiro momento, era a das cores nacionais misturadas, como ocorre nas palhetas dos pintores. Tancredo vetou-a, de pronto, lembrando que

> as cores assim misturadas davam má impressão. [...] as cores nacionais fossem apresentadas em traços grossos, irregulares e inclinados, como terminou sendo desenvolvido pela agência. Essa marca foi depois usada indevidamente por Collor.

Antônio Britto, em entrevista que nos concedeu em 23 de abril de 2002, também ressalta a postura de Tancredo na condução da campanha: Ele "era centralizador, queria saber, decidir sobre tudo. Assim como era competente – lia, pensava, escrevia, conversava, articulava, discordava –, entendia de finanças e de política internacional". Aécio Neves, em nossa entrevista, confirma: "Tancredo foi o mentor de toda a campanha, tendo em vista a sua sensibilidade política e humana".

Com horários disciplinados pela secretária Antônia, que trabalhou com Tancredo durante catorze anos, o político mudava os cardápios e os horários. "Da mesma forma, driblou assessores que o aconselharam a usar ternos claros e erguer a cabeça durante as aparições na televisão. 'Não está dando certo assim?', retrucava Tancredo" (*Veja*, 16 jan. 1985, p. 31).

Um político próximo a Tancredo Neves defendeu a postura do candidato: "Tancredo é ágil porque dispensa assessores, não usa pastas ou arquivos, impõe a sobrevivência de gurus e limita-se a anotar telefones importantes em folhinhas de papel que pede ao próprio interlocutor" (*Jornal do Brasil*, 2 set. 1984).

A coluna Painel, da *Folha de S.Paulo* (25 out. 1984), traz a seguinte nota: "Depois de mais dois meses de campanha em que descuidou das regras da boa imagem na televisão, o sr. Tancredo Neves finalmente concedeu ontem entrevista coletiva em que mostrou intimidade com o veículo, olhando de frente para as câmeras".

No final de 1984, Tancredo recebeu aulas particulares de como se portar diante dos eleitores. No primeiro encontro, de quarenta minutos, foi aconselhado pela sua assessoria a visitar a família de cada um dos 686 membros do Colégio Eleitoral. A lição veio do deputado Wilmar Palis, então com 56 anos, do PDS do Rio de Janeiro e integrante da Frente Liberal. Segundo *Veja* (12 nov. 1984, p. 28), Palis tinha sido um fiel aliado de Paulo Maluf por seis anos. Essa convivência com o político paulista lhe teria ensinado os segredos de Maluf sobre como conquistar eleitores.

Tancredo e a construção da imagem

Manhanelli, na entrevista que nos deu, defende que Tancredo Neves não era mero produto: "Perdeu e ganhou campanhas e foi o primeiro-ministro na única vez em que o Brasil foi parlamentarista. Todas as suas campanhas foram acompanhadas por vários assessores [...] que consideravam todas as ações. O marketing político não tem produtos. Tem candidatos que falam, opinam e têm história". Aécio Neves, também entrevistado por nós, reforça esta premissa: "Tancredo construíra a sua carreira de forma singular e afirmativa".

Almir Sales (1985) disse que "o ponto central de todo o esforço foi personificar em Tancredo Neves o veículo transformador de todas as aspirações populares". A agência Exclam, de Curitiba, ao produzir o material publicitário da campanha, optou por explorar duas virtudes do candidato: honestidade e honorabilidade. A partir disso criou os *slogans*: "Por que a honestidade virou mentira? Falando honestamente, Tancredo presidente", "Por que trabalho virou favor? Emprego para toda a gente, Tancredo para presidente".

Os meios de comunicação de massa exerceram grande influência na construção da imagem do candidato. Skidmore (1994, p. 491) escreve que "a mais importante das mídias – a TV Globo – colocou-se inteiramente a favor de Tancredo. Aliás, todos os observadores achavam que ela exerceu um papel decisivo na promoção de Tancredo como salvador do Brasil".

A *Folha da Tarde* (12 dez. 1984) noticia que o pronunciamento de Tancredo Neves nos comícios "era reservado para iniciar-se às 20h05, a fim de obter um *flash* ao vivo no Jornal Nacional da Rede Globo, que o trata com especial deferência". Eisenlohr, em nossa entrevista, acrescentou: "O jornalista Mauro Santayana, assessor e *ghost writer* de Tancredo, foi incumbido de escrever artigos e aliciar outros jornalistas de confiança para a tarefa de formar a imagem dele como o conciliador de que o Brasil precisava". Tancredo teve acesso a todos os veículos de circulação nacional.

Ao caderno *Propaganda & Marketing* (20 jan. 1985, p. 31), o publicitário Mauro Motoryn disse, na época: "Tancredo ocupou todos os espaços nos veículos de comunicação, ora como Tancredo-assunto, ora como Tancredo-Notícia". Um dos fatos que vieram a beneficiar o candidato foi o caso do índio e deputado federal Mário Juruna. Diz Brickmann (1998, p. 173):

> Na campanha para eleição presidencial de 1985, um dos momentos decisivos foi a foto do cacique e deputado Mário Juruna atrás de uma montanha de dinheiro para votar em Maluf no Colégio Eleitoral. Ele havia aceitado, mas, vítima de repentinos impulsos morais, resolvera devolver o dinheiro. [...] Talvez Juruna até tivesse sido comprado, mas só devolveria o dinheiro se alguém pagasse melhor. Entretanto, no clima da época, em que Tancredo Neves representava o bem e Maluf o mal, foi aceita pela imprensa sem grandes discussões. De qualquer forma, a história seria ruim para Maluf; mas, dramatizada como foi, feriu-o muito mais. Em vez de simplesmente dizer à imprensa que devolvia o dinheiro, em vez de simplesmente mandar um cheque de volta, retirou tudo, em notas, colocou as pilhas na mesa e fez-se fotografar e filmar atrás daquele imenso suborno.

Depois de eleito, Tancredo foi considerado o primeiro presidente civil da República desde 1964 a apresentar "condições de modificar a imagem de que o chefe do Executivo, no Brasil, em relação à imprensa, é um cidadão rude, agressivo, irritado, espinhento como um ouriço-cacheiro. [...] O presidente Médici, por exemplo, só falou à imprensa uma vez, no começo de seu governo" (Fernando Jorge, 1987, p. 13). Almir Sales, em nossa entrevista com ele, disse que, quando governador de Minas Gerais, "era comum Tancredo Neves receber jornalistas no Palácio das Mangabeiras (residência oficial) para 'papear' nos finais de tarde".

Os comícios: "como se diretas fossem"

A estratégia para a realização dos grandes comícios nas principais capitais foi legitimar a eleição direta, buscar o apoio popular. Disse-nos Manhanelli na entrevista: "Tínhamos duas campanhas a serem efetuadas. A primeira para que a população pressionasse o Colégio Eleitoral e a segunda no próprio Colégio Eleitoral". O jornal *O Globo* (13 ago. 1984) também enfatiza as duas frentes da campanha: "a ampla mobilização popular, com comícios em praças públicas em todo o país, para debater o programa mínimo do governo, e o esforço para atrair votos, nos estados, dos delegados do PDS no Colégio Eleitoral". Rossini (1985) escreve:

> Os comícios foram trabalhados inteligentemente. Num verdadeiro plano estratégico de marketing, os discursos eram aproveitados em praças públicas. Mensagens eram veiculadas, a linguagem abordada para expor os grandes temas de interesse nacional, as pessoas envolvidas (jornalistas, apresentadores, artistas) criavam a ambientação necessária para promover a verdadeira integração nacional.

Na matéria "Minas espera 30.000 no primeiro comício para a eleição indireta", o jornalista Clóvis Rossi, da *Folha de S.Paulo* (14 ago. 1984), analisa que "a idéia central que está por trás dos comícios é identificar Tancredo com a esperança. Ou, em outras palavras, fazer o povão acreditar no *slogan* básico da campanha: 'muda Brasil. Tancredo já'".

Na entrega do cargo de governador de Minas Gerais ao então vice-governador Hélio Garcia, em 14 de agosto de 1984, Tancredo disse, na sacada do Palácio da Liberdade, sede do governo mineiro, a uma multidão que o aplaudia: "Mineiros, começa aqui e agora a grande caminhada que há de redimir a nossa pátria da miséria, do opróbrio e da vergonha" (*Folha de S.Paulo*, 15 ago. 1984).

Pelo aparato publicitário, constata-se que a campanha de Tancredo teve início na própria convenção em Brasília, em 12 de agosto de 1984, dois dias antes da desincompatibilização do candidato como governador de Minas Gerais. De acordo com a *Folha da Tarde* (10 ago. 1984), foram despachados de São Paulo para Brasília, por via aérea,

> 1.000 pastas de plástico com bloco de papel jornal e caneta esferográfica, 3.000 camisetas "Muda Brasil", 15.000 adesivos autocolantes, 5.000 *bottons* de plástico, 2.000 crachás para convencionais, imprensa e convidados, 30 faixas de rua e um painel de tergal medindo 10x14 metros – o pano de fundo da convenção a ser pregado na parede do Congresso atrás da mesa dos trabalhos. Custo total, Cr$ 18.423.000,00 – segundo Armando Sant'Anna, presidente da agência de publicidade CBP.

A *Folha da Tarde* ressalta que a convenção do PMDB contou com "o primeiro lance de marketing político a serviço da Aliança Democrática, agora assessorada por um comitê de [...] agências de grande e médio porte". A convenção, com chapa única, apresentou o seguinte resultado, segundo a *Folha de S.Paulo*: dos 688 eleitores, 656 deram seu voto a Tancredo – os votos em branco ou nulos foram 32; o candidato a vice-presidente, José Sarney, obteve 543 votos, tendo havido 145 em branco ou nulos. Deixaram de comparecer 103 convencionais, segundo a *Folha de S.Paulo* (13 ago. 1984).

Em três meses foram realizados onze grandes comícios. O primeiro deles aconteceu em Goiânia, em 14 de setembro de 1984, por reivindicação do então governador de Goiás, Íris Resende; e o último, em Recife (PE), em 16 de dezembro do mesmo ano. Na primeira grande manifestação, cerca de 500 mil pessoas lotaram a Praça Cívica da capital goiana, segundo Íris Resende (*Folha de S.Paulo*, 15 set. 1984). O número de presenças foi comemorado, quando se lembra que o evento das Diretas-já tinha atraído aproximadamente 250 mil pessoas ao mesmo local. Símbolos do movimento das diretas foram resgatados, como Fafá de Belém, cantando *Credo* e *Menestrel das Alagoas*, de Milton Nascimento e Fernando Brandt, e o Hino Nacional em nova versão, como *jingle* da campanha, além de Osmar Santos, como locutor. Às 21h21, o inusitado em toda história política brasileira: discursando em palanque, Tancredo era transmitido ao vivo pelo Jornal Nacional da Rede Globo para todo o país.

O mais esperado de todos os comícios da campanha de Tancredo, o da Praça da Sé, em São Paulo, no dia 7 de dezembro, não teve resultado compatível com a superestrutura montada para o evento, conforme apontou a imprensa. A *Folha de S.Paulo* (8 dez. 1984) trouxe como manchete: "Comício da Sé decepciona". A proposta era atingir os números do comício das Diretas-já, que reuniu no mesmo local cerca de 300 mil pessoas no dia 25 de janeiro de 1984 e 1,7 milhão pessoas no dia 16 de abril de 1984 – até então "a maior manifestação já realizada em São Paulo, desde a Marcha da Família com Deus pela Liberdade, em 1964", de acordo com a *Folha de S.Paulo*. Para os organizadores da campanha, que tinham a expectativa de atrair cerca de um milhão de pessoas, o evento reuniu 70 mil, segundo fontes citadas pela *Folha de S.Paulo*, ou 80 mil, conforme a *Gazeta Mercantil*. A primeira também noticiou que o locutor Osmar Santos chegou a anunciar a presença de 500 mil pessoas às 19h20, quando a Polícia Militar a estimava em 50 mil. "Foi debitado à forte chuva que começou a cair às 18h10 o fraco comparecimento do paulistano à manifestação", informou a *Folha de S.Paulo*.

O último comício da campanha de Tancredo, denominado "Um lugar ao sol", não ficou para trás em organização. Cerca de duzentas pessoas trabalharam diretamente para a realização do evento em Recife, no dia 16 de dezembro do mesmo ano. O evento, promovido pela "Geração AI-5", que até então nunca tinha votado para presidente, teve divulgação expressiva na véspera, pela televisão e pelo rádio, com o seguinte apelo publicitário: "Traga seu pai para uma festa ao sol". O resultado foi a presença de cerca de 200 mil pessoas, segundo o *Jornal da Tarde* (17 dez. 1984); 300 mil, para os organizadores; e 100 mil, de acordo com a polícia local (*O Globo*, 17 dez. 1984). A expectativa dos organizadores era atrair cerca de 300 mil pessoas.

Os representantes dos que nunca tinham votado para presidente da República – população brasileira com menos de quarenta anos, isto é, 70% dos 130 milhões de habitantes (*Jornal da Tarde*, 17 dez. 1984) – realizaram "um espetáculo inédito", conforme definiu o próprio Tancredo (*Folha de S.Paulo*, 17 dez. 1984).

Uma campanha "franciscana"

Como nas Diretas-já, a participação das agências de publicidade e propaganda na campanha de Tancredo Neves à presidência da República se deu de forma gratuita. A atuação dos publicitários Roberto Duailibi e Mauro Salles foi um trabalho "voluntário". "Recebíamos constantemente contribuições de várias agências de publicidade. Nada era pago", asseverou-nos, em entrevista em junho de 2001, José Augusto Ribeiro, assessor de imprensa da campanha de Tancredo. Segundo Roberto Duailibi, também entrevistado por nós, em 11 de março de 2002, "os publicitários apresentaram-se voluntariamente, sem a preocupação de obter recursos. A causa da democratização era superior ao desejo de remuneração". Segundo matéria na *Folha de S.Paulo* (13 jul. 1984), Antônio de Freitas, então diretor da agência Exclam, de Curitiba, também garantiu que a contribuição à campanha foi totalmente gratuita, como ocorrera em relação ao movimento das Diretas-já. Aécio Neves, na entrevista já mencionada, confirmou essa postura das agências.

> Uma campanha política tem, naturalmente, as suas despesas. O que houve foi a decisão dos donos das agências de reduzirem ao máximo essas despesas e de não obterem lucros com o seu trabalho. Prevaleceu a constatação de Duailibi, consensual entre as agências que se reuniram no *pool*, de que se tratava de uma causa e não de uma conta.

Veja (16 jan. 1985, p. 51) escreveu na época que as contas reais da campanha

> permanecem ocultas em completo mistério, mas é sabido que contribuições de monta foram feitas aos cofres de Tancredo, administrados pelo presidente do Banco do Estado de Minas Gerais, José Hugo Castelo Branco, com a ajuda de diversos coordenadores regionais. Tais contribuições não deixaram rastro na contabilidade dos doadores por causa do mecanismo utilizado em seu encaminhamento.

Aécio Neves nos disse que "quem poderia dar informações mais detalhadas sobre as contribuições financeiras para a campanha seria o ministro José Hugo Castelo Branco, que fora encarregado dessa missão", acrescentando que, "infelizmente, o ministro já faleceu". Glaudiston Eisenlohr, também entrevistado por nós, afirma: "Os recursos financeiros eram gerados e geridos em outras instâncias, dentro de uma estrutura administrativa regular comandada pelo dr. José Hugo Castelo Branco, e nos chegavam de maneira absolutamente lícita, tudo comprovado, com toda a documentação hábil". A posição de Tancredo Neves em relação aos recursos para campanha foi clara.

Pesquisas: contas na ponta do lápis

Foi com base em pesquisas que se definiu o tema central da campanha de Tancredo, apresentando-o como um instrumento de mudança das oposições. "As pesquisas mostram que o povo quer o fim do desemprego e da corrupção, inflação e custo de vida menores e votar para presidente. Tancredo, através de sua eleição pelo Colégio Eleitoral, seria instrumento de mudança", disse o diretor da Agência Exclam, Antônio de Freitas (*Folha de S.Paulo*, 13 jul. 1984).

Conforme noticiado, as pesquisas indicavam que a população queria um presidente que tivesse "honorabilidade e credibilidade". Foi também a partir delas que os publicitários perceberam a idéia de relacionar a proposta da campanha com a das eleições diretas. Daí o uso das cores verde e amarelo. Para eles, "continuava sendo forte a aspiração dos brasileiros de votar para presidente". Por isso, segundo Antônio de Freitas (*Folha de S.Paulo*, 13 jul. 1984), fez-se a proposta de apresentar Tancredo "como a única opção para acabar com o continuísmo que dura vinte anos". Em decorrência, surgem *slogans* como "Mudança urgente. Tancredo para presidente", "Honestamente. Tancredo para presidente" e "Devolvam o Brasil pra gente. Tancredo presidente".

De olho não só na opinião pública, mas principalmente no Colégio Eleitoral, a contagem sobre a intenção de votos era feita minuciosamente. Relatórios da Companhia Brasileira de Publicidade (CBP) para a campanha de Tancredo indicam a importância dada pelos coordenadores às pesquisas também junto aos parlamentares. A *Folha de S.Paulo* (26 ago. 1984) noticiou: "Nunca, no meio político, houve tanta dedicação à aritmética como agora. Contas e mais contas são feitas todos os dias para apurar as tendências dos privilegiados eleitores do Colégio Eleitoral".

O discurso de Tancredo

Embora dono de uma oratória eloqüente, Tancredo foi visto como um político de poucos discursos e, ao mesmo tempo, de grande importância. "O traço marcante dos pronunciamentos de Tancredo reside no fato de haver sempre debatido idéias, sem atingir, pessoalmente, de modo injurioso, quem quer que fosse. [...] Uma característica constante nos bons políticos mineiros", noticiou a *Folha de S.Paulo* (24 mar. 1984). No primeiro pronunciamento após a vitória no Colégio Eleitoral, Tancredo dirigiu-se por trinta minutos aos parlamentares ainda presentes no plenário do Congresso Nacional. "Esta foi a última eleição indireta do país. Venho para realizar urgentes e corajosas mudanças políticas, sociais e econômicas no Brasil, indispensáveis ao bem-estar do povo. Entrego-me hoje a serviço da nação. Não foi fácil chegar aqui."

Ora em discursos, ora em conversas, Tancredo não perdia a oportunidade de fazer referências, com certa freqüência, aos presidentes

Getúlio Vargas e Juscelino Kubitschek. Via o primeiro como "excepcional"; o segundo, como "um notável" (*Jornal do Brasil*, 27 dez. 1984). Tinha-os, portanto, como presidentes-modelos.

O "grande discurso" de Tancredo Neves, durante a campanha à presidência, seria aquele em que usou pela primeira vez a expressão "Nova República". Durante dias, o candidato se preparou para, em 15 de novembro, aniversário da Proclamação da República, propor a construção dessa "Nova República", termo que, de resto, representava uma fórmula elegante de decretar o fim do regime militar (*Veja*, 21 nov. 1984, pp. 36-37). O anúncio foi feito no Encontro Anual da União Parlamentar Interestadual (UPI), realizado no Hotel Senac, em Vitória (ES): "É imperioso criar uma Nova República, forte e soberana, para que nossas Forças Armadas não sejam nunca desviadas de sua destinação constitucional. [...] Vamos, com a graça de Deus, presidir o momento histórico".

O termo "Nova República", absorvido de imediato pela imprensa, entrou para os livros de História. Informou-nos Eisenlohr que seu surgimento se deveu ao jornalista Mauro Santayana, assessor do candidato e responsável pela redação de seus discursos. A propósito disso, o próprio Santayanna, em entrevista a nós concedida em 10 de abril de 2002, ponderou: "Como amigo pessoal e companheiro de idéias, coube-me a tarefa (que, de resto, é de conhecimento público) da parte doutrinária e ideológica de seu discurso. É certo que essa parte doutrinária, exposta nos pronunciamentos de Tancredo, serviu de base para os anúncios". Ainda quanto à expressão "Nova República", Eisenlohr nos disse: "Ela foi criada numa reunião da qual participei e realizada no escritório paulista da campanha, onde se buscava uma síntese conceitual do novo governo. Claro, a expressão foi atribuída a Tancredo". Aécio Neves aponta para uma segunda versão:

> Tancredo havia recebido algumas sugestões para o discurso, redigidas por Affonso Arinos de Mello Franco, que falava da importância da mudança nos rumos do país e a comparava à que houvera com

a ruptura de 1930. Como se sabe, entre os articuladores da Revolução de 1930 se encontrava um irmão de Affonso Arinos, Virgílio de Mello Franco. Tancredo achou interessante a idéia e cunhou a expressão Nova República.

Durante a campanha, Tancredo se dedicou também ao corpo-a-corpo – velha prática na política brasileira – para buscar apoio popular. Visitou o Memorial JK, em Brasília, na passagem do oitavo aniversário de morte do ex-presidente Juscelino Kubitschek, outro mineiro. Deslocou-se até São Borja, no Rio Grande do Sul, para visitar o túmulo de Getúlio Vargas, em homenagem aos trinta anos de morte do ex-presidente. Depositou flores nos túmulos de Getúlio e do também ex-presidente João Goulart, enfrentando uma temperatura de seis graus positivos (*Veja*, 3 out. 1984, p. 22).

Tancredo não perdia uma brecha para se referir ao povo. Em Brasília, no dia 11 de agosto de 1984, ao desembarcar no aeroporto para a convenção, o candidato disse: "Quem tem o povo consigo não tem o que temer". Além disso, foi prevista uma agenda de conferências e palestras em universidades e sindicatos de todo o país: "Onde encontrar um auditório que me queira ouvir, eu estarei presente levando minha mensagem" (*O Estado de S. Paulo*, 15 ago. 1984). Ao se desincompatibilizar do governo mineiro – no primeiro dia da campanha –, Tancredo

cumpriu um ritual religioso, no topo da Serra da Piedade, próxima a Belo Horizonte, onde foi pedir "proteção e forças" à padroeira de Minas Gerais, Nossa Senhora da Piedade. Ele rezou e assistiu à missa. Perante centenas de romeiros, Tancredo descerrou uma placa colocada ao lado do santuário, com os dizeres: "Neste marco histórico Tancredo Neves iniciou sua caminhada histórica para redemocratizar a Nação" (*Jornal da Tarde*, 16 ago. 1984).

O corpo-a-corpo junto aos reais eleitores – os membros do Colégio Eleitoral – também foi cumprido com visitas do candidato às casas dos parlamentares. A proposta era que Tancredo permanecesse em Brasília de segunda-feira a sexta-feira, mantendo contato com políticos em seus escritórios e no Congresso. Aos sábados e domingos, percorreria os Estados para participar de comícios e encontrar-se com os delegados indicados para a eleição indireta (*Jornal do Brasil*, 24 ago. 1984).

O espírito popular da campanha foi amparado nas adesões de vários segmentos da sociedade. Um deles foi o Movimento Nacional Feminino Tancredo Neves, lançado em Brasília, em outubro de 1984. De caráter suprapartidário, o movimento tinha a proposta de congregar mulheres da Frente Liberal (PMDB, PDT, PT) e ainda as sem filiação partidária. Em julho de 1984, foi inaugurado o Comitê Cultural Pró-Tancredo, no Rio de Janeiro. Conforme definido no Manual de Campanha apresentado pelo Comitê Nacional de Publicitários (*O Estado de S. Paulo*, 2 jul. 1984), os artistas deveriam "fazer uma campanha paralela, liderada pela cantora Fafá de Belém e com a participação de Milton Nascimento, João Bosco, Gonzaguinha, Raul Cortez e o conjunto Blitz".

O Comitê Jovem Tancredo Neves, criado em 8 de outubro de 1984, no Rio de Janeiro, teve o apoio da União Nacional dos Estudantes (UNE), da União Estadual dos Estudantes (UEE), do Diretório Central de Estudantes (DCE) de diversas universidades e da Confederação Nacional de Teatro Amador (Confinata), entre outras entidades. As ações de adesão foram diversas, como o humor nas charges dos cartunistas Ique e Ziraldo – que produziu cerca de quarenta peças – e, ainda, o boneco de quatro metros de altura criado pelos artistas plásticos Carlos Valladares e Leonardo Campos, de Goiânia, que, apelidado de Tancredão pelo povo, se tornou um símbolo da campanha.

No Brasil, o primeiro debate entre candidatos à presidência da República ocorreu na eleição de 1989, entre os candidatos Luiz Inácio Lula da Silva e Fernando Collor de Mello. Na campanha para a eleição de 1985, embora o debate entre Tancredo e Maluf tenha sido sugerido, não chegou a ser realizado. A proposta da TV Globo era transmitir ao vivo e para todo o país esse evento até então inédito na história da televisão e da política brasileiras. Outras emissoras também se prontificaram para o debate entre os candidatos, como a extinta TV Manchete, que teve data marcada para 9 de setembro de 1984. Anunciou *Veja* que Tancredo evitou esse encontro com Maluf na Rede Manchete porque via a emissora engajada na campanha do oponente.

Como levar Tancredo a todos os rincões deste país? Sem sombra de dúvida, só com uma grande ação de comunicação e marketing. Vale lembrar que o objetivo maior de uma campanha publicitária é fazer com que o candidato seja lembrado – isto é, que não caia no esquecimento – e, em conseqüência, eleito. Tancredo é hoje, sem dúvida, um dos políticos mais lembrados da história brasileira. Se Getúlio Vargas se consagrou como "o pai dos pobres" e Juscelino Kubitschek, como "o desenvolvimentista", Tancredo Neves simbolizou "a esperança para o Brasil".

Referências bibliográficas

BARROS, Mónica Maria da Silva Nabhan de. *Marketing político eleitoral: uma prática que mata ou cura grupos sociais.* Dissertação de mestrado em Comunicação Social, Universidade Metodista de São Paulo, São Bernardo do Campo, 2000.

BRICKMANN, Carlos. *A vida é um palanque: os segredos da comunicação política.* 2. ed. São Paulo: Globo, 1998.

BRITTO, Antônio. *Assim morreu Tancredo.* 26. ed. Porto Alegre: L&PM, 1985. Depoimento a Luís Cláudio Cunha.

DIMENSTEIN, Gilberto *et al. O complô que elegeu Tancredo Neves.* 7. ed. Rio de Janeiro: JB, 1985.

PASSADOR, Cláudia Souza. *Política e mídia: forma da política contemporânea enquanto sistema do estrelato e o surgimento do marketing neste processo.* Dissertação de mestrado em Administração Pública, Escola de Administração de Empresas de São Paulo – Fundação Getúlio Vargas, São Paulo, 1998.

QUEIROZ, Adolpho. "Voto, mídia e pesquisa: propaganda política no Brasil". *Revista Comunicação & Sociedade*, São Bernardo do Campo, Umesp, n. 30, pp.105-140, 1998.

ROSSINI, Antoninho P. *Propaganda & Marketing*. Encarte de *A Gazeta Esportiva*. São Paulo, 20 jan. 1985.

SALES, Almir. *Propaganda & Marketing*. Encarte de *A Gazeta Esportiva*. São Paulo, 20 jan. 1985.

SILVA, Vera Alice Cardoso & DELGADO, Lúcia de Almeida Neves. *Tancredo Neves: a trajetória de um liberal*. Petrópolis/Belo Horizonte: Vozes/Ed. UFMG, 1985.

SKIDMORE, Thomas. *Brasil: de Castelo a Tancredo (1964-1985)*. Trad. Mario S. Silva. 5. reimp. Rio de Janeiro: Paz e Terra, 1994.

VALLADARES, Carlos. *O lado alegre da transição*. Rio de Janeiro: Europa, 1986.

Periódicos

Jornais: *Correio Braziliense, O Estado de S. Paulo, Folha da Tarde, Folha de S.Paulo, Gazeta Mercantil, Jornal da Tarde, Jornal do Brasil, O Globo* e *Zero Hora*.

Revista *Propaganda & Marketing*. Encarte de *A Gazeta Esportiva*. São Paulo, 20 jan. 1985.

Revista *Veja* – edições de 15 ago. 1984; 22 ago. 1984; 29 ago. 1984; 5 set. 1984; 12 set. 1984; 19 set. 1984; 29 set. 1984; 3 out. 1984; 17 out. 1984; 31 out. 1984; 7 nov. 1984; 14 nov. 1984; 21 nov. 1984; 12 dez. 1984; 16 jan. 1985; 23 jan. 1985; 30 jan. 1985; 6 fev. 1985; 27 fev. 1985; 10 abr. 1985; 20 mar. 1985; 27 mar. 1985; 24 abr. 1985; 16 set. 1998.

Entrevistas

Aécio Neves, Almir Sales, Antônio Britto, Antônio de Freitas, Carlos Augusto Manhanelli, Glaudiston Eisenlohr, Mauro Santayana, Roberto Duailibi. Entrevistas concedidas a Hebe Gonçalves, por *e-mail,* entre fevereiro e junho de 2002.

José Augusto Ribeiro. Entrevista concedida a Hebe Gonçalves, por telefone, em junho de 2001 e maio de 2002.

6

José Sarney: você conhece o mapa da mina

Paulo César D'Elboux*

José Ribamar Ferreira de Araújo Costa nasceu em Pinheiro (MA), no dia 24 de abril de 1930, filho do desembargador Sarney de Araújo Costa e D. Kyola Ferreira de Araújo Costa. Seu pai foi membro do Tribunal de Justiça do Maranhão, inicialmente como promotor público, depois como juiz, com andanças em quase todas as comarcas do interior maranhense.Com isso, o filho, que acompanhava o pai, estudou as primeiras letras no Colégio Mota Junior, em São Bento, e no Colégio de Professor Joca Rego, em Santo Antonio de Balsas.

Aos doze anos de idade, em janeiro de 1942, vindo de São Bento, chegou a São Luís, onde foi admitido no Liceu Maranhense, aprovado em primeiro lugar no exame de admissão. Dois anos mais tarde, começou sua carreira política, candidatando-se a presidente do Centro Liceísta, tendo sido vencedor. Então, além da militância política estudantil, iniciava a sua atividade jornalística, editando o jornal *O Liceu*.

---

* Paulo César D'Elboux é bacharel em Direito, especialista em Comunicação Jornalística e mestre em Comunicação Social pela Universidade Metodista de São Paulo (Umesp). Coordena o curso de Comunicação Social da Faculdade Comunitária de Santa Bárbara d'Oeste (SP) e é professor da Faculdade de Limeira (SP) e das Faculdades Integradas Claretianas de Rio Claro (SP). É diretor-proprietário da Rádio Brasil, de Santa Bárbara d'Oeste. E-mail: radiobrasil@radiobrasilsbo.com.br.

A carreira política de Sarney

Em 1945, o Brasil começava a retornar à democracia. Como líder estudantil, José Ribamar lutou nas ruas e praças públicas pela queda da ditadura getulista, representada no Maranhão pela ação implacável do interventor Paulo Ramos, que chegou a prendê-lo. Em 1947, começou a se preocupar com a sua situação financeira, participando do concurso de reportagem lançado pelo jornal *O Imparcial*, dos Diários Associados. Com o pseudônimo Zé da Ilha, produziu a melhor reportagem, sendo contratado como repórter. No ano seguinte, passou a colaborar, também, com o *Diário de Pernambuco* e o *Correio do Ceará*.

Em 1950, ingressou na Faculdade de Direito. Tinha vinte anos, mas já era considerado culto nos meios intelectuais de São Luís. No mesmo ano, passou a exercer o cargo de diretor do suplemento Letras e Artes, de *O Imparcial*. Em 1952, precisamente no dia 12 de julho, casou-se com Marly Macieira. Em 1953, formou-se como bacharel em Direito pela Faculdade de Direito do Maranhão. Nesse mesmo ano nasceu a filha Roseana, que depois se tornaria deputada federal, senadora e, por duas vezes, governadora do Maranhão.

Na Câmara dos Deputados

Em 1954, José Ribamar tomou a iniciativa de candidatar-se a deputado federal. O Maranhão vivia sob forte comando político do senador Vitorino Freire, um dos fundadores do Partido Social Democrático (PSD). Nesta sua primeira empreitada em cargo público, não foi feliz, ficando na quarta suplência, com 3.271 votos. Mesmo assim, chegou a assumir o mandato em diversas oportunidades, quando mostrou posições arrojadas para a época, chamando a atenção da imprensa nacional.

Em 1955, nasceu o segundo filho, Fernando. Passou a lecionar a disciplina de Noções de Direito, na Faculdade de Serviço Social da Universidade Católica do Maranhão. Em 1957, deixou o PSD e ingressou na União Democrática Nacional (UDN). Neste ano recebeu o título de doutor *honoris causa* da Universidade Federal do Maranhão. Neste mesmo ano, nasceu o terceiro filho, José.

No ano seguinte, 1958, aconteceu nova eleição para deputado federal. José Ribamar, por sugestão do poeta português Bandeira Tribuzi – que, desde sua chegada a São Luís, no início da década de 1950, se tornou um de seus melhores amigos –, decidiu adotar o pseudônimo José Sarney. O nome fora tirado do *Almanaque Bristol* por seu avô paterno, desembargador, que com ele batizou o filho Sarney de Araújo Costa, pai de José Ribamar. Já como José Sarney, ele começou um trabalho de marketing político ligando o nome à imagem de seu pai, figura de destaque na sociedade maranhense. Sua campanha baseou-se no combate à corrupção eleitoral e administrativa, então reinante no estado. Elegeu-se com 15.081 votos, tendo sido o segundo candidato mais votado.

No início de 1962, aconteceu o que já era esperado: o rompimento da UDN com o vitorinismo[1], isto é, entre o deputado José Sarney e o governador Newton Bello, passando o primeiro a combater ostensivamente a figura do segundo, como faziam os partidos das Oposições Coligadas. Naquele ano, Sarney disputou a reeleição para deputado federal enfrentando dois obstáculos: as críticas do Partido Social Progressista (PSP) e a máquina do governo estadual, que utilizou todas as formas para prejudicá-lo nas urnas. Foi vitorioso, com 21.294 votos, o deputado mais votado das oposições.

No governo do Maranhão

Em 1963, José Sarney começou a articular a sua campanha para governador do Estado do Maranhão. Antes de mais nada, ele tinha como objetivo ser o candidato único das oposições. Para tanto, primeiramente, teria de quebrar a resistência do PSP ao seu nome. Além disso, devia convencer o deputado Neiva Moreira a abrir mão da candidatura a seu favor. E a terceira meta, talvez a mais importante,

---

[1] Movimento político aliado ao senador Vitorino Freire.

era lutar para que a Justiça Eleitoral providenciasse um recadastramento eleitoral, a fim de que a vontade do povo fosse respeitada no Maranhão, afastando dessa forma os eleitores-fantasmas, que existiam em grande quantidade.

Sua candidatura começava a ganhar constantes apoios contando, até mesmo, com a simpatia do novo presidente da República escolhido pelos militares, o marechal Castelo Branco. O Tribunal Superior Eleitoral realizou o processo de recadastramento eleitoral, para comprovar o que os partidos de oposição do Maranhão estavam alegando havia muito tempo. O resultado foi vergonhoso: dos 497.463 eleitores que votaram nas eleições de 1962, mais de 200 mil foram cancelados, isto é, eram fantasmas. A eleição foi realizada no dia 3 de outubro de 1965. O resultado começou a consolidar a liderança de Sarney no Estado, tendo ele obtido mais de 112 mil votos, contra 68 mil do segundo colocado. Foi a primeira vez que as oposições coligadas derrotaram o candidato do vitorinismo, no poder havia mais de vinte anos.

No governo do Maranhão, Sarney manteve estreito relacionamento com o presidente Castelo Branco, o que possibilitou realizar uma verdadeira revolução na administração estadual. No dia 14 de maio de 1970, ele renuncia aos dez meses que faltavam para completar seu mandato, para concorrer ao Senado Federal. Os resultados das urnas o elegeram com 236.618 votos, ficando Alexandre Costa, outro companheiro de chapa de José Sarney, com 183.990 votos. Durante seu mandato de oito anos, Sarney passou a ser uma liderança política nacional, presidindo importantes comissões no Senado Federal. No ano de 1978, ele se candidatou à reeleição ao Senado, pelo Maranhão, obtendo mais de 200 mil votos, um recorde de 63,7%, o maior percentual registrado por um candidato da Aliança Renovadora Nacional (Arena) naquele ano.

Em 1979, foi indicado pelo então presidente, João Figueiredo, para a presidência nacional da Arena, com a missão de transformá-la em um partido moderno e de orientação social-democrata. No final de 1979, visando à sustentação político-parlamentar do governo Figueiredo e à defesa do estado social de direito, propôs a criação de um novo partido para suceder a Arena, o Partido Democrático Social (PDS), que passou a presidir nacionalmente.

Assumindo a presidência

O ano 1984 foi marcante na política brasileira em razão da campanha Diretas-já, visando ao resgate do direito de escolha do presidente da República pelo povo brasileiro, isto é, pelo voto direto. Mas essa proposta, mesmo com a participação da população em grandes manifestações nas ruas, não foi aprovada pela Câmara Federal. Com isso se passou a discutir quem seria o candidato do PDS e que teria a maioria para eleger o futuro presidente da República. Os candidatos à vaga, pelo PDS, eram Aureliano Chaves, Mário Andreazza e Paulo Maluf.

Na tentativa de barrar a candidatura malufista, José Sarney, presidente do partido, propôs à Executiva Nacional a realização de uma consulta prévia nos estados, para apurar as preferências das bases pedessistas. Maluf convocou seus aliados para comparecer em massa à reunião da Executiva Nacional e perturbar a reunião, evitando a aprovação da proposta. O tumulto foi tanto que Sarney renunciou à presidência do partido. Outros políticos do PDS o acompanharam em sua decisão, ocasionando um "racha" no partido do governo. Nessa reunião ocorreu um fato curioso: o senador Sarney, avisado de que um grupo exaltado de malufistas se preparava para desacatá-lo, compareceu à reunião com um revólver na cintura.

Em entrevista, a nós concedida, no dia 18 de dezembro de 2002, em seu gabinete, no Senado Federal, José Sarney comentou esse fato:

> Eu tinha absoluta consciência de que a eleição do Maluf, a maneira como o processo estava, chegaria a um ponto que levaria o país a um impasse. Diante disso, tomei a decisão e renunciei ao PDS. Mas julgaram que com aquilo eu estava encerrando minha carreira po-

lítica. O Maluf estava eleito presidente e a revista *Veja*, naquele dia depois da renúncia, trouxe na capa de fim de semana: "Maluf vence o último obstáculo" – que era eu no PDS.

Em seqüência à renúncia de Sarney, o vice-presidente da época, Aureliano Chaves, também retira a sua candidatura e, juntamente com Sarney, forma a Frente Liberal, que passaria a apoiar a candidatura de Tancredo Neves à presidência da República. No dia 18 de junho de 1984, a Frente Liberal propôs o nome de Sarney como candidato à vice-presidência, na chapa de Tancredo, do Partido do Movimento Democrático Brasileiro (PMDB). Constituiu-se assim a Aliança Democrática para concorrer, no início de 1985, à eleição no Colégio Eleitoral, contra Paulo Maluf, que fora o vencedor da convenção do PDS.

Na mencionada entrevista, Sarney referiu-se a isso:

> Não queria ser o candidato a vice-presidente. Não me sentia bem, pelo fato de ter acabado de deixar a presidência do PDS. Meu candidato era o Marco Maciel. Mas fui convencido a aceitar pelo próprio Tancredo, quando me chamou a Belo Horizonte para dizer que não sairia do governo de Minas se eu não fosse candidato à vice dele. Ponderei que era muito melhor o Marco Maciel e fiz de tudo para ele aceitar, mas ele não aceitou. Foi aí que ele ousou dizer: "Acho que nós teremos grandes possibilidades de vitória. [...] Juntamos a dissidência de PDS conosco e você conhece o mapa da mina". É que eu conhecia os delegados do Nordeste. Aceitei, dizendo que era uma aceitação provisória, diante da recusa do Maciel. Porque, se ele tivesse algum outro nome que pudesse ajudar na vitória, eu estava disposto a abrir mão. Até porque para mim era um processo traumático, porque tinha sido presidente do PDS. Ser candidato a vice, de certo modo, foi um processo muito traumático. Mas o Tancredo teve muita coragem e determinação e me convenceu a participar. E aconteceu.

A eleição para a escolha do primeiro presidente civil, após 21 anos de governos militares, foi realizada no dia 15 de janeiro de 1985, quando a chapa Tancredo/Sarney foi vitoriosa, com uma vantagem de 300 votos sobre o candidato do governo, Paulo Maluf. Após a eleição, Sarney recolheu-se discreta e silenciosamente ao seu sítio do Pericumã, nos arredores de Brasília, e deu a seguinte declaração aos jornais da época: "Preparo-me para ser um vice-presidente discreto de um presidente forte". Na época, Tancredo apreciou e elogiou a compreensão e o comportamento de Sarney.

A três dias da posse, o presidente Tancredo começava a ter fortes dores no abdômen, mas apenas se consultava com médicos. Tomava remédios e recusava a internação recomendada pelos médicos. Tudo por causa do medo da transição. Tancredo contava os minutos para a posse, mas a doença se agravava, com perigo de morte. Na noite de 14 de março, véspera da posse, Tancredo foi internado no Hospital de Base de Brasília, onde passou por exames, que acabaram indicando a necessidade de cirurgia. Tancredo concordou, desde que ela não fosse realizada antes da posse. Resistiu, lutou, implorou:

> Eu peço pelo amor de Deus: me deixem até amanhã e depois de amanhã façam de mim o que vocês quiserem. Mas eu tenho a obrigação. É um compromisso que eu tenho. Eu sei de fonte fidedigna que o Figueiredo não dá posse ao Sarney (Couto, *apud* Oliveira Bastos, 2001, p. 98.).

Sabendo da doença de Tancredo, o presidente João Figueiredo, que tinha em Sarney um inimigo, disse:

> Este não pode. Ele não assume! Como é que ele vai assumir, se ele não é vice-presidente? Ele é vice-presidente eleito, mas não empossado. Então não pode substituir alguém que não foi empossado também (Idem, ibidem).

Figueiredo admitia que se desse posse a Ulysses Guimarães, presidente da Câmara dos Deputados, ou a Moreira Alves, presidente do Supremo Tribunal Federal, ministro. Mas Tancredo, ainda lúcido e não aceitando a cirurgia imediata, queria resolver o problema da posse de Sarney, pois, caso contrário, não se daria a instalação da Nova República. A discussão dominou a madrugada. O constitucionalista e respeitado jurista Afonso Arinos de Melo Franco, que estava em Brasília para a posse, é chamado para dar o seu parecer, que foi este:

> De acordo com a Constituição, o vice-presidente eleito, José Sarney, deve assumir a presidência da República e exercê-la, em caráter provisório, até que o presidente Tancredo se recupere e possa comparecer ao Congresso e faça seu juramento (Gutemberg, 2001, p. 122).

Forma-se um consenso entre os líderes políticos e fica determinado que José Sarney seria empossado. Com essa notícia, o presidente Tancredo Neves aceita ser operado. E, na manhã do dia 15 de março de 1985, José Sarney assume a presidência. João Figueiredo recusou-se a transmitir o cargo e passar a faixa presidencial a José Sarney, deixando o Palácio do Planalto pela porta dos fundos, rumando ao aeroporto, de onde embarcaria para o Rio de Janeiro. Sarney cumpre o seu papel de substituto eventual e provisório, nomeia os ministros que Tancredo tinha escolhido e assina os primeiros atos de governo que este havia programado. Mostrou ser um colaborador competente e discreto, como havia prometido quando se preparava para exercer o cargo de vice-presidente. Essa sua atitude foi elogiada por Tancredo, que, do hospital, lhe mandou, em 23 de março de 1985, a seguinte carta:

> Caro Sarney,
> A Nação está registrando o exemplo de irrepreensível correção moral que o prezado amigo lhe transmite no exercício da presidência da

República. Na política, o exemplo é mais importante que o discurso.
O discurso é efêmero pela sua própria natureza, o seu efeito termina com a leitura de sua divulgação por mais eloqüente e oportuno que seja ele.

O exemplo, ao contrário, contribui para a construção ética da consciência do nosso povo, que, na solidariedade que tem demonstrado, tem me dado forças para superar esses momentos.

O seu exemplo, presidente Sarney, ficará memorável em nossa história.

Um cordial abraço para Marly.

Tancredo Neves

O estado de saúde de Tancredo Neves se agravou e ele foi transferido para São Paulo. Os esforços foram em vão, vindo ele a falecer no dia 21 de abril de 1985. Com isso Sarney se vê diante da responsabilidade de passar da condição de interino à de presidente da República de fato e de direito. Substituir Tancredo não implicava apenas assumir a sua função, mas implantar uma nova ordem democrática em lugar do regime militar. Os primeiros momentos da Nova República foram terríveis, pois era necessário instaurar confiança no comando da transição para a democracia plena, cumprindo os compromissos explícitos e implícitos assumidos por Tancredo e pela Aliança Democrática, além de administrar o país, que estava em péssima situação econômica, financeira e social.

As primeiras medidas do presidente Sarney foram acabar com a figura das cidades de segurança nacional, restabelecendo as eleições diretas para a escolha de seus prefeitos, assim como para as prefeituras das capitais dos Estados; propõe emenda constitucional de eleições diretas para a presidência da República; concede o direito de voto ao analfabeto; modifica o sistema partidário, propiciando facilidades para a formação de novos partidos; acaba com a censura, assegurando liberdade absoluta para a imprensa brasileira; cria o Ministério da Reforma e do Desenvolvimento Agrário; institui o Sistema Único de Saúde (SUS); estende aos trabalhadores rurais o direito à previdência social.

Mas nem tudo eram flores. Começam também a ocorrer no país as greves, que se multiplicam de forma assustadora. A democratização, de qualquer forma, continuava sendo a prioridade de Sarney, que cumpre um dos principais compromissos da Aliança Democrática, a convocação da Assembléia Nacional Constituinte. Na eleição dos deputados constituintes, em 1986, concorreram 22 partidos, até mesmo dois partidos comunistas. No total, foram eleitos 559 delegados, dos quais a maioria absoluta era do PMDB, com 305 membros, ficando o PFL com 134 e outros 9, com 120. Foi a primeira eleição em que os analfabetos participaram na votação.

Com ampla maioria, o PMDB impõe Ulysses Guimarães como presidente, cumulativamente, da Câmara dos Deputados e da Assembléia Nacional Constituinte. A imprensa e os políticos começam a discutir quem tinha mais poder: o presidente da República, José Sarney, ou o presidente da Assembléia Constituinte e da Câmara dos Deputados, Ulysses Guimarães. Outro grande debate se daria em torno da duração de mandato do presidente Sarney. Ele começou com a instalação da Assembléia Nacional Constituinte, no dia 26 de janeiro de 1987. É bom lembrar que Tancredo e Sarney haviam sido eleitos para um mandato de seis anos. A tônica desse momento foram as negociações, dando as notícias conta de que o governo distribuía concessões de rádio e televisão para os deputados ou seus afiliados em troca do voto para cinco anos de mandato do presidente. Em junho de 1988, dezessete meses depois de seu início, a Assembléia Constituinte aprova, por 328 a 222 votos, um mandato de cinco anos. Sobre isso o presidente Sarney declara, segundo Couto (*apud* Oliveira Bastos, 2001, p. 33):

> Este foi um dos maiores erros da mídia, no Brasil. Passaram ao público a idéia de que eu prorroguei meu mandato em um ano quando, na verdade, abdiquei de um ano. Meu mandato, firmado no termo de posse assinado pela mesa do Congresso, em função da lei então vigente, expirava em 1991, no mês de março. Era, portanto, um man-

dato de seis anos, como fora o do presidente anterior. Para pacificar o ambiente, já tumultuado pelo açodamento de alguns candidatos à minha sucessão, declarei que aceitava a fórmula de "cinco anos". Aí se desencadeou a campanha pelos quatro anos. Cometi um erro, confesso. Devia ter ficado calado. Caso a Constituinte fixasse meu mandato em quatro anos, bastaria ir ao Supremo, que confirmaria os seis – direito adquirido pelo diploma que me outorgaram.

Em março de 1990, José Sarney deixa o governo, passando a faixa presidencial para Fernando Collor de Mello, vencedor das eleições de 1989, nas quais voltou o sistema de votação direta para presidente. No mesmo ano, resolve candidatar-se a uma vaga para o Senado Federal. Mas não pelo Maranhão, onde estava com problemas com a cúpula do PMDB local, mas sim pelo Amapá, que acabara de se tornar estado e elegeria pela primeira vez os seus senadores e deputados federais. O Amapá elegeria três senadores, sendo que o mais votado teria mandato de oito anos e os outros dois, um mandato de quatro anos. José Sarney conseguiu a maior votação, tornando-se senador pelo novo estado de 1991 a 1998. Nesse mandato, ele foi eleito por seus pares como presidente do Senado Federal e do Congresso Nacional para o período de dois anos, de 1995 a 1996. Em 1998, ele concorre à reeleição para senador do Amapá, saindo novamente vencedor, com mais de 52% dos votos válidos. Seu novo mandato expirará no final de 2006.

A comunicação de José Sarney

José Sarney é um dos poucos nomes a se manter por mais de cinqüenta anos no cenário político do país. No total, foi deputado federal pelo Maranhão por dois mandatos, governador do Maranhão por um mandato, senador pelo mesmo estado por dois mandatos de oito anos, presidente da República por cinco anos e senador pelo Amapá por dois mandatos. Para se manter por tanto tempo no poder, o político deve ter um bom trabalho de marketing político. Na entrevista que realizamos com ele em 18 de dezembro de 2002, ele se referiu assim ao marketing político.

> Acho que é imprescindível. Primeiro, a ação política, 50% ou mais dela, é feita pela palavra. A maneira de se massificarem as idéias que as palavras têm é através dos instrumentos que se tem. A imprensa é o mais antigo de todos, depois os meios de que a gente dispõe hoje. Ninguém pode fazer política, a não ser no anonimato, se não tiver condições de ela ser do conhecimento, ser massificada. É uma obrigação do político, é quase que uma extensão da personalidade. Ninguém pode ter sucesso político se não for capaz de expor suas idéias para que os outros possam comungar delas. Acho que tive a sorte de começar certo junto com o Miguel Gustavo, que foi um homem muito importante para mim. Em todas as campanhas, esses marqueteiros que participaram sabem que sou muito palpiteiro e muito rigoroso em matéria de criticar. Tenho coragem de dizer a eles o que está certo e o que está errado.

Sobre a importância de Miguel Gustavo na comunicação política de José Sarney, encontramos outra entrevista em que este último fala sobre a participação do marqueteiro em sua trajetória política. Ela foi concedida à Rádio Mirante AM de São Luís, em 19 de outubro de 1994, no programa "Eu, você, a noite e a música", de Silvan Alves. Nela, Sarney falou:

> Quando fui candidato e deputado, tive a sorte de conhecer o maior nome da propaganda, do marketing político musical brasileiro, o Miguel Gustavo, um gênio. Ele era fã da Emilinha, do César de Alencar, da *Revista do Rádio*, fofoca aqui e acolá era com ele, era craque em *jingle*, Casa da Banha (os porquinhos da Casa da Banha). Fez a campanha do Jango, criou o *jingle* do "É Jango, é Jango, é Jango, é Jango, é Jangoulart". Eu o conheci quando era deputado, no Rio de Janeiro. Fiquei amigo do Miguel. Era poeta, simpático, figura

extrovertida e brincava comigo e dizia que ia fazer uma música para minha campanha. A reeleição era em 1962. Aí ele fez a música que passou a figurar em todas as minhas campanhas políticas, que era: "Meu voto é minha lei, para deputado José Sarney". Esse disco era um baião, e o baião estava surgindo naquela época. E ele fez o baião do Sarney, que teve um sucesso extraordinário aqui no Maranhão. Era cantado por Luiz Vieira, que até hoje é meu amigo e faz programa na madrugada. O Miguel não fazia música para todo mundo, mas fez para mim, que era seu amigo.

Sobre essa campanha de 1962, o então secretário estadual de Comunicação, Antonio Carlos Lima, em entrevista no dia 16 de dezembro de 2002, no Palácio Henrique de La Rosse, sede do governo maranhense, nos disse que considera José Sarney o pioneiro do marketing político no estado. Na entrevista que realizamos com Sarney, este comentou a afirmação de Antonio Carlos Lima: "Talvez eu possa dizer que, no Maranhão, pela primeira vez, nós introduzimos uma campanha planificada.[...] Para isso utilizamos, também pela primeira vez no estado, a comunicação musical, com *jingle* [...]".

O marketing político do governador Sarney

Em 1965, como já dito, Sarney tornou-se candidato ao governo do Maranhão, que era dominado por vinte anos pelos vitorinistas, políticos aliados ao senador Vitorino Freire. A imagem do político José Sarney começou a ser planejada desde o início de sua trajetória, como disse ele próprio.

A grande novidade nessa campanha foi a inclusão da plataforma de governo em forma de músicas, que eram tocadas nos carros de som e nas rádios. Foi uma idéia de Miguel Gustavo, que deu ao disco o nome de *Show da vitória*. Nele cantavam os maiores nomes da música brasileira da época: Agostinho de Moreira, Elza Soares, Elisete Cardoso, o palhaço Carequinha. Os locutores das chamadas, pedindo os votos para o governador José Sarney, eram Cid Moreira e Aracy de Almeida. Vejamos algumas músicas desse famoso disco, que foi a sensação da campanha. Na primeira faixa, Cid Moreira e Aracy de Almeida dizem:

> A campanha de José Sarney ao governo do Estado continua recebendo a solidariedade de todo o povo do Maranhão e a colaboração de brasileiros de todos os estados. Agora mesmo está José Sarney recebendo a valiosíssima adesão dos maiores cartazes do rádio, do cinema e da televisão. Aqui está a grande expressão da música brasileira: Zezé Gonzaga.

Zezé Gonzaga canta, então, a música que era o carro-chefe da campanha:

> Meu voto é minha lei:
> governador, José Sarney.
> Quando entrar na cabine o eleitor,
> é José Sarney governador,
> A vitória de Sarney marcará um quadro novo:
> Vai o povo pro governo e o governo vem pro povo.
> Meu voto é minha lei:
> governador, José Sarney.

A eleição, realizada no dia 3 de outubro de 1965, começou a consolidar a liderança de José Sarney no Maranhão. É importante lembrar que a eleição foi garantida pelas forças federais, que, por recomendação do presidente da República, se fizeram presentes em todos os municípios do Estado. As apurações tiveram este resultado: José Sarney – 112.062 votos; Costa Rodrigues – 68.560 votos; Renato Archer – 36.103 votos. Sarney tomou posse em 31 de janeiro de 1966. Pela primeira vez, as Oposições Coligadas derrotaram o candidato do vitorinismo. Para marcar o acontecimento, Sarney, que prometia uma revolução no comando do governo estadual, resolveu inovar, escolhendo para sua posse a praça pública. Segundo as fontes, mais de 50 mil pessoas prestigiaram o ato. Para fazer a cobertura, ele convidou o grande cineasta Glauber Rocha. Esse registro transformou-se em documentário: *Maranhão 66*. Com doze minutos de duração, começa mostrando a multidão gritando o nome de Sarney. Depois, revela a pobreza dominante no Estado, com pessoas desnutridas, esgoto a céu aberto, casas sem condições de moradia. Junto com as imagens, Glauber colocou a voz de Sarney, em seu discurso de posse, transmitindo a esperança de dias melhores para o povo. O documentário realista é hoje parte da filmografia de Glauber.

> O filme de Glauber concentra toda a emoção dos dias de horror de que se libertava o Maranhão, as esperanças que nasciam no Maranhão, dos casebres, dos hospitais, dos tipos de rua e, no meio de tudo, a voz de Sarney. Mas não simplesmente a voz de Sarney; Glauber, modificando a ciclagem da voz do novo governador no seu discurso de posse, obteve um efeito emocionante e fez com que ela soasse como a voz de um vulto profético, fixando o choque entre o impossível, que a mensagem de esperança do novo governador anunciava, e a miséria que as imagens mostravam (Gutemberg, 2001, p. 70).

A propósito desse documentário, José Sarney nos disse:

> Também fui ligado a um grupo de cinema. Era presidente do Festival de Cinema de Brasília. Luis Carlos Barreto, Nelson Pereira dos Santos, Glauber Rocha, nós todos éramos amigos. O Glauber estava fazendo *Terra em transe* e estava com uma certa dificuldade. Quando fui eleito governador, o levei para fazer o documentário da posse. Ele se empolgou e fez. Eu também ajudei porque fiz, de certo modo, o roteiro do documentário, para fugirmos daquela coisa, para ver o contraste entre o que se encontrava e o que a gente desejava. E ele fez. Depois utilizou as cenas da minha posse no filme *Terra em transe*. Esse documentário foi exibido no programa de arte da Rua Pais-

> sandu, no Rio de Janeiro. Quando colocaram "Posse do governador José Sarney", foi uma vaia imensa dentro da sala, porque era um cinema de arte e, com um documentário político naquela época [...]. Quando terminou o documentário, a platéia se levantou e aplaudiu de pé. Finalmente, ficou sendo um marco na história do cinema. O Glauber utilizou uma técnica que a gente não nota. Pegou a minha voz de governador, do meu discurso, e mudou a ciclagem, de sessenta para cinqüenta ciclos. Então está meio deformada, parece uma voz de fantasma, no meio daquela pobreza toda havia um homem que tinha um sonho, uma utopia.

O governo que se iniciava, contrastando com os métodos, as pessoas e as expectativas das administrações do passado oligárquico do Estado, logo foi batizado popularmente de "Maranhão Novo". Para continuar com a comunicação, Miguel Gustavo fez nova música, que Sarney mencionou na entrevista a nós concedida: "O Miguel foi um dia ao Maranhão e me disse que havia um hino para o Maranhão Novo. Era um hino empolgante, com uma linha melódica que depois ele utilizou para o hino da Copa de 1970 ("Noventa milhões em ação...)". Esse hino passou a ser a meta que o governo José Sarney precisaria atingir para ser de fato um Maranhão Novo. A letra dizia:

> Novas estradas vêm vindo,
> Energia surgindo,
> Escolas se abrindo,
> Crianças sorrindo:
> Novo Maranhão.
> Boa esperança cantando,
> O óleo embarcando,
> Petróleo jorrando,
> Progresso chegando:
> Novo Maranhão.

Todo o Brasil
Vai ouvir e falar
Do meu Maranhão.
Meu Maranhão
Vai ser grande,
Na grande Federação.

Boa esperança cantando,
O óleo embarcando,
Petróleo jorrando,
Progresso chegando:
Novo Maranhão.

Vê:
É o trabalho,
A fé e a lei.
Vê:
É o governo
José Sarney.

Por tudo, e tá aqui,
Vai abrir um mundo novo
Maranhão e união.
É o povo com o governo,
O governo com o povo.

Novas estradas vêm vindo,
Energia surgindo,
Escolas se abrindo,
Crianças sorrindo:
Novo Maranhão.

O governador Sarney teve várias outras inovações em termos de comunicação. Uma delas foi a criação da TV Didática, em que, inicialmente, através de um circuito fechado, os melhores professores ensinavam as crianças por meio da televisão. Depois esse circuito fechado virou a TV Educativa do Maranhão, existente até hoje.

Sarney foi um político voltado para a comunicação, utilizando sempre novas técnicas para se comunicar com o povo. Disse ele, na entrevista que nos deu:

> Em matéria de saúde, realizávamos os comícios da saúde, convocando o povo para a praça e erradicando a varíola, na época. O pessoal se vacinava, o governador fazia o discurso, os médicos iam. Eram campanhas feitas nessa direção. Mas é necessário sempre, para usar esse método, que haja uma liderança política por trás, para ter apelo popular. Enfim, foram meios que procurei usar, sempre vinculado a planos de governo, a obras, inaugurações. As placas padronizadas fazíamos com apelos didáticos, como o que é uma estrada, para que se destina. Era uma maneira de o povo ver quando passava, era uma certa interação. Naquele tempo, há quarenta anos, isto causou um impacto.

Outra grande inovação no governo Sarney, no tocante à comunicação, foi a mudança no *Diário Oficial do Maranhão*, que, em 1967, passou a ter em sua primeira página notícias sobre as visitas do governador a determinadas cidades do interior, inaugurações de obras, assinaturas de convênios, entre outras. Com isso, o jornal passou a ser vendido nas bancas do Estado. Sarney também utilizou muito o rádio. A seguir, dois *spots* de 1967, para divulgar atos do seu governo. O primeiro é sobre as obras:

> Maranhão Novo,
> Governo José Sarney:
> Restauração total da rede elétrica de São Luís,
> Progresso.

O segundo *spot* transmite uma mensagem de dinamismo e austeridade:

Maranhão cresce com o Brasil.
Novo Maranhão.
Governo José Sarney:
Austeridade – Ação.

O marketing político na campanha presidencial de 1984

Vejamos agora o marketing utilizado na campanha que elegeu Tancredo Neves como presidente da República e José Sarney, como vice. Foi uma campanha atípica, já que visava, através da população, convencer os 686 convencionais que tinham direito a voto. Embasamo-nos em entrevistas realizadas com o publicitário Mauro Salles, coordenador geral da campanha, e com o próprio José Sarney. Destaque-se que Mauro Salles era profissional de extrema confiança de Tancredo Neves, tendo sido também coordenador da campanha das "Diretas-já". Durante todo o período de campanha, ele morou em Brasília, na residência de Tancredo.

Esse relacionamento já vinha desde o primeiro governo de Getúlio Vargas, quando o pai de Mauro, Apolônio Salles, era ministro da Agricultura, e Tancredo, ministro da Justiça. Com a renúncia de Jânio Quadros, em 1961, quando o Brasil passou a ter temporariamente o regime parlamentarista, com Tancredo Neves como primeiro-ministro, este convidou Mauro Salles para ser o secretário do Conselho de Ministros. No novo regime, os ministros faziam reuniões semanais obrigatórias, que eram coordenadas por Mauro. Durante os dez meses do parlamentarismo, a amizade entre Tancredo e Mauro se fortaleceu.

Tancredo Neves tinha extrema confiança em Mauro como coordenador da publicidade e da comunicação de sua campanha para a presidência da República. Na entrevista que nos concedeu, em 26 de novembro de 2002, em seu escritório na Avenida Faria Lima, em

São Paulo, Mauro Salles disse que o planejamento da campanha começou muito antes até mesmo da derrota das "Diretas-já".

> Primeiro, quero aproveitar para dissertar um pouco sobre políticos que trabalham em cima de fatos, ou seja, o que acontece de manhã é o tema para saber o que eles vão fazer à tarde. São políticos menores. Os políticos maiores, os estadistas, têm a obrigação de dar um passo para frente, de estar mais adiante e se preparar para o mais-adiante. Não são apenas operadores táticos. Eles têm obrigação de ser operadores estratégicos. E a lição da estratégia, que vale tanto para a política como para o militar, é que você tem que estar preparado para as várias alternativas. Quer dizer, se você vai fazer um avanço, tem que estar preparado para ter sucesso e para o que fazer se não tiver sucesso. Quando a campanha das Diretas começou a crescer, o que de início parecia apenas um gesto de protesto começou a ter força de uma ação política, ou seja, havia chance de que a emenda Dante de Oliveira fosse aprovada. Enquanto havia grande entusiasmo em torno de como isso ia se processar, os políticos mais experientes, os estadistas, estavam olhando à frente, [pensando no] que aconteceria se as "Diretas-já" fossem vitoriosas e o que aconteceria se não fossem. Ou seja, o político, quanto mais estadista, mais profissional, tanto menos é surpreendido pelos fatos.

Em seguida, Mauro descreveu a reunião que teve com Tancredo quando a campanha das "Diretas-já" estava em pleno andamento:

> Estive com o Dr. Tancredo numa reunião no Rio e fiz uma análise para ele do que eu achava que estava acontecendo. Evidentemente, a análise dele estava muito mais à frente e ele tinha a conclusão de que, se as "Diretas-já" fossem aprovadas, o PMDB tinha um candidato a ser lançado, que se chamava Ulysses Guimarães, para tentar assumir a presidência da República pelo voto direto. Mas sabia o Dr. Tancredo que, se as "Diretas-já" não fossem aprovadas, iria haver um

> formato para a escolha, que ia ser o do Colégio Eleitoral. E, nesse caso, o próprio Dr. Ulysses admitia que ele não seria o candidato ideal, porque seria muito mais ideal para o PMDB um nome com capacidade de agregar forças para enfrentar o PDS, que iria ter o Maluf ou o Andreazza como candidato. Aí comecei a trabalhar com o Dr. Tancredo sobre as duas hipóteses. Na primeira eu iria ajudá-lo a dar um suporte à campanha do Ulysses Guimarães e na segunda, se não fosse o Ulysses, eu iria ajudar a ele e as outras lideranças na busca do candidato [cujo nome] ele nunca confessava, mas sabia que era a pessoa mais adequada para ser o candidato nessas circunstâncias.

Logo após a derrota das "Diretas-já" no plenário da Câmara Federal, Mauro Salles foi a Minas Gerais para uma reunião de estudo das diretrizes a serem seguidas, como disse na entrevista:

> No dia seguinte eu já estava em Minas Gerais traçando com o Dr. Tancredo diretrizes de um trabalho, enquanto os políticos do dia-a-dia estavam perguntando só o que aconteceria no dia seguinte. Estava junto com alguns políticos, quer dizer, junto com o próprio Dr. Ulysses, com o Franco Montoro e com José Sarney. Essas pessoas conversavam muito, mas não aparecia nos jornais o que eles estavam fazendo.

Mauro Salles falou-nos da estratégia para divulgar que Tancredo Neves aceitaria ser candidato e também que ele seria o coordenador da campanha:

> Aos poucos os governadores foram exigindo do Dr. Tancredo que aceitasse ser o candidato. E, se você recorda, essa escolha foi divulgada, essa decisão de que o Dr. Tancredo aceitaria, numa reunião aqui no Palácio dos Bandeirantes, convocada por Montoro, que era o governador. [Participaram] vários governadores e o Dr. Tancredo. E os analistas nem estavam sabendo o que estava fazendo o Mauro Salles ali... O Dr. Tancredo combinou com o Sarney, o Ulysses e o Franco

> Montoro que, na hora em que formalizasse a [sua] candidatura, ao mesmo tempo iria formalizar a coordenação da candidatura. E foi o Dr. Montoro que primeiro me chamou formalmente, na frente deles todos, para me [perguntar] se eu aceitava. Uma das coisas dos políticos mais profissionais é que eles não abrem mão do ritual.

Outro fato curioso contado por Mauro Salles é que Tancredo e Sarney já conversavam sobre política o tempo todo, mesmo antes da renúncia de Sarney à presidência do PDS. Mauro citou pessoas que ajudavam nessas conversas não noticiadas, que ele chama de "costureiros silenciosos", entre os quais Dr. Amaral Peixoto, genro de Getúlio Vargas, casado com Alzira Vargas, e Thales Ramalho. Na oportunidade, segundo Mauro, apenas o nome de Tancredo Neves foi lançado, não se formalizando a candidatura de Sarney. E a partir daí a candidatura de Tancredo começou a ganhar corpo, com uma grande novidade no processo do marketing político: a centralização da coordenação de uma campanha. Diz Mauro Salles:

> Na comunicação e na coordenação de uma campanha deve haver uma palavra só. Evidentemente iria haver um outro candidato a vice que não seria do mesmo partido. E o comum seria um partido indicar um e outro partido indicar outro. Pode indicar vinte, mas, se não houver uma pessoa só coordenando de um lado da coligação partidária, não funciona.

Mauro comprova sua posição com a participação que teve na campanha de Fernando Henrique Cardoso e acrescentando por que a campanha de marketing de Roseana Sarney deu certo e a de José Serra, não:

> Por duas vezes participei da campanha do Dr. Fernando Henrique como indicado pelo PFL, por Marco Maciel. Nas duas vezes fiz questão de ser auxiliar do Sr. Nizan Guanaes, que, no combate do

dia-a-dia publicitário, era meu concorrente. Mas, ou você tem um só mandando ou não funciona. Você viu os exemplos, a confusão que a tucanagem fez porque havia muita gente mandando demais. Por que Nizan deu certo na candidatura Roseana e não deu certo na candidatura Serra? Simples. Primeiro, [porque] na candidatura da Roseana ele só tinha uma pessoa superior a ele: Jorge Bornhausen. Dois, [porque] Bornhausen mostrava que quem falava em seu nome era Mauro Salles, presidente da comissão de marketing do PFL, mas que nunca aparecia e [lidava] com o Nizan [com] a maior facilidade. Então, este pôde fazer o que era importante.

Ainda quanto à eleição de Tancredo, Salles reafirma que a campanha só funcionou graças ao comando centralizador adotado por ele. Também comenta a sua principal estratégia para a campanha, que foi a de realizá-la como se fosse uma eleição direta, conforme disse na reunião que fez com Tancredo e Sarney:

> Essa campanha só se ganha se vocês esquecerem que ela é uma campanha de Colégio Eleitoral. Nós temos que tratá-la como se fosse uma campanha de voto direto, temos que ir para as ruas, para as praças, temos que começar com um comício enorme e que tem que ser tão brilhante quanto um comício das "Diretas-já". Não se vai conquistar voto em cima dos quatrocentos e poucos congressistas e dos cem que iriam ser enviados pelas assembléias legislativas. Então, se são 550 pessoas, o processo de pressão e de corrupção será uma loucura. Eu queria que o povo fizesse uma pressão tão grande que esses parlamentares do Colégio Eleitoral não pudessem traí-lo. [...] só com o povo fazendo exigências. Assumi o comando, me deram todo o poder e minha interlocução era com um dos dois candidatos, Tancredo e Sarney; a outra interlocução única era com o Dr. Franco Montoro. Eu não precisava falar com mais ninguém. Tinha-se que falar com mais alguém, era o Montoro que falava.

Já sobre a campanha propriamente dita, Mauro Salles se refere ao primeiro comício realizado por Tancredo Neves e José Sarney, em Goiás:

> Nós fizemos o primeiro comício em Goiás, porque o governador Íris Resende tinha feito um brilhante comício com 200 mil pessoas para as "Diretas-já". E ele tinha uma administração operacional de política, sabia construir um palanque e trazer o povo. Questionaram dizendo que podia ser no Rio, mas eu quis [que fosse em] Goiás. Se Íris levou 200 mil ao primeiro comício, no de Tancredo e Sarney temos que ter mais de 200 mil e provar que isso vale.

Depois o publicitário falou de outras estratégias usadas e das grandes negociações que se fizeram necessárias para atingir o objetivo de engajar a população brasileira no processo. Uma negociação foi quanto à transmissão ao vivo de trechos dos comícios, quando foi preciso criar um horário exato para Tancredo falar. Outra, quanto ao exagero de bandeiras vermelhas na frente do palanque, na sua maioria do Partido Comunista, buscando-se reduzir seu número e sua localização, passando-as para as laterais, para possibilitar uma melhor captação de imagens pelas câmeras de televisão, que Mauro Salles queria que ficassem no meio do comício. Nesse comício, ele percebeu que a estratégia planejada iria funcionar, pois o povo estava disposto a apostar na eleição de Tancredo e Sarney, em vez de ficar triste e xingando porque perdeu as "Diretas-já".

Outra estratégia usada por Mauro Salles foi solicitar ao TSE a autorização para transmitir ao vivo a sessão do Colégio Eleitoral. E isso foi feito com muita antecedência, o que passou despercebido pelo adversário, que não deu importância para o fato. Mas a intenção de Mauro Salles era que toda a população pudesse acompanhar a votação e soubesse exatamente como votaria cada convencional. Até a formação do *pool* de emissoras foi planejado e organizado por Mauro Salles. O publicitário conta que, quando o adversário percebeu o fato, tentou, via tribunal, a proibição da transmissão, mas já era tarde, pois a autorização já havia sido divulgada. Mauro Salles nos contou sua estratégia caso o TSE não permitisse a transmissão da sessão do Colégio Eleitoral pela televisão. Ele colocaria umas dez famílias com megafones na frente das residências dos convencionais que sabidamente iriam votar no candidato adversário, para gritar "aqui tem um deputado que vai votar contra a liberdade", entre outras frases. "Mas, isto não foi necessário, pois a própria mídia fez esse serviço, divulgando os votos de cada convencional/deputado".

Para Mauro, a campanha de Tancredo e Sarney não foi uma campanha de publicidade, mas sim de comunicação, justificando isso na entrevista:

> Colocamos todas as agências que queriam participar. Não fizemos praticamente anúncios, só pouca coisa. Criou-se um comitê que tinha umas vinte agências, porque cada uma dessas agências precisava dizer, nos seus estados, que elas foram parte importante. Os nomes dos publicitários apareciam em ordem alfabética, com o nome Mauro Salles lá no meio, acompanhado da palavra coordenador. Coordenador não é chefe, não é presidente. Isso massageou o ego da rapaziada toda e se pôde trabalhar.

Questionamos o publicitário sobre se não era incoerente sua estratégia de fazer uma campanha como se fosse uma campanha para eleições diretas, se o candidato a vice-presidente, José Sarney, tinha sido presidente de um partido que havia trabalhado contra a volta das eleições diretas para presidente da República. Ele respondeu:

> Não importa. Você não luta contra o inexorável. Se ele votou pelas diretas não tem a menor importância. Isso nunca foi questionado. Foi questionado o seguinte: qual é a regra agora? Tentávamos retornar o poder civil através das eleições diretas. Se não foi possível, vamos retomá-lo pela eleição indireta. E o Sarney sempre foi a favor do poder

civil. Se era a favor de diretas ou não-diretas, nem me lembro. Sei que ele nunca foi cobrado. Do ponto de vista eleitoral, nem uma vez.

Mauro Salles falou também sobre os participantes da campanha:

Havia um núcleo básico de pensamento da campanha, que se reunia diariamente: Tancredo, Sarney e Marco Maciel. Durante a campanha, eu de novo morei com o Dr. Tancredo. Dormia no apartamento dele e até às 7 horas não deixava que nenhum telefonema entrasse para ele. Aí vinha o café da manhã, com Tancredo, eu (que era auxiliar), às vezes o Aecinho (que também morava lá, mas, como era jovem [...] esquecia de dormir em casa várias vezes e chegava tarde), o Francisco Dornelles (com um pouco mais de cuidado, porque ainda era secretário da Receita e não podia aparecer demais), o Marco Maciel e o Sarney. Eram cinco a sete pessoas. O Ulysses participava às vezes, mas bem menos. Quem vivia em contato permanente com o Ulysses era o Tancredo e o Sarney. Eles faziam o meio de campo. Não era a única reunião do dia, mas era uma reunião de decisões: o que vamos fazer hoje, qual a agenda do dia, depois de amanhã tem um discurso sobre agricultura, cadê o texto? Precisamos ter discurso sobre como se faz a reforma do Estado, onde se vai fazer esse discurso. Aí um dizia, por exemplo, para o Sarney: "Olha, vai haver um encontro nacional de magistrados lá no Espírito Santo daqui a vinte dias". E ele dizia: "Ótimo, é lugar ótimo para fazer isso. Vamos então arrumar um jeito de o Dr. Tancredo ser convidado para ir". E foi lá que nasceu o discurso para a Nova República. Ou seja, em política profissional não há acidente de trabalho. Dizia o Dr. Gustavo Capanema que política é feita de fatos e de feitos. Fato é aquele que surpreende. Você lê no jornal pela manhã. E isso é uma prática muito de político paulista, de que não se mexe antes de ler o Painel, da *Folha de S.Paulo*. Ler os fatos e começar a reagir aos fatos. O político profissional não é de ler os fatos. Ele é de criar os feitos. O Jânio era mestre nisso. O Dr. Tancredo e o Ulysses, também.

Também questionamos o publicitário sobre o fato de o nome de José Sarney ter sido pouco utilizado na matéria publicitária da campanha. E ele respondeu:

> Não era da tradição da política brasileira o vice aparecer. Até mesmo porque durante muito tempo o vice tinha uma função: ao mesmo tempo em que ele era vice-presidente, também era presidente do Congresso, ou seja, presidia o senado sem ter sido eleito senador. [...] Depois acabou isso. Aí começou a aparecer o nome do candidato a vice. Mas o Sarney era muito ouvido e muito respeitado, ou seja, não era desconhecido em nenhum momento, discursava nos comícios.

Além da campanha como se fosse para uma eleição direta, Mauro Salles também discorreu sobre o esquema de controle dos votos dos convencionais. Todos os membros da coordenação pediam votos. Se alguém tinha dúvidas quanto ao voto, procurava-se saber quem era amigo dele e fazia-se deste um intermediário para tentar confirmar o voto a favor de Tancredo e Sarney. Agora havia uma coordenação mais profissional, segundo Mauro:

> Curiosamente, a montagem mais profissional foi feita pela Roseana Sarney e pelo ex-prefeito de Pato Branco, no Paraná, Alceny Guerra, que foi ministro da Saúde. Eles montaram um esquema de computação que permitia controlar todos os eleitores do Colégio Eleitoral. Havia dois ou três computadores. Mas havia um escritório num andar e um segundo em outro andar, de cuja existência ninguém nunca soube e que tinha mais infra-estrutura. Era onde ficava essa unidade de trabalho, com fichas etc. Hoje seria muito mais fácil, mas naquela época computador ainda era uma coisa muito misteriosa. [Ali faziam suas computações] a Roseana, o Alceny e o Fernando César Mesquita, que depois integrou o grupo e virou assessor de imprensa do Sarney. Eu fazia o correio entre o Dr. Tancredo e esse núcleo de trabalho. Esse núcleo que dava alertas, "toma cuidado com o Juruna" etc.

Sobre o episódio Juruna, que na época era deputado federal, Mauro Salles afirma que nada foi montado, apenas ajudou o fato a ser repercutido na mídia. Tudo começou em uma conversa de Juruna com alguns deputados, quando, para se valorizar, ele afirmou: "Olha quanto eu ganhei para votar no Maluf". Um dos deputados chamou alguns repórteres para ouvirem. E Juruna, sentindo-se muito importante, confirmou toda a história, chegando a se deixar fotografar com o dinheiro recebido, o que acarretou, na época, matéria desmoralizadora para a campanha de Paulo Maluf.

Na entrevista que nos concedeu, Sarney contou sobre a sua participação na campanha, especialmente na parte de comunicação:

> Eu opinava muito na área de comunicação. Eles até tinham feito uma primeira campanha, que eu vetei, porque era negativa. Não me lembro bem qual era o tipo. Fizemos campanha de rua e de Colégio Eleitoral. Do Colégio Eleitoral nós montamos uma equipe grande, muito eficiente, no escritório do Aureliano Chaves. Essa operação foi feita em grande parte pelo Marco Maciel. [...] Mapeamento dos membros do Colégio Eleitoral, função para cada um se dirigir a um desses membros... Roseana era o braço direito, juntamente com o Alceny e o Fernando César Mesquita. A Roseana fez o fichário de todos os delegados, o acesso a eles, quem era, quem não era, quem tinha compromisso e quem não tinha. Enfim, foi um trabalho de muita eficiência e objetividade. O Tancredo e o Ulysses tinham muita confiança nesse trabalho. A coordenação era de pessoas ligadas a mim.

Ainda sobre sua participação na campanha, Sarney disse:

> A campanha que vetei foi a que Mauro Salles levou com outros publicitários. Nós fizemos reunião à noite sobre a campanha e eu, como palpiteiro em matéria de comunicação eleitoral de campanha, disse que não gostei. Aí saiu outra, a "Muda Brasil".

Quanto à coordenação da campanha, Sarney afirmou o que também nos contou Mauro Salles sobre as reuniões no café da manhã:

> Tudo acontecia no café da manhã. Nós organizávamos e planejávamos tudo. Eu, Tancredo, Maciel, Dorneles e Mauro Salles. Era o grupo de decisão. Eu tinha uma grande ligação com o Mauro, porque ficávamos nessa parte da comunicação. Participei e, pelo menos, opinava em todas as coisas. [Como] na tentativa de mudar as bandeiras vermelhas nos comícios e colocar o verde-e-amarelo, junto com o Mauro, como uma maneira de desfazer aquilo, pois [...] havia um núcleo militar que queria pichar quem era comunista. Era um momento de contestação e nós precisávamos vencer essa barreira. E isso foi feito. Tão bem-feito que terminou com a vitória no Colégio Eleitoral. Foi uma campanha muito bem planejada e executada, com várias faces, a face política, a face de comunicação, a face de determinado setor e, ao mesmo tempo, a face de desenvolvimento da população brasileira na eleição do Colégio Eleitoral.

O resultado da eleição indireta, realizada no dia 15 de janeiro de 1985, foi o seguinte: Tancredo Neves – 480 votos; Paulo Maluf –180 votos; 17 abstenções; e 9 ausências. Foi uma vitória tranqüila, que levou a população às ruas para comemorar a instauração da Nova República.

Para falar de comunicação do governo José Sarney, é necessário entender o que acontecia na sociedade brasileira em 1985, ao final de muitos anos de ódio, desencontros, autoritarismo e preconceitos. Em entrevista a Gutemberg (2001, p.185), José Sarney fala das atitudes que adotou para marcar os novos tempos da política brasileira:

> Plantei o exemplo da paciência política, que foi essencial à convivência democrática. Plantei os ventos da liberdade que varreram o país inteiro. Plantei as modificações institucionais promovidas sem hesitação. Semeei o exemplo de respeitar, até o limite dos exageros,

> a liberdade de imprensa, da rádio e da televisão. Semeei a conciliação democrática que já viveu este país. Os poderes da presidência foram contidos para que maior fosse o poder do povo. A sociedade libertou-se do medo e semeei o exemplo da tranqüilidade e da compreensão. Semeei o exemplo da magnanimidade, de amor à pátria, de educação política. Preferi ser injustiçado a cometer injustiças. Silenciar a fazer silenciar. E hoje me orgulho de ter contribuído, através de meu comportamento pessoal, para que o país reencontrasse na paz o caminho da reconciliação de uma sociedade dividida pelo ódio, pelo ressentimento, pela amargura e pela prepotência.

Um dos marcos de comunicação do governo de José Sarney foi o programa de rádio que ele fazia às sextas-feiras, sempre às sete horas da manhã. Nesse programa, o presidente se comunicava com os brasileiros em uma linguagem simples, relatando as atividades desenvolvidas pelo governo no decorrer da semana. Na entrevista que fizemos, ele fala com orgulho desse programa:

> Iniciei na presidência [...] com a "Conversa ao pé do rádio", que foi um veículo de comunicação que nós atingimos de maneira fantástica. Até hoje as pessoas se lembram. O tipo de conversa que eu fazia não era um discurso. Era coisa coloquial, pequena, dando notícia sobre o que tinha ocorrido na semana, o que o presidente tinha feito. Um tipo de prestação de contas, mas coloquial.

Para que se possa compreender melhor esse projeto, transcrevemos o programa "Conversa ao pé do rádio" do dia 7 de março de 1986, sobre o lançamento do Plano Cruzado, quando o cidadão brasileiro foi convocado a ser um "fiscal do Sarney":

> Brasileiras e brasileiros, bom dia!
> Aqui vos fala, mais uma vez, o presidente José Sarney.
> Há uma semana, precisamente na sexta-feira passada, ao anunciar as medidas econômicas de liquidação da inflação, resolvi pedir ao

povo que ajudasse o governo na fiscalização do comércio, para o fiel cumprimento do congelamento dos preços.

Todos recordam o apelo direto que fiz às brasileiras e aos brasileiros, para que assumissem o papel de meus representantes pessoais e diretos e fossem os fiscais do presidente. Tenho certeza de que consegui transmitir sinceridade no pedido, porque, meia hora depois, quando ainda se desenvolvia a solenidade no Palácio do Planalto, chegou a primeira denúncia de remarcações, em flagrante desobediência à lei que eu acabava de assinar. Imediatamente, o ministro da Fazenda acionou a Sunab e o supermercado infrator foi autuado e multado. A partir daquele momento, no país inteiro, milhares de denúncias iniciaram o acelerado processo de pressão sobre os preços remarcados. Não se tratava de denúncias anônimas, mas de denúncias de homens e mulheres que se apresentavam legítima e abertamente.

Em São Paulo, no dia seguinte, surgiram brasileiras e brasileiros portando, orgulhosamente, presos ao peito, distintivos confeccionados em que se declaravam: "Sou fiscal do Presidente Sarney". Trata-se do maior voluntariado vivido na nossa história e de uma mobilização consciente, em que todos espontaneamente, demonstrando confiança no presidente, ajudam a fazer uma fiscalização que o governo, com todos os seus funcionários, órgãos e forças não conseguiria jamais realizar.

O plano contra a inflação contém muitas providências, além do congelamento, mas, se o congelamento de preços falhar, nada ficará de pé. Se os preços continuassem a crescer, não adiantaria nada ter tirado três zeros do velho e falecido cruzeiro, criando-se o novo cruzado, a moeda forte de que hoje nos orgulhamos, que não perde mais o valor de cada dia, pelo contrário, nestes primeiros oito dias somente se valorizou. Não adiantaria nada ter acabado com a correção monetária; os preços, crescendo, soterrariam as nossas esperanças e tornariam inúteis nossos melhores esforços, pois foi o povo, unicamente o povo, exclusivamente o nosso povo, que, ao aceitar o meu apelo, tornando-se fiscal do presidente, deu forças à lei do congelamento e tornou vitorioso o plano contra a inflação.

> A primeira hora foi fundamental e talvez devemos muito ao exemplo daquele bendito primeiro fiscal do presidente, que, mal me ouviu em casa pela tevê, foi à rua e conseguiu que o supermercado infrator fosse multado. Agora não podemos nos dispersar e não podemos relaxar. Vamos manter a fiscalização; vamos fazer valer a força da lei, sem violência mas com firmeza, para que os preços da tabela oficial sejam respeitados e o congelamento funcione. Faço um apelo a todos os brasileiros, inclusive os responsáveis pela área do comércio, que se comportem diante da tabela como esperam o governo e o povo que eles se comportem.
>
> Finalmente, neste país, o povo descobriu que manda, nunca mais se pretenderá fazer nada no Brasil sem o apoio do povo. Eu sempre disse "vai dar certo" e repeti aqui todas as semanas "vai dar certo". Com o povo fiscalizando, apoiando, não tenho dúvidas de que a nossa economia vai tomar o rumo certo, como já começou a tomar. Criou-se uma nova mentalidade no Brasil. Vai surgir um novo país sério, do trabalho, do progresso, sem a mentalidade do golpe, da esperteza e da especulação.
>
> Tudo isso aconteceu graças à coragem do povo, que foi a minha coragem. E isso eu repito: você é o presidente, porque o presidente hoje é você.

Uma das coisas que Mauro Salles destaca em Sarney é a chamada liturgia do poder. "Ninguém é mais simples do que ele para conversar, mas para se trajar e se comportar ele era um exemplo." Para o publicitário, Sarney é um político que entende de comunicação e, por isso, sempre deu atenção a esse meio.

Vale ressaltar aqui a forma de comunicação entre 15 de março a 21 de abril de 1985, da doença até a morte do presidente Tancredo Neves, sob a orientação de Salles. Esse período, em que Sarney exercia a presidência de forma interina, foi um marco triste no início da Nova República. Segundo o publicitário, Sarney se pautou pelas diretrizes traçadas por Tancredo, inclusive quanto à fala da primeira reunião com os ministros de Estado, no dia 16 de março. Diz ele: "O discurso, chamado de 'É proibido gastar', do qual fui o redator-coordenador, foi o mesmo que Tancredo iria pronunciar. Sarney leu exatamente esse discurso". O próprio Mauro Salles reconhece que, logo após a morte de Tancredo, certas diretrizes precisaram ser alteradas por Sarney, em razão do processo político, marcado por pressões que começaram a aparecer por parte do partido, fato normal após a "lua-de-mel" de início de governo.

Outro fato revelado por Mauro Salles, quanto a esse período, foi a preocupação de que a doença de Tancredo piorasse e o levasse à morte, como realmente ocorreu. Temia-se uma convulsão popular, o que acarretou, por parte do governo, a realização de um monitoramento diário da opinião pública sobre o caso. Salles era então secretário de Assuntos Extraordinários da Presidência, escolhido por Tancredo, e a Secretaria de Comunicação se subordinava a ele. Diz o publicitário que o período da internação de Tancredo foi o que trouxe mais receio para a equipe de governo. Mais até que a noite em que ela se deu, quando ainda se decidia quem iria tomar posse – o vice-presidente ou o presidente da Câmara Federal. Os riscos estavam nos boatos de que se estava "matando o Tancredo". Esses boatos é que fizeram surgir a carta que Tancredo mandou a Sarney, agradecendo a lealdade com que estava conduzindo o país e o seu comprometimento com os ideais da Aliança Democrática.

Após a morte de Tancredo Neves, Mauro Salles recusou-se a continuar no cargo. Mesmo com insistência do presidente, preferiu sair. Sarney extinguiu então a Secretaria de Assuntos Extraordinários e, em seu lugar, criou quatro assessorias, entre as quais o Conselho de Comunicação, que passou a ser coordenado pelo jornalista Fernando César Mesquita.

A política como missão

Depois de deixar a presidência da República, em março de 1990, Sarney tencionava retornar para o Maranhão e dedicar-se unicamente à literatura. Mas não conseguiu ficar longe da política. No mesmo ano, haveria eleições para a Câmara Federal e para o Senado Federal e Sarney resolveu se candidatar a senador. Contudo, precisaria superar alguns problemas. O primeiro estava no fato de que não tinha domínio pleno sobre a legenda do PMDB no Maranhão; o segundo, o risco de não ser o vitorioso na disputa por seu Estado, que nessa eleição elegeria apenas um senador. Além do mais, ele havia deixado a presidência em baixa na popularidade. Por isso, buscou uma alternativa, concorrendo a uma vaga pelo Amapá. Por se tratar da primeira eleição, esse novo estado, que deixara de ser um território federal um pouco antes, iria escolher três senadores, sendo que o primeiro colocado teria um mandato de oito anos e o segundo e terceiro colocados ficariam com um mandato de quatro anos. Os eleitores, por sua vez, votariam em três candidatos. Apresentando-se como responsável pela criação do estado e argumentando que este precisaria escolher um político experiente para que o Amapá tivesse força política, obtendo mais recursos federais, Sarney foi o senador mais votado, com 53.004 votos. Assim, Sarney voltou à política em janeiro de 1991.

Em 1998, ele se candidataria à reeleição para o senado federal, novamente pelo Amapá. Na campanha, utilizou uma comunicação muito forte, pois seria escolhido apenas um senador. Para ilustrar o estilo de marketing político por ele adotado na ocasião, transcrevemos o texto de um programa de televisão realizado por sua equipe e exibido em 19 de agosto de 1998. O programa, com imagens de um garoto e texto em *off*, destacava as conquistas obtidas pelo Estado com a ajuda de Sarney:

> O Edmilton tem oito anos. Quando ele nasceu, o Amapá dava os primeiros passos como estado. Hoje, depois de oito anos, o Amapá já apresenta avanços fundamentais na sua história. O Edmilton pode nem saber de tudo isso, mas com certeza sente os benefícios desta mudança na sua escola, na sua casa, no seu dia-a-dia. O que o Edmil-

ton ainda não sabe é que tudo isso é só o começo. O nosso Estado ainda tem muito o que crescer e o Sarney vai continuar ajudando.

Analisemos agora um clipe que ressaltava as conquistas de Sarney para o Amapá. Nele aparecia primeiro a famosa sambista maranhense Alcione cantando esta música:

Amapá tá na cabeça.
E vamos votar de novo
No Sarney pra Senador,
O candidato do povo
Eleitor da capital, eleitor do interior,
Vote pro voto da gente,
Que esse homem tem valor.

Lutador, é competente,
Nas lutas sempre presente.
Ele veio para ficar,
Pra lutar pelo Amapá,
Político e escritor,
Homem de garra e valente,
Eu falo porque eu sei.
Meu voto é do Sarney.
Foi nosso presidente.
Ele é nosso Senador.
É Sarney, é Sarney.
Ele é nosso defensor

Amapá hoje tem força
Com esse homem experiente.
Nosso voto é de Sarney.
Gente que é gente da gente.
Zona livre de comércio.

Saúde, força e energia,
Vendo o Amapá respeitado
No Brasil, um grande estado.

Alô, galera do Amapá!
É com vocês, meu povo.
Com José Sarney, pra senador.

Na seqüência, a locutora, uma negra de nome Dalva Abreu, dizia:

Sarney adotou o Amapá. O Amapá adotou o Sarney. A luta apaixonada pela criação do novo estado quando ainda era presidente da República, foi o primeiro ato de uma bela história que já rendeu muitos frutos para o Amapá. A eleição para o primeiro mandato no Senado, pelo Amapá, foi o coroamento da grande vitória que une para sempre os destinos do povo amapaense e o de Sarney.

Depois entrava Sarney, com esta mensagem:

Na abertura deste meu programa eleitoral, eu quero fazer como sempre faço em todas as mensagens que dirijo ao Estado do Amapá. Quero saudar todas as famílias, independentemente de qualquer conotação partidária e eu peço licença para aí, na sua casa, solicitar o seu apoio para minha candidatura a senador, para a minha reeleição. Eu não aceitei, como todos vocês sabem, ser candidato à presidência da República, com um grande índice nas pesquisas eleitorais. E não aceitei por muitas razões. Mas, eu optei pra disputar minha reeleição pelo Amapá. Por quê? Porque aqui me sinto mais útil; acho que a minha presença tem sido importante para o estado. O Amapá passou a ter grande visibilidade nacional, a ter força no debate dos grandes temas do país. E aqui tenho procurado, pelo exemplo, mostrar que a política não deve ser feita como se ela fosse uma guerra. Tenho dialogado com todos e sempre estive pronto a servir sem qualquer conotação partidária. Todos conhecem o meu estilo, no Brasil e no Amapá. Nunca fiz política atropelando ninguém, nem com o fígado semeando ódios ou divisões. Sempre fiz política com a cabeça, com os dons que Deus me deu e com o meu coração. E meu lema tem sido sempre, ao longo da minha vida, trabalhar. E tenho a consciência tranqüila de que tenho trabalhado pelo Brasil e pelo Amapá. Assim, espero, com o seu voto, com a sua confiança, continuar nesse caminho.

O programa fechava com a fala de um locutor: "O futuro do Edmilton depende muito do futuro do Amapá. E o futuro do Amapá depende de você. Vote 15 – Sarney senador! O Amapá com força".

Já nas inserções televisivas de trinta segundos, foi utilizada a conhecida música composta para ele por Miguel Gustavo, desta vez adaptada para o Amapá:

Meu voto é minha lei:
Pra senador José Sarney.
Ouça aquilo que o povo falou:
José Sarney para senador.

Depois da música, aparecia Sarney: "Olha, hein! Nós vamos fazer muito mais". O *spot* fechava com o logotipo da campanha e a voz do locutor em *off*: "Vote 15 – Sarney senador, o Amapá com força".

Como podemos observar, o *slogan* mais destacado de Sarney foi "O Amapá com força". E toda a campanha consistiu em mostrar as conquistas que o Estado obtivera em seus primeiros anos de existência, isto é, nos oito anos de mandato de Sarney como senador. Além dos programas de televisão e de rádio, Sarney participava dos comícios, juntamente com os candidatos da coligação "Frente de Luta", e distribuía cartazes com sua foto e os *slogans* "O Amapá com força – Senador José Sarney" e "Vote 15 – Sarney senador – O Amapá com força".

Assim, José Sarney foi, mais uma vez, o grande vencedor, conquistando a sua reeleição para um mandato de mais oito anos como senador da República. Ele obteve 97.466 votos, ou seja, 59,31% dos votos válidos.

Em 2003, com o apoio do governo Lula, foi eleito para presidir o Senado Federal no biênio 2003-2004.

Cabe ressaltar que a família Sarney é dona do maior grupo privado de comunicação do Estado do Maranhão, o Sistema Mirante de Comunicação, dirigido pelo filho de José Sarney, Fernando Sarney. Ele é constituído pelos seguintes meios: Rede Mirante de Televisão, jornal *O Estado do Maranhão*, Rádio Mirante FM, Rádio Mirante AM e Canal 20 (televisão por assinatura). A Rede Mirante de Televisão é o principal veículo do grupo, sendo que a cabeça da rede é a TV Mirante São Luís, formada por mais três emissoras afiliadas, com sedes nas cidades de Imperatriz, Santa Inês e Codó. A TV Mirante existe há quinze anos, sendo afiliada à Rede Globo de Televisão há onze anos.

No segmento da radiodifusão, o Sistema Mirante de Comunicação conta atualmente com dezenove emissoras, das quais seis transmitem em freqüência modulada (FM) e as treze restantes em ondas médias (AM). O jornal *O Estado do Maranhão* é o primeiro veículo de comunicação do Sistema Mirante, com 42 anos de existência. Também é líder em circulação em todo o estado, tendo 74% de participação. O Canal 20, o mais novo empreendimento do grupo, foi inaugurado em 2001, sendo transmitido pela TVN, televisão a cabo do Nordeste, e caracterizando-se pela divulgação e valorização das coisas do estado.

Na entrevista com o senador Sarney, perguntamos se o fato de ser empresário de comunicação ajudou no seu marketing político. Ele respondeu:

> Nunca fui um empresário de comunicação. Criei o jornal porque tinha que ter um instrumento político, [quando] todos os jornais do Maranhão foram fechados. Fiz um jornal que era o nosso veí-

culo de expor nossas idéias. Evidentemente, ele teve grande sucesso, porque era muito bem-feito. Naquela época, uma das pessoas mais inteligentes, o diretor e fundador ao meu lado, era o poeta Bandeira Tribuzzi, considerado o maior poeta do Maranhão no século passado. Era muito meu amigo e também um homem de formação de esquerda. Nós começamos a fazer esse jornal, há quarenta e poucos anos, um jornal político. Depois ele não podia sobreviver só como um jornal político e teve que ter um caminho. O jornal não era de empresário, não era um negócio de que nós estávamos precisando. Era uma inspeção do processo político. Tanto que, no Maranhão, [...] [nossa participação é] realmente em coisas que são importantes para a nossa ação política, porque esse é um sistema de comunicação. Além disso, eu já estou com 73 anos e, ao longo desses anos todos, os meios de comunicação foram modernizados. O jornal, que era feito a mão passou [a usar] o linotipo. Foi o primeiro no Maranhão a introduzir a composição a frio. Fomos o primeiro a informatizar a primeira rotativa que entrou. E depois veio o processo de modernização e de liderança que existe hoje. O que também foi importante é que sempre mantivemos o jornal com um instrumento só, um jornal plural, que dá notícia de todas as coisas. Mesmo sendo um jornal com posição política, pelo fato de ser nosso, tem em vista ser um jornal para informar e também para manter a estrutura. Por isso é bem aceito na sociedade. Primeiro veio a rádio e tivemos que entrar. Depois veio a televisão, tivemos que entrar. Com o desdobramento da nossa necessidade política houve condições de comunicação. Isso de certo modo ajuda. E bastante.

A literatura como vocação

Da lavra de José Sarney se originaram muitos livros, muitos deles resultantes de discursos, artigos, entrevistas e conferências. No total, já escreveu 32. Sobre isso ele concedeu uma entrevista ao jornalista Luis Antônio Ruff, da *Folha de S.Paulo*, em 25 de março de 1998, em que comenta esta sua interação entre a literatura e a política.

> Minha vida tem duas vertentes, a da política e a da literatura. A política foi o destino, a literatura é a vocação. Escrever é uma compulsão. Tem uma certa relação com a arte de Deus por causa da arte da Criação. Deus, quando criou o mundo, o criou com leis físicas. E o escritor viola todas essas leis para criar um mundo imaginário, que é eterno e não se modifica. É muito difícil ser político e ser escritor. O político lida com realidades, o escritor lida com abstrações. Como intelectual e político, vivi a angústia entre o ideal e os meios. O intelectual é o homem da justiça absoluta; já o político é aquele que busca a arte do possível, com os instrumentos da contingência. Mas quem governa vive suas circunstâncias. Não decide sobre abstrações, mas sobre fatos. Minha opção foi esta: governo de liberdade.

Em 1952 lançou o seu primeiro livro de poesia, intitulado *A canção inicial*, e alguns ensaios sociológicos e políticos, entre os quais *A pesca de curral na baixada*, que lhe valeram o ingresso na Academia Maranhense de Letras, ocupando a cadeira cujo patrono é Humberto de Campos, tornando-se o seu mais novo integrante. Em 1953 publicou *Pesquisa sobre a pesca de curral*. Em 1956, passou a colaborar com o *Jornal do Brasil* e as revistas *Senhor* e *O Cruzeiro*.

Em 1966 assumiu a presidência da Academia Maranhense de Letras e do Instituto Histórico e Geográfico do Maranhão. Neste mesmo ano publica *Cultura e governo: discursos*. Em 1969, ainda como governador do Maranhão, lança o livro de contos *Norte das águas*, talvez um de seus maiores sucessos, do qual foram feitas quatro edições no Brasil e traduções na Venezuela e no México. Em 1970, aparece *Governo e povo*.

Em 1973, Sarney entra para a Academia Brasiliense de Letras. Um ano muito produtivo para o escritor seria 1977, quando lançou mais três livros: *Democracia formal e liberdade*, *Desafios do nosso tempo* e *Petróleo, novo nome da crise*. Em 1978, surgiu seu nono livro: *Desafios do futuro*. Outra obra de grande sucesso, no campo da poesia, foi *Os marimbondos de fogo*, de 1979, também lançada em Portugal.

Em 1980, aos cinqüenta anos de idade, José Sarney foi eleito para a Academia Brasileira de Letras, na cadeira de número 38, ocupada antes pelo romancista paraibano José Américo de Almeida, autor do clássico *A bagaceira*. Em 1985, já ocupando a presidência da República, publica dois livros de ficção – *Brejal dos guajás e outras histórias* e *Dez contos escolhidos* – e, ainda, o discurso de saudação a Marcos Vilaça, escritor pernambucano e seu grande amigo, que toma posse na Academia Brasileira de Letras. Em 1990, ao deixar a presidência da República, sua produção literária foi acrescida de mais oito obras: *Discurso da Academia das Ciências de Lisboa*, *A fala do presidente* (cinco volumes) e *Conversas ao pé do rádio* (dois volumes). Esses livros são fruto de discursos variados, de conferências e dos conhecidos programas radiofônicos pelos quais o presidente se comunicava com a população brasileira às sextas-feiras.

Em 1991 publicou *Supremo Tribunal Federal* e, em 1992, *América Latina: perplexidade e futuro*, sua trigésima obra. Ainda em 1992, volta a escrever para jornais, ocupando às sextas-feiras um dos espaços mais importantes da imprensa brasileira, a página 2 da *Folha de S.Paulo*. Em 1994, pela editora Siciliano, é publicada uma coletânea dos principais artigos neste jornal, *Sexta-feira, Folha*.

No ano de 1995 sai o seu primeiro romance, *O dono do mar*. Em 1999 lança outra coletânea de artigos, *A onda liberal na hora da verdade*. Em 2000, aparece mais um romance de sua autoria, *Saraminda*, que, como o anterior, *O dono do mar*, vira *best-seller*, sendo traduzido em vários idiomas. Nesse mesmo ano, publica *Amapá, a terra onde o Brasil começa*.

Além dos 32 livros editados, José Sarney escreveu para os jornais maranhenses *O Imparcial*, *Combate*, *Jornal do Dia*, *Jornal do Povo* e *O Estado do Maranhão*; *Diário de Pernambuco*; *Correio do Ceará*; *Jornal do Brasil* e *O Globo*, ambos do Rio de Janeiro; *Correio Braziliense* e *Folha de S.Paulo*. Também colaborou com as revistas *Clã*, *Ilha*, *Região e Ceará*, *Senhor* e *O Cruzeiro*.

Pelos livros publicados e por sua intensa vida intelectual, José Sarney é doutor *honoris causa* da Universidade de Pequim (China), da

Universidade de Moscou, da Universidade de Coimbra (Portugal) e da Universidade Federal do Maranhão.

Na entrevista de 18 de dezembro de 2002, perguntamos se o fato de ser intelectual ajudou em sua trajetória política e na comunicação com os eleitores.

> Sim! Dá uma visão mais humana das pessoas. Pelo próprio temperamento meu, sou uma criatura simples e não muito retórica. A literatura e a cultura dão um embasamento e uma certa segurança em abordar os assuntos. [É preciso ter] a preocupação não de ser brilhante e sim de se comunicar com as pessoas. Não se pode falar daquilo que não se conhece. Quem tem formação intelectual só fala do que conhece. Quando fala do que não conhece, faz uma péssima comunicação.

Referências bibliográficas

AMAPÁ. *A campanha eleitoral de 1998*. São Luís: Fundação José Sarney. Fita de vídeo.

BUZAR, Benedito. *Vitorinas & oposicionistas: biografias.* São Luís: Lithograf, 2001.

__________. São Luís, 16 dez. 2002. Entrevista concedida a Paulo César D'Elboux.

CALDAS, Maria das Graças C. *O latifúndio do ar: mídia e poder na Nova República.* Tese de doutorado em Ciências da Comunicação, ECA-USP, São Paulo, 1995.

COUTINHO, Milson. *Sarney: apontamentos para a vida e obra do chefe liberal.* 2. ed. São Luís: Alcântara, 1988.

COUTO, Ronaldo C. "De 1964 ao Governo Sarney". In: OLIVEIRA BASTOS (coord.). *Sarney: o outro lado da história.* Rio de Janeiro: Nova Fronteira, 2001.

DIMENSTEIN, Gilberto *et al. O complô que elegeu Tancredo Neves*. Rio de Janeiro: JB, 1985.

DRESSEL, Heinz. *Brasil, de Getúlio a Itamar: quatro décadas de história vivida.* Trad. Ulrich Dressel. Ijuí: Unijui, 2000.

GONÇALVES, Maria de Fátima da C. *A reinvenção do Maranhão dinástico.* São Luís: Ed. UFMA, 2000.

GOVERNO JOSÉ SARNEY. *Fotografias: 1985*. Brasília: Presidência da República, 1988.

GUTEMBERG, Luiz. *José Sarney, democrata humanista*. Brasília: Superfhoto Comunicação/Obreto News, 2001.

JARDIM PINTO, Céli R. *Com a palavra o senhor presidente José Sarney: o discurso do Plano Cruzado*. São Paulo: Hucitec, 1989.

KOTSCHO, Ricardo. *Explode um novo Brasil: diário da campanha das diretas*. São Paulo: Brasiliense, 1984.

LIMA, Antonio Carlos. São Luís, MA, 16 dez. 2002. Entrevista concedida a Paulo César D'Elboux.

MIRANTE. Rede Mirante de Comunicação. Site www.mirante.com.br. Acesso em nov./dez. 2002 por Paulo César D'Elboux.

MORAES, Fátima. *José Sarney: 70 anos – um perfil da sua história*. São Luís: Alcântara, 2000.

NEIVA, Wilson. São Luís, 16 dez. 2002. Entrevista concedida a Paulo César D'Elboux.

OLIVEIRA BASTOS (coord.). *Sarney: o outro lado da história*. Rio de Janeiro: Nova Fronteira, 2001.

OLIVEIRA, Hebe M. G. de. *Muda, Brasil: o marketing político que levou Tancredo Neves à Presidência da República*. Dissertação de mestrado em Comunicação Social, Universidade Metodista de São Paulo, São Bernardo do Campo, 2002.

PRESIDÊNCIA. *Palavras do presidente José Sarney – 15 de março a 30 de junho de 1985*. Vol. 1. Brasília: Presidência da República/Secretaria de Imprensa e Divulgação, 1985.

__________. *Palavras do Presidente José Sarney – 02 de julho a 26 de setembro de 1985*. Vol. 2. Brasília: Presidência da República/Secretaria de Imprensa e Divulgação, 1985.

QUEIROZ, Adolpho. "Voto, mídia e pesquisa: propaganda política no Brasil". *Revista Comunicação & Sociedade*, São Bernardo do Campo, Umesp, n. 30, pp.105-140, 1998.

__________. "Introdução ao dossiê sobre telepolítica". *Revista Comunicação & Sociedade*, São Bernardo do Campo, Umesp, n. 33, pp. 111-116, 1º sem. 2000.

ROCHA, Glauber. *Maranhão 66*. Documentário. Fornecido por José Talvany Silva Ramos.

SALLES, Mauro. São Paulo, 26 nov. 2002. Entrevista concedida a Paulo César D'Elboux.

SARNEY, José. *Conversa ao pé do rádio.* Brasília: Presidência da República, 1989/1990.

__________. *Eu, você, a noite e a música.* São Luís, 19 out. 1994. Entrevista concedida a Silvan Alves, da Rádio Mirante.

__________. *A onda liberal na hora da verdade.* São Paulo: Siciliano, 1999.

__________. *Norte das águas.* São Paulo: Siciliano, 2001.

__________. Brasília, 18 dez. 2002. Entrevista concedida a Paulo César D'Elboux.

7

Fernando Collor de Mello: encenações rituais do espetáculo político

Ricardo Costa*

Nosso capítulo versa sobre as técnicas de persuasão utilizadas por Fernando Collor de Mello para alcançar a projeção na mídia, quando de sua candidatura à presidência da República, pelo Partido da Reconstrução Nacional (PRN), em 1989. Suas ações mostram o avançado nível de planejamento da campanha e como ele soube aproveitar o momento pelo qual o país passava, criando fatos de grande impacto social que asseguraram a sua eleição.

Um ilustre desconhecido entra em cena

Vejamos, inicialmente, com base no livro *Notícias do planalto: a imprensa e Fernando Collor*, de Mário Sérgio Conti (1999), uma pequena cronologia da trajetória de Collor, destacando alguns fatos comunicacionais significativos.

---

* Ricardo Costa, graduado em Publicidade e Propaganda pelas Faculdades Integradas Alcântara Machado (Fiam), com especialização em Gestão de Projetos pela Escola Politécnica da Universidade de São Paulo e mestrado em Comunicação Social pela Universidade Metodista de São Paulo (Umesp), é professor da Universidade de Mogi das Cruzes (SP) e do Centro Universitário Uni-FiamFaam, além de consultor mercadológico. Publicou, em co-autoria com Tailson Pires Costa, o livro *Técnicas de persuasão na propaganda eleitoral* (Fiúza Editores, 2004). E-mail: ricardo_costa30@yahoo.com.br.

Em 15 de novembro de 1986, ele se elege governador de Alagoas, sendo empossado no cargo em 15 de março de 1987. Neste mesmo ano, ele aparece no programa Globo Repórter da TV Globo, em reportagem sobre os marajás (2 abr.), e em matéria no *Jornal do Brasil*, sobre o "furacão Collor" (5 abr.). Concede entrevistas para as revistas *Veja* (22 abr. – "páginas amarelas"), *Playboy* (out.) e *Senhor* (22 dez.). Em 1988, já conhecido por suas investidas contra a corrupção no funcionalismo público em seu Estado, ele se tornaria capa de *Veja*, que, junto com a foto, trazia a manchete "O caçador de marajás"[1] (23 mar.).

Em 15 de maio de 1988, deixa o governo de Alagoas para concorrer à presidência da República. Antes disso, aparece nos programas eleitorais do Partido da Reconstrução Nacional (PRN) (30 mar.), do Partido Trabalhista Renovador (PTR) (27 abr.), do Partido da Juventude (PJ) (13 maio) e do Partido Social Cristão (PSC) (18 maio). Em 28 de junho do mesmo ano, quando Mário Covas se lança candidato à presidência, pronunciando o notável discurso que se intitularia de "choque de capitalismo", Collor, segundo pesquisa do Ibope, já estava disparado nas intenções de voto, com 43%, seguido de Leonel Brizola (11%) e Luiz Inácio Lula da Silva (8%). Em agosto, Roberto Marinho, proprietário da Rede Globo, anuncia seu apoio a Collor.

Em 15 de novembro de 1988, ocorre o primeiro turno da eleição para presidente, do qual ninguém saiu com a maioria absoluta. Os dois primeiros colocados, Collor e Lula, iriam para o segundo turno. No dia 3 de dezembro, quatro redes de televisão transmitem o primeiro debate ao vivo entre os dois candidatos. No dia 11, Collor seria o entrevistado do Programa Ferreira Neto, da TV Record, de São Paulo. Logo em seguida, em 12 de dezembro, no seu programa

---

[1] Segundo Deonísio Silva (2005), "foi [...] da Índia que nos chegou marajá, do sânscrito maha-rajá, grande rei. No Brasil, marajá passou a indicar aqueles funcionários públicos que através de trambiques e contorcionismos legais, mas ilegítimos, passaram a aumentar seus próprios salários e ganhos indiretos em quantias escandalosas. Contra eles investiu o então candidato à presidência da República, Fernando Affonso Collor de Mello, fazendo das denúncias uma das principais peças de sua campanha".

eleitoral, acusaria Lula de racismo e de que tentara dissuadir a enfermeira Miriam Cordeiro a interromper a gravidez da filha Lurian, fruto de relacionamento que tivera com ela. No dia 14, ocorre o segundo debate televisado entre os dois candidatos, sobre o qual o Jornal Nacional, da TV Globo, poria no ar uma edição que gerou grande controvérsia.

Nessa altura, Collor já adquirira projeção nacional. Mas até pouco antes era um ilustre desconhecido. Conti (1999, p. 29) relata o caso de um contato que a assessoria de imprensa do então ainda governador de Alagoas fez com a *Folha de S.Paulo*, procurando divulgar medidas tomadas por ele e que ditariam depois o rumo da história política do país. O jornalista que atendeu à ligação julgava tratar-se do governador de Sergipe. O fato tinha uma explicação. Os grandes jornais, as revistas e as emissoras de televisão quase não conheciam Fernando Collor. Os poucos que sabiam dele não estavam tão interessados em notícias de Alagoas.

Técnicas de persuasão de Collor de Mello

Para construir a sua imagem, Collor utilizou uma série de técnicas de marketing político, que abordaremos na seqüência.

Slogan

Foi com o epíteto de "o caçador de marajás" que o nome de Collor começou a ter destaque na imprensa, adquirindo aos poucos projeção nacional. Segundo Cláudio Humberto (1993, p. 235)[2], tudo começou a partir do comentário de um jornalista, quando Collor ainda era governador de Alagoas.

> Um jornalista alagoano, Bernardino Souto Maior, foi quem primeiro usou a expressão "marajá", para definir aquele tipo de funcioná-

---

[2] Claúdio Humberto Rosa e Silva foi secretário de governo de Fernando Collor de Mello em Alagoas e seu porta-voz na presidência da República.

> rio público privilegiado, em pequena nota enviada ao jornal *Folha de S.Paulo*. [...] O repórter estava estupefato com os contracheques dos procuradores jurídicos da Assembléia e, sobretudo, com o consultor-chefe, Luiz Gonzaga Mendes de Barros: – O que um homem faz com tanto dinheiro, meu Deus? Mendonça respondeu: – Com tanto dinheiro assim, vive como um autêntico marajá da Índia.

A própria imprensa utilizou, no dia posterior à posse dos governadores, o *slogan* "O caçador de marajás", divulgando as providências de Collor contra os abusos no funcionalismo público de Alagoas, que não tiveram destaque nas ações de governadores eleitos na mesma época, como Miguel Arraes (PE), Waldir Pires (BA) e Pedro Simon (RS).

> As providências anunciadas por todos os mitos da política brasileira tinham sido, no mínimo, decepcionantes ao contrário da pequena revolução que Collor iniciara no Estado. [...] Collor ganhou admiração do povo ao determinar providências como a obrigatoriedade da assinatura de ponto nas repartições públicas, a proibição no acúmulo de cargos públicos, o congelamento dos próprios vencimentos e dos subsídios dos deputados e recusar pagar qualquer salário maior que o de secretário de estado. Mandou fechar a residência destinada ao governador [...]. Também abriu mão de uma rica aposentadoria destinada a ex-governantes (Idem, pp. 220-221).

Mensagens em camisetas

Enquanto era candidato, Fernando Collor procurou transmitir a imagem de jovem esportista, retratada nas camisetas usadas durante suas caminhadas diárias. Depois de eleito, com o objetivo de conquistar mais espaço na mídia, valia-se da imagem de presidente jovem fazendo exercícios, *jogging* etc. Com o tempo, tornou-se enfadonho para a mídia publicar sempre as mesmas fotos de Collor praticando esportes.

O presidente procurou então outra fórmula, passando a utilizar, em suas camisetas, provérbios em latim, alguns traduzidos para o português. Sua assessoria sempre mantinha em segredo o nome do fabricante das camisetas, para que as frases não perdessem o efeito de gerar expectativa na imprensa.

> Fabrícia Laport, a produtora da Propeg, fazia milagres. Essa agência providenciou quase todas as camisetas usadas por Collor, sem cobrar um só centavo pelo trabalho, nem embutir esses custos no faturamento de serviços que prestava a outros órgãos governamentais. Até porque, por mais de um ano, ninguém soube quem movimentava os domingos presidenciais (Idem, pp. 76-77).

Mídia eletrônica

Com a grande repercussão das iniciativas do governador Collor, outras medidas foram tomadas para ganhar ainda mais espaço e aproximar-se dos responsáveis pelos meios de comunicação. O contato mais importante foi com Alberico Souza Cruz, da Rede Globo. Escreve Cláudio Humberto (1993, p. 226): "Peguei o número do telefone da Rede Globo no Rio e fui ao gabinete de Collor. [...] Passei o telefone ao governador e aí nasceu uma amizade que seria decisiva na ascensão nacional de Collor".

A conquista de espaço na mídia era uma verdadeira obsessão de Fernando Collor, que sabia aproveitar todas as oportunidades para fazer que suas palavras se tornassem notícia. Um dos lances que mais destaque conferiram ao governador, antes de iniciar sua caminhada para o Planalto, foi passar a criticar o governo federal, como em sua passagem por Recife, duas semanas após sua posse, para a reunião do conselho deliberativo da Sudene, quando recebeu muitas homenagens das pessoas simples.

> [Sudene], criada pelo presidente Juscelino Kubitschek para promover o desenvolvimento da região; dois governadores já lá se encon-

> travam e concediam entrevistas a um batalhão de repórteres: Miguel Arraes, naturalmente o primeiro a chegar, e o da Bahia, Waldir Pires. Ao reconhecer o governador de Alagoas, um repórter da Rádio Clube de Pernambuco gritou: "Olha lá o Collor!" Sempre cuidadosos e educados, uns trinta repórteres deixaram Arraes e Waldir falando sozinhos.
>
> – "Governador, repare que isto parece um teatro de arena". [...] Dito e feito. [...] No discurso, muito aplaudido, sobretudo pelos funcionários da Sudene, Collor pôs o dedo na ferida: – "Não podemos continuar comparecendo a reuniões como esta, fazendo de conta que estamos decidindo, quando na verdade quem decide é o governo federal. É preciso dar um basta a este teatro de faz-de-conta". Estava a caminho de realizar uma aspiração: assumir a liderança política do Nordeste (Idem, p. 229).

No dia 8 de abril de 1988, três semanas depois da posse, Fernando Collor voltou a tomar medidas de arrocho no governo. Com uma só assinatura, demitiu mais servidores nomeados ilegalmente e disciplinou o acúmulo de cargos públicos. Com a obrigatoriedade de o funcionalismo público assinar o ponto, o jornalista Francisco José, da sucursal recifense da TV Globo, fez uma matéria especial sobre a grande indignação nacional com os marajás. As imagens dessa matéria se transformariam, mais tarde, em uma edição do programa Globo Repórter com o tema "O caçador de marajás", que foi ao ar em 2 de abril de 1987. Esse programa foi fundamental e, talvez, o marco da campanha que impulsionou a imagem de Fernando Collor no cenário nacional, até mesmo pela forma como foi apresentado e pela importância dada ao candidato durante o programa.

> O programa foi levado ao ar duas semanas depois da posse de Collor, na noite de quinta-feira, 2 de abril. Durou uma hora, fora os intervalos comerciais. O apresentador Sérgio Chapelin simulou estar um pouco

> exaltado como para espelhar o presumível repúdio dos espectadores aos marajás. O comentarista Joelmir Betting usou estatísticas apocalípticas para dar a dimensão econômica do problema. O cartunista Nani amenizou o programa com piadas gráficas. [...] Mostraram-se as filas dos funcionários públicos para bater o ponto. [...] Joelmir Betting encerrou a parte séria do programa com uma formulação abstrata: "O marajaísmo é um desvio moral do sistema". Entrou então a parte alegre do Globo Repórter: João Nogueira cantou Maria Candelária, canção dos anos de 1950 de sátira a uma "alta funcionária" que não trabalhava mas ganhava bem (Conti, 1999, pp. 41-42).

Os atos de Fernando Collor repercutiam na mídia impressa nacional, que lhe abria espaços generosos, como as "páginas amarelas" da revista *Veja*. "Em meados de abril recebi o telefonema de Laurentino Gomes, chefe da sucursal de *Veja* em Recife: – 'Preciso fazer umas amarelas com o Collor'. Marquei imediatamente e a entrevista seria publicada na edição do dia 22 de abril." (Rosa e Silva, 1993, p. 232). Com essa entrevista para a revista *Veja*, Collor garantiu ainda mais espaço na mídia, despertando o interesse da TV Globo em divulgar as medidas anunciadas.

Fernando Collor tinha habilidade em reverter situações desfavoráveis. O Supremo Tribunal Federal decidiu colocar fim às medidas de arrocho do governador, obrigando-o a pagar os supersalários atrasados, corrigindo-os. Político habilidoso, ele se recusou a fazê-lo, mesmo sob ameaça de intervenção federal, e comunicou sua decisão à imprensa.

> Simultaneamente liguei para todos os jornalistas que pude, informando a boa nova. O Jornal Nacional da TV Globo deu grande destaque à notícia. O fato novo manteve o governador na ribalta e, de quebra, teve reforçada a reputação de homem corajoso, capaz de pôr em risco até mesmo o cargo de governador na defesa de uma idéia, uma causa (Idem, p. 239).

Em março de 1988, o senador Teotônio Vilela, em entrevista a *Veja*, respondeu a uma pergunta sobre a decisão tomada por Fernando Collor em relação ao não-pagamento dos salários do funcionalismo público: "Se houver intervenção federal para garantir os salários dos marajás, Fernando Collor poderá ser o próximo presidente da República".

Pesquisas

Segundo Conti (1999, p. 96), o início da trajetória de Fernando Collor deu-se a partir das pesquisas por ele solicitadas para conhecer suas reais chances de concorrer ao cargo de presidente da República. As pesquisas até então utilizadas por políticos não haviam chegado ao grau de desenvolvimento atual. Todas as ações estratégicas eram elaboradas com base no que a opinião pública revelava sobre o que eles haviam feito anteriormente, para que seus assessores pudessem planejar qual o próximo passo de uma campanha.

> Para que se tenha idéia do nível de sofisticação da campanha, cada cidade que Collor visitava era pesquisada, em busca dos desejos de seus eleitores, e se fazia um balanço do que lá haviam dito os demais candidatos e da repercussão de suas visitas. Só então se decidia o que Collor iria falar (Brickman, 1994, p. 24).

A organização da campanha eleitoral de Fernando Collor chegou a um nível tal que suscitou a necessidade de profissionalizar a administração dos resultados das pesquisas e também catalogar as informações. Estas tornaram-se uma ferramenta tão poderosa que, pela primeira vez na história política, foi desenvolvido um *software* para gerenciar informações de campanha. "A Capsoftware, de Álvaro Lins, processava por computador as informações de pesquisas e as análises políticas, fornecendo a Collor e seus assessores uma variedade de opções diante de cada situação" (Idem, p. 24).

Após qualquer ação midiática no sentido de mudar ou influenciar a opinião pública, Fernando Collor solicitava pesquisas para saber qual teria sido o impacto do tema abordado junto ao eleitorado e, a partir daí, reavaliava toda a estratégia de sua campanha. Desta forma, sua equipe estava sempre bem municiada para recorrer a novas ações que amenizassem as falhas cometidas e maximizassem as práticas que, efetivamente, estavam dando certo.

As pesquisas, muitas vezes regionais, serviam como aprendizado e ponto de partida para ações de maior valor agregado em relação ao conceito que se formava do candidato junto ao eleitor, para uma nova estratégia que era discutida com seus assessores nos deslocamentos por avião, durante sua campanha.

Exploração das pesquisas

A maneira mais apropriada de começar a organização de uma campanha presidencial talvez seja planejá-la de fora para dentro. Essa foi, provavelmente, a questão que Fernando Collor tinha em mente quando pensou em candidatar-se ao cargo de presidente da República, ainda filiado ao Partido da Juventude.

> Collor deveria se candidatar a presidente? E o que deveria dizer no programa do Partido da Juventude na televisão? Essas foram as questões que sobraram da discussão que aconteceu em fevereiro de 1988, em São Paulo, na Sadiva & Associados. Estavam presentes Collor, Marcos Antonio Coimbra, Cláudio Humberto e Rose Sadiva, dona da agência. Coimbra saiu do encontro com a missão de descobrir a resposta para as duas perguntas específicas sobre Collor e outras duas genéricas: Quais são os problemas nacionais que o eleitorado considerava mais graves e que tipo de homem queria como candidato à presidência. O Vox Populi preparou um questionário minucioso, com cem perguntas. [...] Marco Antonio Coimbra apresentou os resultados da pesquisa. "Sim, há lugar no imaginário popular para a candidatura de Fernando Collor de Mello", começou o sociólogo. O levantamento mostrou que, para os entrevistados, o problema social mais grave era a corrupção, da qual o marajaísmo era um elemento (Conti, 1999, pp. 96-97).

Podemos detectar, a partir daí, o início de todas as ações, pensadas e organizadas, para a criação de uma estratégia de campanha vitoriosa.

Os comícios

A campanha de Fernando Collor tinha um ponto de desequilíbrio em comparação com a de outros candidatos. Segundo Ricardo Setti, em matéria no *Jornal do Brasil* (30 out. 1989), o candidato do PRN sabia trabalhar seus comícios como uma espécie de *show* para os presentes, que se amontoavam para vê-lo e ouvi-lo. Esses comícios tinham duas estratégias desenhadas para cada período, dia ou noite.

> Era uma espécie de campanha-*show*. [...] Foi criado um púlpito no palanque de forma a evitar intrusos e destacar a figura de Fernando Collor; quando o candidato se aproximava do púlpito, o carro de som tocava *Fé brasileira*, do conjunto Chiclete com Banana, ou o hino da campanha; os gestos eram sempre os mesmos, de levantar os dois punhos fechados, as duas mãos fazendo o V da vitória ou os dois punhos fechados, cruzados sobre o peito, com a cabeça levemente abaixada e um sorriso no rosto.

> As aparições de Fernando Collor sempre tinham um aspecto grandiloqüente. Herdeiro do neopopulismo, ele retomou a *performance* de grandes caudilhos do passado e fez ressurgir rituais políticos criados especialmente para o espetáculo político. Também chegava de helicóptero, como líder nazista, à noite, para que os holofotes o iluminassem, dando efeito de um deus estar descendo ao encontro da massa. Seu avião chamava-se "Challenger" e ficava, muitas vezes, à disposição do povo para visita, como se fosse um templo.

Se o comício fosse durante a noite, ganhava outro colorido, para impressionar o público de forma diferente. Mudava-se a música e a sensação de força ficava ainda mais clara sob efeitos especiais gerados por holofotes. Diz Olga Tavares (1998, p. 32-3): "Quando o candidato aparecia, irrompia *Assim falava Zaratustra*, de Wagner, e fogos de artifício explodiam nos céus. Ao mesmo tempo, um canhão de luz focalizava somente ele".

Collor era emblemático e de um messianismo político urbano. Possuía chamamentos de justiça social, tendo o apelo mais utilizado sido "Minha gente", sem dúvida sua expressão de palanque favorita.

A proposta

Do início do governo populista de Getúlio Vargas (1940-1945) até o fim de 1968, a máquina do Estado era o único instrumento de que a elite nacional podia dispor para desencadear e conduzir o processo de modernização. Havia uma espécie de corrida desenvolvimentista e um impulso para o nacionalismo, como denotam a campanha do petróleo, de Vargas, e a criação da Sudene, por Juscelino Kubitschek.

Em 1989, Fernando Collor, como Getúlio Vargas em 1930, tinha base popular. Emergia de um período de crise, era considerado por uma parcela da sociedade um aventureiro e prometia instituir reformas socioeconômicas.

> Como a geração de 1980, o candidato se investia de símbolos da modernidade, dinamismo, juventude e gosto pelas novidades tecnológicas, culto ao exercício físico, apreço pela ecologia, pelo feminismo, elegância yuppie, agilidade e cultura. [...] Fernando Collor não incorporou o perfil dos populistas tradicionais, como Vargas, que era o "pai dos pobres", ele garantia introduzir o país no Primeiro Mundo, tirando-o das amarras estatais; agia como um herói dos filmes (*Veja*, 24 dez. 1989, pp. 74-83).

A opção pelos pobres está presente em todos os discursos de Fernando Collor, como se lê em outra edição de *Veja* (6 dez. 1989, pp. 48-53), sob o título "Cerco ao povão". Se a expressão "minha gente" iniciava todas as falas de Collor, "agora chegou nossa vez" as fechava, conforme observa Olga Tavares (1998, p. 115):

> No discurso do dia 28 de novembro de 1989, no primeiro programa do segundo turno, Fernando Collor se apresentou investido da aura salvadora populista. Não havia nenhum cenário. O candidato aparecia em plano americano, de terno azul-claro e camisa branca. O que destoava dos cenários simples dos outros discursos era um raio de luz verde-amarelo ao fundo do candidato. Ou seja, Fernando Collor se apresentava com as cores da bandeira brasileira.

Disque Brasil Novo

Com o crescimento de Fernando Collor nas pesquisas de intenção de voto, ele lançou seu partido, o PRN, e colocou, em seus vídeos de campanha televisiva, um número de telefone para ouvir o que os eleitores pensavam de suas propostas e também recolher sugestões. Todos os que ligavam recebiam um *kit* de material de propaganda pelo correio.

O resultado foi tão positivo que seus assessores tiveram que contratar uma empresa para administrar esse serviço, aumentando o número de linhas telefônicas e de pessoal para acudir à demanda. Além disso, sua equipe descobriu que valia a pena atender aos pedidos feitos durante as ligações.

> Durante o programa, aparecera escrito no vídeo "Fale com Collor. Disque Brasil Novo", seguindo o número de telefone. Foram cerca de oitocentas ligações na primeira noite, atendidas por sete telefonistas e o candidato. No decorrer dos meses, a empresa CapSoftware, que organizou o serviço, aumentou de oito para cinqüenta as linhas telefônicas para ouvir os eleitores. A todos que telefonavam eram enviados pacotes contendo material de propaganda, com uma carta de Collor. Marco Antonio Coimbra formou grupos de discussão sobre o programa. Veio a saber que 81% dos telespectadores gostaram.

> As pesquisas qualitativas também revelaram que eles só não gostaram das cenas em que se mostravam misérias. Por isso a pobreza foi banida no programa seguinte (Conti, 1999, pp. 143-144).

Autopromoção

Antes de ser eleito presidente, Fernando Collor já utilizava as mais diversas formas de autopromoção. Seu marketing pessoal era evidenciado pela mídia, que reforçava cada vez mais o político sério, que sacrificaria tudo para realizar uma administração voltada para o povo, até mesmo sua família e sua carreira política.

> Quando era governador de Alagoas, passou mais tempo viajando do que trabalhando; apresentou esse fato como prova de que tinha prestígio fora do Estado. Mandou prender o irmãozinho da esposa por assassínio. [...] Mas o episódio foi apontado como prova da virtude de um administrador que punha os interesses do Estado acima até mesmo de sua própria família. [...] Foi derrotado no Supremo Tribunal Federal, que mandou pagar os salários integrais dos marajás. Numa jogada simplesmente política recusou-se a cumprir a decisão judicial irrecorrível, mesmo sob o risco de ser afastado por intervenção federal; acabou passando para a opinião pública a imagem de um político de princípios tão firmes que era capaz de até colocar seu futuro em risco para não trair seus ideais (Brickmann, 1994, pp. 20-21).

Depois de eleito presidente da República, Collor continuou sua autopromoção para continuar em evidência na mídia. Uma vez consolidada sua imagem perante o público, ele continuou a chamar a atenção dos meios de comunicação com atitudes que "ganharam" espaço nas televisões e revistas Brasil afora.

> Uma vez confirmada pelas urnas a vitória do "caçador de marajás", [...] o novo presidente continua à frente dos acontecimentos [...]

> e com sua infatigável capacidade de autopromoção (é o momento das corridas de *jet-ski*, dos vôos em caças supersônicos e outras demonstrações histriônicas) (Carneiro, Lattman-Weltman e Ramos, 1994, p. 108).

Além disso, continuou utilizando o expediente de aparecer com camisetas com mensagens, como já fizera antes.

Mídia escrita

Os jornais e as revistas que cobriram os feitos de Collor durante o período em que estava sendo planejada sua "caminhada para o Planalto" constituíram um forte apoio à sua candidatura. Fizemos uma amostragem de títulos de matérias produzidas de novembro de 1986 a fevereiro de 1989, sobre seu governo em Alagoas. Elas mostram claramente a trajetória percorrida por Collor no campo político, desde quando começou a gestar sua candidatura. A difusão de suas ações deu-lhe visibilidade nacional, complementada por técnicas de marketing pessoal.

Ressalte-se que os jornais a seguir mencionados são os principais do país[3] e que as matérias foram veiculadas neles com destaque. Os títulos foram colhidos do livro *A imprensa faz e desfaz um presidente*, para o qual foram levantados por José Alan Dias Carneiro, Fernando Lattman-Weltman e Plínio de Abreu Ramos (1994, pp. 141-144).

- "Collor diz que não faz acordo com corrupção" (OG, 26 nov. 1986).
- "Fernando Collor volta e é recebido por 15 mil pessoas" (OG, 6 fev. 1987).
- "Collor não espera fazer decretos contra marajás em Alagoas" (JB, 6 mar. 1987). Notícia sobre a posse; trecho: "Apesar da

[3] Os jornais aqui mencionados de forma abreviada são: *Folha de S.Paulo* (FSP), *O Estado de S. Paulo* (Oesp), *O Globo* (OG) e *Jornal do Brasil* (JB).

chuva que caiu à tarde em Maceió, a festa da posse foi a maior já registrada em Alagoas nos últimos trinta anos".

- "Supremo concede liminar contra marajás de Alagoas" (FSP, 16 mar. 1987). Também sobre a posse.
- "Governador de Alagoas exige ajuda federal" (OG, 18 mar. 1987). Sobre a reunião da Sudene; trecho: "O governador de Alagoas, Fernando Collor, acabou sendo o centro das atenções da reunião, ao fazer o discurso mais aplaudido e mais enérgico da série de pronunciamentos".
- "Collor combate os 'marajás' e o jogo de bicho" (OG, 4 abr. 1987).
- "Collor sugere rigor com privilegiados" (FSP, 4 abr. 1987).
- "Collor é contra pacto dos governadores para dar seis anos a Sarney" (JB, 4 abr. 1987).
- "Collor diz que país está num jogo sem juiz" (JB, 7 abr. 1987).
- "Collor investe contra 'sindicato do crime' após vencer marajás" (JB, 8 abr. 1987).
- "Collor volta a cobrar o pulso firme de Sarney" (Oesp, 22 abr. 1987).
- "Collor dá a partida para moralizar o paraíso dos ociosos" (OG, 26 abr. 1987).
- "Collor pede luta anti-recessão" (JB, 29 abr. 1987).
- "Collor ataca presidente e manda cortar mais despesas" (OG, 9 maio 1987).
- "Collor dirá a Sarney que a política econômica preocupa" (OG, 13 maio 1987).
- "Collor disciplina salário de servidor" (OG, 20 maio 1987).
- "Collor não muda ponto de vista sobre mandato" (Oesp, 5 jun. 1987).
- "Collor condena supersalários de deputados" (OG, 7 jun. 1987).
- "Collor diz que punirá com rigor uso de carro roubado" (OG, 18 jun. 1987).

- "Collor vai ao STF contra Cz$ 204 mil dos deputados" (OG, 24 jun. 1987).
- "Collor vai ao STF para que deputados não tenham aumento" (JB, 24 jun. 1987).
- "Collor convoca povo de Maceió para comício pelas diretas em 1988" (JB, 3 set. 1987).
- "Collor não aceita discutir o mandato" (OG, 14 out. 1987).
- "Collor dirá que eleição vale todo o sacrifício" (Oesp, 28 out. 1987).
- "Dos governadores do Nordeste, só Collor defende os quatros anos" (OG, 11 nov. 1987).

Análise das pesquisas de 1989

Fernando Collor de Mello, que viria a ser o primeiro presidente da República eleito pelo voto direto no Brasil após uma ditadura militar de 21 anos (1964-1985), realizou um notável trabalho de marketing político pela mídia. Comparada com a dos demais candidatos, a sua campanha teve uma marca inconfundível dentro do processo mercadológico.

Segundo Carneiro, Lattman-Weltman e Ramos (1994), ele não era um líder partidário de massa. Não tinha um perfil configurado, como políticos com uma trajetória política já institucionalizada, a exemplo de Leonel Brizola, Ulysses Guimarães, Aureliano Chaves ou Paulo Maluf. Não se achava entre as novas lideranças surgidas em decorrência do processo de reorganização política dos partidos e da sociedade após a ditadura, como Luiz Inácio Lula da Silva, Mário Covas ou Roberto Freire. E nem, muito menos, despontou como um intérprete credenciado de grupos e setores mais específicos da sociedade civil, como Guilherme Afif Domingos ou Ronaldo Caiado.

Mesmo o fato de o processo mercadológico de construção de sua candidatura à presidência ter-se desenvolvido a partir de sua atuação como governador de Alagoas, em nada contradiz a especificidade e o caráter paradigmático do "caçador de marajás". Fernando Collor valeu-se de sua experiência administrativa muito menos para construir uma máquina partidária tradicional, enraizada na vida política alagoana, do que para formar uma imagem pública projetada para o imaginário político de todo o país. Acima de tudo, sempre falou mais alto seu instinto de homem de propaganda, sua formação pessoal na área de comunicação.

Carneiro, Lattman-Weltman e Ramos (1994, pp. 117-118) reproduzem as pesquisas do Ibope e do Datafolha, de 1989, que tiveram a evolução demonstrada nas tabelas a seguir.

Pesquisa de janeiro de 1989

Candidato	Datafolha	Ibope	
		Com Silvio Santos	Sem Silvio Santos
Silvio Santos	27%	24,2%	---
Leonel Brizola	17%	16,7%	19,3%
Luiz Inácio Lula da Silva	14%	11,1%	14,2%
Fernando Collor de Mello	(1)	7,5%	9,1%
Mário Covas	(1)	(1)	8,7%

(1) Não aparecem nas pesquisas.

Pesquisa de julho de 1989

Candidato	Datafolha	Ibope
Fernando Collor de Mello	42%	43%
Leonel Brizola	11%	11%
Luiz Inácio Lula da Silva	7%	8%

Em novembro, Fernando Collor vence o primeiro turno das eleições, com 20 milhões de votos, ficando Lula em segundo lugar, com 12 milhões de votos. Como nenhum candidato obteve a maioria dos votos, teria que ser realizado um segundo turno entre os dois mais votados.

A seguir, reproduzimos, de uma matéria publicada pela revista *Veja* (29 nov. 1989), o desempenho de Collor e Lula nos dez maiores colégios eleitorais.

Resultado do primeiro turno por região (milhões de votos)

Estado	Collor	Lula	Brizola	Outros (1)	Total
São Paulo	4,0	2,9	0,2	11,4	18,5
Minas Gerais	2,8	1,7	0,4	4,5	9,4
Rio de Janeiro	1,1	0,9	2,3	3,8	8,1
Bahia	1,4	1,0	0,2	3,2	5,8
Rio Grande do Sul	0,4	0,3	3,2	1,8	5,7
Paraná	1,5	0,3	0,6	2,4	4,8
Pernambuco	1,0	0,9	0,2	1,6	3,7
Ceará	0,8	0,3	0,5	1,7	3,3
Santa Catarina	0,5	0,2	0,6	1,4	2,7
Goiás	0,8	0,2	0,1	1,0	2,1
Outros estados (2)	6,1	2,9	1,3	7,4	17,7
Total	**20,4**	**11,6**	**9,6**	**40,2**	**81,8**

(1) Brancos, nulos e votos em outros candidatos.

(2) Acre, Alagoas, Amazonas Amapá, Distrito Federal, Espírito Santo, Maranhão, Mato Grosso do Sul, Mato Grosso, Pará, Paraíba, Piauí, Rio Grande do Norte, Roraima, Rondônia, Sergipe e Tocantins.

Os dias que antecederam o segundo turno das eleições foram marcados por uma grande disputa, que permaneceu acirrada, durante toda a campanha, entre o candidato do Partido dos Trabalhadores, Luiz Inácio Lula da Silva, e o representante do Partido da Reconstrução Nacional, Fernando Collor de Mello. Pesquisas realizadas em novembro (Datafolha e Ibope) e dezembro de 1989 (Ibope) apontavam as seguintes intenções de voto, com pouca alteração da primeira para a segunda:

Pesquisa de novembro de 1989

Candidato	Datafolha	Ibope
Fernando Collor de Mello	48%	50%
Luiz Inácio Lula da Silva	39%	38%

Pesquisa de dezembro de 1989

Candidato	Datafolha	Ibope
Fernando Collor de Mello	---	51%
Luiz Inácio Lula da Silva	---	37%

Após o primeiro debate do segundo turno pela televisão, o Datafolha aponta o melhor desempenho de Lula, com 39%, contra 35% de Fernando Collor. Lula começa a crescer nas pesquisas até o debate final na televisão. No dia seguinte, a Rede Globo apresenta uma edição tendenciosa do debate havido, favorecendo Collor, que vence a eleição obtendo 33 898 198 (52,60%), contra 30 546 337 (47,40%) dados a Lula.

Análise das imagens da campanha

Selecionamos aqui duas seqüências de imagens que marcaram a campanha de 1989 por aspectos particulares. Detemo-nos no primeiro programa de televisão que mostra Collor como o "redescobridor do Brasil" e a utilização da tecnologia. Limitamo-nos a descrever as cenas, pois a divulgação das imagens não foi autorizada pelos responsáveis.

Imagens 1 e 2

As gravações foram feitas em Porto Seguro, na Bahia. Na primeira seqüência de imagens, o vídeo abre o plano com o Monte Pascoal, mostrando a primeira visão que Pedro Álvares Cabral pode ter tido a partir de sua caravela, quando chegou ao Brasil, em 1500. Aparece então a figura de Fernando Collor, que apresenta uma nova proposta de redescobrimento do Brasil, de um Brasil Novo, título-chave de sua campanha.

Na seqüência seguinte, o vídeo começa com Fernando Collor em uma embarcação ancorada perto da praia, mais precisamente na baía de Cabrália, onde Pedro Álvares Cabral teria ancorado sua caravela. O candidato reafirma sua proposta de redescobrir o Brasil, apontando para a cruz de madeira no local onde foi rezada a primeira missa no país, invocando a bênção de Deus para sua campanha.

Analisando as duas seqüências, nota-se que Collor pretende apresentar ao eleitorado o "novo". A novidade, neste caso, é o redescobrimento do Brasil, mediante um candidato novo, uma proposta nova, um partido chamado da Renovação Nacional, tudo orientado para um programa de governo intitulado "Brasil Novo".

Imagens 3 a 8

Esta seqüência de imagens capitaliza uma das marcas mais exploradas na campanha de Collor: as duas letras L de seu sobrenome, que vão de encontro às placas que representam tudo o que o candidato quer combater se for eleito. As duas letras seguem sem perder o ritmo e quebram todas as placas, até a formação do nome de Collor, seguindo-se um convite aos eleitores.

A figura 3 focaliza os maiores inimigos de Collor, que ensejaram a criação do *slogan*-chave de sua campanha, assim como do epíteto pelo qual ficou conhecido nacionalmente: os "marajás". A figura 4 alude à "impunidade" dos que cometem qualquer tipo de crime ou delito. A figura 5 mostra as letras L avançando para a palavra "corrupção", tema muito utilizado pelo candidato para atacar o então presidente do Brasil, José Sarney. A figura 6 explora um dos assuntos mais debatidos na ocasião, causador de grande insatisfação entre os brasileiros: a "inflação". A figura 7 coloca, em plano frontal, de maior visualização, a palavra "miséria", conotando o momento delicado pelo qual o país estava passando. A figura 8, quando as duas letras L chegam à placa, formando o nome Collor, se complementa com o mapa do Brasil e os dizeres "Vamos construir um Brasil Novo".

Considerações finais

A campanha de Fernando Collor partiu de uma pesquisa do Instituto Vox Populi (1988) quanto a atributos que a população considerava essenciais em um candidato à presidência: ser jovem (53,3%) e combater os marajás (64,2%). Assim, ele subiu ao palco político exibindo uma gama de traços que o identificavam com os anseios do povo. Jovem, elegante, moderno, corajoso e dinâmico, esperava-se dele o poder para enfrentar e vencer as mazelas que o tempo se encarregara de criar, como os marajás, a corrupção e a impunidade.

A política corresponde a um teatro, com sua estrutura (palco, cenários, atores, enredo, diretor, platéia etc.) e o desempenho dos atores (talento, *performance*, gestos etc.). Neste aspecto, Collor incrementava sua atuação com o diferente, como pilotar um carrinho de supermercado, um avião supersônico ou um submarino, entre outras aparições espetaculares. Poder-se-ia também comparar sua campanha com uma novela, em que cada capítulo trabalha a vontade das pessoas, gerando uma expectativa para o próximo episódio.

O elenco do grande espetáculo esteve composto, principalmente, por representantes da chamada "República das Alagoas": Paulo César Cavalcante Farias – amigo desde 1986 – participou da campanha como tesoureiro; Cláudio Humberto Rosa e Silva – secretário de governo de Alagoas e assessor de imprensa de Collor – teve um papel importante como divulgador das ações da campanha pelos meios de comunicação; e Cleto Falcão – articulador da campanha, junto com Renan Calheiros.

Na televisão, Collor se apresentou claramente como "personagem". O sucesso da campanha deveu-se, em muito, à sua força de persuasão, à sua atuação convincente e aos símbolos utilizados, que interpretavam os anseios do povo quanto ao candidato considerado ideal para o país.

Na história recente do país, ele foi um dos que se valeram da melhor forma dos elementos da comunicação política, como pesquisas de opinião, comícios, assessoria de imprensa, relações públicas. Tudo isso integra o processo que hoje se considera cada vez mais imprescindível para a eficiência e a efetividade de programas arquitetados por instituições, empresas e indivíduos: o planejamento estratégico que, no caso da campanha de Collor, pode ser configurado da seguinte forma:

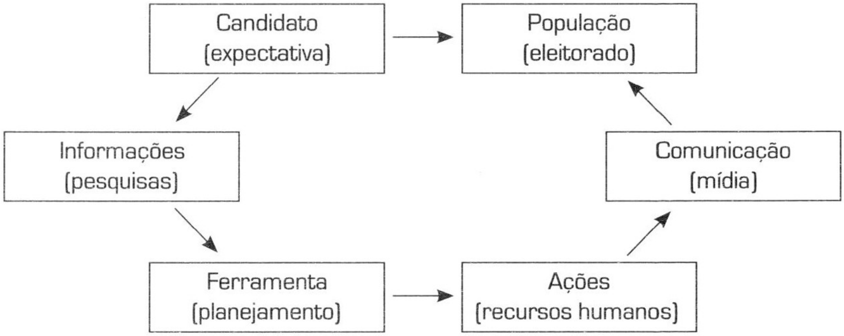

As pesquisas forneciam informações para Collor e seu *staff*, as quais eram utilizadas para o planejamento de ações como comícios, entrevistas e quaisquer outras capazes de conquistar mais espaço na mídia para chamar a atenção do eleitor. Após a comunicação do fato à população, eram solicitadas novas pesquisas, como forma de medir a nova expectativa gerada junto ao eleitorado, para que fosse criado um outro planejamento para novos cenários.

Referências bibliográficas

BRICKMAN, José Carlos. *A vida é um palanque: os segredos da comunicação política*. São Paulo: Ed. Globo, 1998.

CARNEIRO, José Alan Dias; LATTMAN-WELTMAN, Fernando & RAMOS, Plínio de Abreu. *A imprensa faz e desfaz um presidente: o papel da imprensa na ascensão e queda do "fenômeno Collor"*. Rio de Janeiro: Nova Fronteira, 1994.

CONTI, Mário Sérgio. *Notícias do planalto: a imprensa e Fernando Collor.* São Paulo: Companhia das Letras, 1999.

ROSA E SILVA, Cláudio Humberto. *Mil dias de solidão: Collor bateu e levou.* 2. ed. São Paulo: Geração Editorial, 1993.

SILVA, Deonísio. "Nababos, marajás e nepotistas". *JB Online*, Rio de Janeiro, 2005. Disponível em <http://jbonline.terra.com.br/jb/papel/colunas/lingua>. Acesso em dez. 2005.

TAVARES, Olga. *Fernando Collor: o discurso messiânico, o clamor ao sagrado.* São Paulo: Annablume, 1998.

____________. *Fernando Collor: O discurso visual – Ascensão e queda.* Tese de doutorado em Comunicação e Semiótica, Pontifícia Universidade Católica de São Paulo, São Paulo, 1999.

Periódicos

Revista *Veja* – edições de: 23 abr. 1988 – O caçador de marajás; 29 nov. 1989 – Jogo bruto na reta de chegada; 24 dez. 1989 – O dia do caçador.

8

Itamar Franco: a imagem política nas conotações do fusca

Aparecida Amorim Cavalcanti*

Este artigo é fruto de nossa dissertação de mestrado, defendida na Universidade Metodista de São Paulo em 2002, que teve como objetivo analisar a repercussão da imagem pública de Itamar Franco nos jornais *O Estado de S. Paulo*, *Folha de S.Paulo* e *Estado de Minas*, além da revista *Veja*.

Destacamos, desde já, a relevância de uma pesquisa sobre um personagem político de importância reconhecida no cenário nacional, com uma longa trajetória construída desde 1958, quando pela primeira vez se candidatou a vereador da cidade mineira de Juiz de Fora. Desde então, a sua carreira política evoluiu significativamente, levando-o a alcançar a presidência da República em dezembro de 1992, ainda que de maneira circunstancial, em decorrência do *impeachment* sofrido pelo seu antecessor, Fernando Collor de Mello.

Trata-se de um político que construiu a sua história através de um "fazer político" um tanto controverso. Ele sobressai pelo seu tempe-

* Aparecida Amorim é graduada em Ciências Sociais pela Universidade Vale do Rio Doce (Univale), especialista em Projetos de Intervenção Social pela Pontifícia Universidade Católica de Minas Gerais (PUC-Minas) e mestre em Comunicação Social pela Universidade Metodista de São Paulo (Umesp). E-mail: amorimap@terra.com.br.

ramento forte, pela fluidez partidária e pela ambigüidade – expressa, entre outras coisas, nas alianças políticas e em filiações a partidos de contorno ideológico diferente daquele que preconiza.

Consideramos, assim, que nossa iniciativa contribui para a compreensão dos processos de comunicação e marketing político no cenário político brasileiro, uma vez que Itamar Franco é um homem público de projeção nacional. Coube-nos verificar como as suas ações políticas repercutiram na mídia impressa, uma vez que essas se caracterizam pela polêmica e pela intencionalidade de autopromoção.

Dado o caráter do presente trabalho, restringimo-nos a discutir a questão apenas a partir da análise feita em dois dos veículos investigados originalmente, ou seja, os jornais *Folha de S.Paulo* e *Estado de Minas*. Exporemos aqui só uma parte do estudo feito, apresentando a ocorrência de um dos temas, isto é, daquilo que se chamou de "caso do fusca". Acreditamos que, com isto, será possível dar uma visão de como a imagem de Itamar Franco repercutiu nos meios da mídia impressa, pela forma como ele lança mão de suas ações para o empreendimento do seu marketing político.

Uma leitura da repercussão da imagem pública de Itamar Franco a partir do "caso do fusca"

Para nossa dissertação de mestrado nos valemos das edições de janeiro a setembro de 1993 das publicações mencionadas no início. Aqui nos fixamos nas edições de fevereiro de 1993 da *Folha de S.Paulo* e do *Estado de Minas*, explorando as matérias veiculadas sobre a proposta do presidente Itamar Franco de resgatar a produção do conhecido veículo popular apelidado de "fusca", que marcou época durante algumas décadas do século passado. Do primeiro jornal, foram analisadas treze edições, entre os dias 2 e 25, e do *Estado de Minas*, sete, entre os dias 2 e 17.

A pretensão foi, por meio de uma análise de conteúdo, compreender como a imagem pública de Itamar Franco repercutiu nos veículos impressos. Para isso, fizemos inferências a partir de uma análise qualitativa, apreciando pormenorizadamente as matérias quanto à interconexão entre comunicação e política, bem como no que se refere aos conceitos de construção de imagem pública, marketing político permanente e eleitoral, marcas políticas e propaganda ideológica.

Procuramos, dessa forma, compreender como se refletiam os atributos simbólicos relacionados com Itamar Franco a partir de suas iniciativas, na tentativa de alcançar o sentido subjacente às veiculações, para identificar se o que foi dito a seu respeito correspondia à difusão de ideologia, ao modo de vida e aos valores preconizados na sociedade contemporânea; se as suas ações foram expressas como estratégia de marketing e, portanto, pensadas; se foram abordadas como marcas, ou seja, se algum elemento foi apresentado como um valor em si mesmo, entrelaçado a Itamar.

Folha de S.Paulo

A *Folha de S.Paulo* retrata Itamar Franco de maneira que realce algumas das qualidades que ele parece manter atreladas à sua pessoa. Em artigo publicado no dia 3 de outubro de 1993, intitulado "Homem simples", sua imagem é descrita nos seguintes termos:

> É possível que as atitudes de "homem simples" que Itamar Franco procura vender em declarações e atitudes tenham, efetivamente, algum efeito sobre os homens de fato simples deste país. Investe o presidente de um imaginário nostálgico, tentando cercar-se de símbolos de um Brasil decomposto pelo tempo, mas que parece permanecer como um resíduo vivo nos escaninhos da memória social. Procura Itamar mobilizar o mito, no sentido barthesiano, da "boa brasilidade perdida", que cristaliza em torno de objetos signos como o fusca e a peteca [...].
>
> O presidente trata, a cada momento, de associar-se a um universo sentimentalista que evoca um país ausente, uma experiência pulverizada no pretérito, um mundo irreconhecível na realidade áspera

> e brutal deste país destroçado pela crise econômica, pela corrupção, pela violência. Tudo passa como se o presidente, ele mesmo, tentasse se construir no elo de uma ligação perdida, no condutor de um contato desfeito, na esperança de um retorno que não tem mais lugar salvo no plano do imaginário. O papel não poderia ser exercido melhor por outro que por um mineiro. É Minas, mais que todos, este reservatório de imagens e sentimentos de um Brasil de amplitudes límpidas e simples, de valores familiares, de sentimentos verdadeiros, de passado heróico, de fé inabalável e de pés fincados na terra [...]. Minas que se aventurou no desenvolvimento nacional, a erguer Brasília, a fomentar a indústria automobilística, a fazer de Juscelino um mito vivo na lembrança coletiva.
>
> [...] o mineiro Itamar, fomentando em sua retórica e atitudes um projeto passadista, que por melhor que possa ter sido em relação ao atual não tem retorno. Comporta-se, e quase sempre pateticamente, como se o caminho e a superação da crise material e ideológica passasse por um simplório passeio pelas trilhas das Gerais, por um namoro apertado no fusca. [...] É este o país que o presidente parece prometer. Trata-se, não há dúvida, de um homem simples.

A incursão por esse artigo nos permite algumas reflexões, entre as quais duas em especial: a primeira, vinculada ao que se diz sobre Itamar; a segunda, ligada à relação existente entre o que se veicula a respeito desse político e à forma como ele se coloca na arena política.

Quanto à primeira reflexão, ela diz respeito à apresentação de Itamar como um homem simples e, mais que isso, até mesmo como alguém simplório, que direciona seus atos e suas declarações a um público com as mesmas características. Para efetivar seu intento, lança mão de recursos simbólicos que remontam a um saudosismo, a uma nostalgia que só encontra espaço de realização no imaginário, uma vez que de fato não se aplicava à dura realidade brasileira daquele momento, marcada pela crise econômica, pela violência e pela corrupção.

O fusca aparece como um símbolo de uma época passada, um remanescente que não tem mais espaço para se materializar no presente. Faz-se alusão ao tipo mineiro, ingênuo, crédulo, bem-intencionado, mas retrógrado, pois a sua "retórica e [suas] atitudes" nos transportam para um "projeto de Brasil passadista". O político age "pateticamente".

O popular veículo aparece aí inserido na nova possibilidade aberta pelo desenvolvimento tecnológico e midiático, que apresenta a comunicação como uma esfera de poder que se defronta cotidianamente com o poder político, numa postura crítica e desveladora daquilo que se encontra – ou se pode encontrar – por trás das ações políticas.

Usufrui, ainda, de um privilégio só existente nos regimes democráticos: a exposição da desconfiança ou da discordância em relação ao líder. Torna públicos os atos políticos, atuando como porta-voz da sociedade, ou de setores da sociedade, apesar de não ter mandato. Revela a subjetividade presente na proposta de retornar com "o carro popular".

Mais que isso, demonstra que essa proposta só poderia partir de um político com o seu perfil. Nesse contexto, a mídia se insere como um dos mecanismos de representação da sociedade em relação às atitudes de líderes políticos, colocando-se como um importante canal de informação, se não o mais importante. Obviamente sem o caráter de neutralidade, pois é produto de sujeitos que possuem valores expressos na sua maneira de ler e escrever sobre o mundo.

A segunda reflexão refere-se ao aspecto ideológico presente na proposta da volta do fusca. Em termos de representação simbólica, é possível aliar a simplicidade do carro à simplicidade de Itamar. Este, por sua vez, apresenta-se como aquele que defende os interesses populares, pinçados do imaginário popular. Os valores do povo são aqui representados pelos valores mineiros, mas podem ser relacionados à maioria da população, haja vista que o carro atenderia a uma "necessidade de todos" os brasileiros.

Ao criar ou ao permitir passar a imagem de homem simples – tão simples quanto o povo –, Itamar informa os benefícios de se confiar nele. Sua simplicidade o faz um líder em conexão com o público, capaz de responder aos anseios da "maioria" da população. A simplicidade é entendida aqui como uma qualidade que repousa no imaginário do público, que, por ser composto por uma maioria de baixa renda e baixa escolaridade, talvez veja a simplicidade como uma característica positiva. É importante ressaltar que o artigo da *Folha de S.Paulo* associa a imagem de simples com simplório, dando ao termo "simples" uma conotação jocosa, pejorativa.

Sabemos que as atitudes políticas são intencionais, nada sendo gratuito. Ao lançar uma idéia ou proposição, os políticos buscam equacionar os diversos interesses presentes na sociedade, com o objetivo de atender ou aparentar atendê-los. Portanto, as atitudes do governo se pautam na justificativa de atender aos anseios dos governados, oferecendo benefícios à população em geral, por meio do progresso e do desenvolvimento do país.

O fusca, como um carro popular, expressa essa intenção. Ao mesmo tempo que é retratado pelo jornal como um projeto retrógrado, é justificado por Itamar como uma alternativa ao atendimento da necessidade do país, em um momento de crise e estagnação econômica. Ainda que, de fato, não atenda efetivamente a essa necessidade.

É possível perceber a universalização – elemento presente na elaboração da ideologia e transposto para as ações permeadas por ela –, pela transferência dos interesses contidos na ideologia para os receptores, que são levados a acreditar que as ações são implementadas em seu benefício, ocultando-se os verdadeiros interesses que se encontram por trás do projeto proposto.

O trecho seguinte, veiculado no dia 3 de fevereiro de 1993, demonstra isso. A reportagem tem o título "Itamar quer juro mais baixo para financiar carro popular". No *lead* se lê: "Banco do Brasil estuda redução para a compra de veículos até US$ 7 mil".

> Para garantir as vendas dos carros populares, [...] Itamar Franco determinou ao Banco do Brasil a realização de um estudo para o fi-

nanciamento de carros com juros abaixo dos praticados hoje no mercado [...].

"Quero juros acessíveis aos trabalhadores, esses juros de 40% são escorchantes, ninguém pode conviver com eles", afirmou o presidente [...].

A proposta para que a Volkswagen volte a produzir o fusca está acirrando a concorrência e deve fazer com que as montadoras apresentem projetos para a produção de carros.

Itamar aparece então como um político propositivo, preocupado com os problemas dos brasileiros, especialmente com a possibilidade de estes terem acesso a carros populares, e demonstra que, ao propor a volta do fusca, fez com que outras montadoras se preocupassem em oferecer ao mercado carros mais acessíveis à população.

Entretanto, para viabilizar o retorno do carro "popular", a Autolatina exige a isenção do IPI (Imposto sobre Produtos Industrializados) e do Fundo de Investimento Social (Finsocial). A reportagem, publicada no dia 5 de fevereiro de 1993, diz:

A proposta entregue pela Autolatina [...] prevê o preço [do fusca] ao consumidor [em torno de] 7.000 US$, com a isenção do IPI e Finsocial. As alíquotas que incidiriam hoje sobre o fusca são as seguintes: 31% de IPI, 12% de ICMS, 0,65% de PIS e 2% de Finsocial.

Jeffersson José da Conceição, [...] economista do Dieese, afirma que a margem de lucro da empresa seria de 36,4% se o fusca fosse vendido a US$ 7.000. O estudo mostra que esta margem era de 10,5% em março de 1986, quando o carro deixou de ser produzido. Na época, o fusca custava US$ 3.326 [...].

"Mesmo considerando a defasagem cambial no período e os investimentos necessários à volta da produção, constatamos que houve

> aumento cavalar do preço", diz Conceição. Segundo o Dieese, o custo total do carro seria hoje de US$ 2.482 e a margem de lucro, de [US$] 601. Mantido esse custo e contando com a redução de impostos, a margem do fabricante subiria para US$ 2.548 [...].

Essa reportagem nos permite argumentar que a volta do fusca favoreceria muito mais as empresas que o consumidor. Esse argumento é reforçado pelo artigo do dia 7 de fevereiro, "A marcha-à-ré da saudade", que diz: "a nostalgia pessoal sobrepõe-se à racionalidade administrativa e à conveniência social".

A boa-fé com que a Autolatina adere à fantasia nostálgica de Itamar expressa-se neste comentário do seu presidente, o belga Pierre-Alain de Smedt, sobre o desenterro do fusca: "No Brasil tudo é possível". É possível até ouvir esse tipo de grosseria de quem está recebendo favorecimento do governo, para que pareça fazer o que não fez nem fará: carros atualizados e adequados às condições econômicas, urbanas e sociais do país.

A afirmação de Smedt pode ser transposta para Itamar, que, no seu "fazer político" atrelou a si a imagem do inusitado. Assim, com ele tudo é possível ou de Itamar se espera tudo, até mesmo ressuscitar um carro popular, obsoleto, que não tinha saído de linha por acaso, numa época em que o único país que ainda o produzia era o México.

O discurso era o de que a volta do veículo promoveria o crescimento econômico, com a geração de mais empregos, quando poderia ter sido proposto o desenvolvimento de um carro realmente popular, adequado à situação vigente, tecnologicamente moderno e econômico.

A reportagem compara o lucro líquido da Autolatina, de 10,4% na época em que o carro tinha um IPI de 28%, com o lucro de 36,4% que ela obteria se produzisse um carro com preço estimado de US$ 7.000 e com zero de IPI. "Com o fusca-nostalgia não se terá um dos minicarros modernos de que o Brasil precisa e a Autolatina terá benefícios de que não precisa."

Nesse ponto, aparece a contradição nos atos de um político que procura posicionar-se como um nacionalista, entendido aqui como aquele que defende os interesses do povo brasileiro, por meio de atitudes que favoreceriam a população em detrimento dos interesses privados internacionais. No entanto, o que se vê, diante dos argumentos apresentados pelo jornal, é que o primeiro, se não o único, a ser beneficiado com o fusca seria a Autolatina, e, posteriormente, o próprio Itamar Franco, que lançaria o carro como uma proposta imbuída de significado, que motiva e cria identificação do público com o seu mentor.

A *Folha de São Paulo* chama a atenção para o "estilo Itamar", expresso, por exemplo, no acordo que ele estaria prestes a fechar com a Autolatina para a produção do fusca. "Falta-lhe um componente que é essencial, a consciência do momento atual. Sua atuação errática, seus repentes de eterno prefeito do interior, seu voluntarismo superficial e pouco informado mostram que, tendo todas as prioridades, o presidente não tem nenhuma."

Resta pensarmos a repercussão da imagem de Itamar nesse jornal, que demonstrou que, do ponto de vista econômico, a volta do carro não se justificava, mas, mesmo assim, a despeito das críticas, o presidente efetivou a sua volta.

Ao olharmos para Itamar como alguém que transita nessa esfera política motivado por intenções – como todo político, aliás – e que, para efetivar as suas intenções, utiliza recursos capazes de convencer e garantir o seu poder, o fusca pode ser visto como um símbolo, como um recurso simbólico materializado. A volta do carro foi utilizada como uma alternativa simbólica de resolução de problemas socioeconômicos que são concretos.

Para parte da população, o fusca se apresenta como uma possibilidade real da realização do sonho de possuir um carro zero-quilômetro, que, por sua vez, vem carregado de todo o significado simbólico de um objeto de consumo em uma sociedade capitalista. Se possuir um carro significa ter um veículo que atenderá às necessidades de transporte cotidianas, significa também possuir um objeto que oferece a seu dono um certo *status*, fator importante de afirmação social no pensamento da sociedade capitalista.

É a possibilidade da materialização do sonho, o carro em si torna-se um valor utilizado com a intenção de fazer que as pessoas atuem em uma mesma direção, para que haja consenso na formação da opinião pública, para respaldar a atitude do líder que propõe o seu retorno. Foi uma alternativa justificada no beneficio à população de renda média-baixa que, nas circunstâncias do momento, não poderia ter acesso ao carro zero. Em Itamar se encontravam naquele contexto os ideais de um político que faz, ainda que de maneira mistificada e equivocada.

Bourdieu (2000) refere-se à vida política como um teatro, no qual os representantes dão representação de si por meio de seus atos e da promoção de fatos, pela fusão entre o significante e o significado, com o objetivo de alcançar a clientela, o receptor da peça teatral. No caso aqui estudado, os receptores são os governados por Itamar, seus potenciais eleitores no futuro. Se existia espaço no imaginário popular para a volta do fusca, as condições concretas de crise socio-econômicas do país propiciavam o seu retorno.

A idéia do teatro reporta-nos à eficácia de ações performáticas na sociedade de consumo, em que a possibilidade de "ter" é um valor em si mesmo. Ter um carro zero, ainda que não seja dos mais modernos, é um recurso de satisfação simbólica a ser considerado. Ocorre então a fetichização do objeto. O fusca torna-se anacrônico, imbuído de força própria; é a possibilidade de consumo destituída das relações com a classe dominante, haja vista o favorecimento da indústria automobilística. Ele, o carro, é transmutado em agente capaz de satisfazer o íntimo desejo de possuir um bem tão almejado.

O caráter ideológico presente na intenção de retornar à produção do carro reside no fato de que o ato representa uma imposição que a classe dominante tenta não vincular a seus interesses. A Autolatina o fabricará com um lucro maior do que ela tinha em 1986, ano em que ele foi tirado de linha. Itamar o propõe como uma alternativa que beneficiara a economia, o desenvolvimento do país e, conseqüentemente, aqueles que irão adquiri-lo a um "preço baixo". Garcia (1982, p. 20) afirma que "a ideologia encobre e disfarça sinais que poderiam fazer alguém desconfiar de que todas as instituições são instrumentos de coerção, passando a idéia de que as ações implementadas para atender os interesses sociais".

Thompson (1998) respalda a nossa compreensão do fato. Ele argumenta a respeito da ideologia como algo que

> focaliza a atenção nas maneiras em que as formas simbólicas servem, em circunstancias particulares, para estabelecer e sustentar relações de domínio [...]. [Elas] não são ideológicas por si mesmas, [mas] somente e até onde servem, em circunstancias particulares, para estabelecer e sustentar sistematicamente relações de poder.

As formas simbólicas, por sua vez, são negociadas pelos receptores como atores ativos, capazes de acionar seus valores e suas crenças, além de outros recursos simbólicos que acabarão por interferir no seu julgamento e sua aceitação, ou não, daquilo que lhes é proposto. O sentido seria construído com base nas diferentes concepções de mundo das várias pessoas.

Itamar, portanto, demonstra dividir com os indivíduos os mesmos valores e as mesmas crenças – uma vez que compartilha a convivência da mesma macrocomunidade. Ao conhecer os valores que envolvem a sociedade, ele é capaz de privilegiar atos que vão ao encontro das aspirações do público. Assim, é possível entender o marketing, ou as ações permeadas de intenção de convencimento, como algo de grande poder e efetividade na sociedade atual.

O presidente parece dar-se conta do atendimento das necessidades e da promoção dos vários interesses sociais, ou seja, a sua ação parece caminhar no sentido de satisfazer os interesses dos indivíduos, em relação àquilo que gostariam de ter e usufruir.

A *Folha de S.Paulo* trouxe no dia 14 de junho de 1993, na seção Brasil, uma reportagem intitulada "Paulistanos rejeitam o imposto do cheque...". A primeira parte focalizava a criação do IPMF (Imposto Provisório Sobre Movimentação Financeira) e apresentava resultados de uma pesquisa feita pelo Datafolha, por meio de um levantamento estatístico em bairros da Grande São Paulo. O objetivo era saber a opinião dos paulistanos a respeito do novo imposto e, também, da volta do fusca. O título da reportagem continuava na página seguinte: "...mas aprovam a volta da produção do fusca". Vale destacar aqui alguns trechos da reportagem, que mostram com clareza a posição da maioria dos paulistanos entrevistados em relação à volta do fusca.

> A maioria dos paulistanos apóia a volta do fusca. Este é o principal resultado da pesquisa [...] 59% acham que o presidente acertou ao pedir o retorno do "fusquinha". Apenas 34% criticaram a decisão e 7% não souberam opinar.
>
> Entre os que consideram certa a atitude de Itamar, 61% possuem ou já possuíram um fusca. Desmentindo uma parte da teoria saudosista, o maior apoio à volta do "fusquinha" – 66% – vem dos mais jovens, com idade entre 16 e 25 anos. Nas demais faixas de idade, a aprovação de Itamar foi de 59% (de 26 a 40 anos) e 53% (mais de 40 anos).
>
> O maior grau de repúdio à volta do fusca está entre os mais velhos (38%), mais ricos (54%) e com nível superior de escolaridade (62%). Por outro lado, 65% das pessoas com renda mensal de até cinco salários mínimos e 66% que fizeram até o 1º grau aplaudem a atitude de Itamar.

Na contramão das críticas que Itamar Franco recebeu do jornal analisado, a pesquisa demonstra a aprovação da maioria dos paulistanos em relação ao retorno do fusca. O carro aparece, assim, como um eficiente meio utilizado por Itamar para alcançar os fins desejados, relacionados mais ao seu marketing permanente do que à promoção do desenvolvimento econômico do país. O fusca era um carro de linhas ultrapassadas e, portanto, dificilmente subsistiria por um tempo razoável no mercado, pois não atendia à demanda de carros novos, que tem como uma das principais exigências que sejam dotados de uma tecnologia moderna, o que implica mais economia, conforto e segurança para os proprietários.

Estado de Minas

No dia 2 de fevereiro de 1993, o jornal *Estado de Minas* trouxe uma reportagem intitulada: "Fusquinha pode voltar até agosto". Afirmava que o ministro do trabalho, Walter Barelli, ficou satisfeito com a proposta da Autolatina de que, com o retorno do fusca, contrataria "entre 800 a mil novos empregados para a produção inicial de 100 unidades por dia". Apresentava também a posição de Smedt, presidente da empresa no Brasil, que, ao ouvir Barelli afirmar que o carro voltaria com um "preço alto para o nível de renda do Brasil", ponderou que o "o fusca é um carro adaptado às condições brasileiras e tem manutenção barata".

A partir da exposição feita pelo jornal, é possível afirmar que a idéia de voltar a produzir o fusca tem uma conotação de proposição e concorre para a consolidação de uma imagem pública positiva de Itamar, à medida que relaciona a volta do carro com a geração de empregos na indústria automobilística.

Entretanto, dois outros artigos foram publicados naquele mesmo dia, trazendo um deles as seguintes informações: "A indústria pretende reduzir mais os preços dos carros, desde que o governo reduza também a carga tributária sobre o setor [...]. As montadoras prometem investir US$ 3 bilhões em tecnologia e produtividade. [...] Esse montante garantirá a contratação de novos trabalhadores".

A indústria exige a redução fiscal, como contrapartida do governo para fabricar um carro considerado tecnologicamente superado, e, no final das contas, não seria o consumidor que ganharia com o retorno do carro. Vale lembrar, mais uma vez, a contradição na ação de um governo que se dizia nacionalista, mas que beneficiaria uma *holding* que controlava a Volkswagen e a Ford.

O presidente do Sindicato dos Metalúrgicos, Vicente Paulo da Silva, mais conhecido como Vicentinho, na época se colocou contra a volta do carro que foi chamado pelo *Estado de Minas* de "velho fusquinha". Considerou ele que "seria um retrocesso, a volta ao passado". Disse ainda: "Não adianta querer baixar impostos a qualquer custo. A indústria automobilística tem de assumir compromisso com a sociedade". Mais uma vez, o jornal deixava claro a quem realmente a proposta de Itamar beneficiaria.

A intenção de Itamar era tão inusitada que gerou críticas mesmo na imprensa internacional. Na mesma edição do *Estado de Minas*, foi publicada uma nota com o título: "Wall Street ironiza a volta do fusca", afirmando que Itamar foi transformado em personagem de sátira. "O presidente desembarcou, ontem, de fusca, na primeira página do maior jornal de negócios dos Estados Unidos e do mundo (mais de 20 milhões de circulação diária)."

O debate aberto em torno da volta do fusca ganhou destaque no espaço reservado para reportagens "bem-humoradas" sobre "temas surpreendentes e exóticos".

Mais uma vez, foi ressaltada a posição de Vicentinho, que, segundo o jornal, "aplaudiu a iniciativa de Itamar", mas "ficou de apresentar uma proposta de um carro popular diferente do fusca", acrescentando: "Só falta, agora, a Autolatina apresentar a Itamar um plano de defesa dos interesses trabalhistas dos metalúrgicos".

O presidente é retratado como um político que age de forma impetuosa, sem analisar a dimensão das suas proposições, pois, se a intenção era lançar um veículo popular que atendesse à necessidade das classes populares, deveria ter sugerido um carro que fosse, ao mesmo tempo, moderno e barato. Vicentinho, no seu depoimento, ironiza a posição da Autolatina, permitindo-nos ler, nas entrelinhas da sua fala, que o fusca só voltaria a ser produzido pela empresa se desse a ela um retorno muito maior do que aquele de quando foi retirado de linha em 1986, pois, caso contrário, ela não se interessaria.

Chamou-nos a atenção uma reportagem de página inteira com a manchete "Lugar de fusca é no museu". Escrita em tom irônico, trazia algumas afirmações interessantes, tratando o presidente de "Dr. Itamar":

> Quer uma idéia mais viável, presidente? Nós já temos o carro popular e tão moderno como os de outros países do mundo. Reduza os impostos dos automóveis com motores abaixo de 1000cc e o Uno Mille (exatamente igual ao fabricado pela Fiat em Turim) terá seu preço reduzido de 8.500 para 6.300 dólares [...]. Lugar de carro antigo é no museu, Dr. Itamar. O senhor quer ou não quer modernizar este país?

Com o desenvolvimento dos processos comunicativos, mais precisamente dos midiáticos, acabou-se transformando a natureza da publicidade. Esta, ao agendar e privilegiar determinados temas em detrimento de outros, "alterou [...] as condições sob as quais o poder político é exercido" (Thompson, 1998, p. 121). Os meios de comunicação emergiram como um espaço de cerceamento e de crítica do poder constituído, uma vez que os homens públicos são expostos a um enorme número de receptores sobre os quais não têm o menor controle. O fato é que o público não se encontra presente fisicamente, o que demanda um cuidado muito maior com aquilo que se faz e se diz, sob pena de ter a imagem retratada de forma irônica e pejorativa pela mídia, com reflexos no público leitor.

A reportagem continua, sempre em tom de ironia: "O Dr. Itamar não poderia ter tido uma idéia mais simpática do que a volta do fusca". E pergunta: "Por que a Volkswagen deixou de fabricá-lo na Alemanha em 1978 e no Brasil em 1986? Porque sua produção tornou-se inviável diante de seus elevados custos e da concorrência cada vez mais acirrada de modelos mais eficazes e modernos".

Afirma, quanto a isso: "Ninguém se iluda: fábrica nenhuma deixa de fazer um automóvel que vende bem e dá lucro..." E prossegue argumentando que o fusca é

> um carro do passado, com dificuldades impossíveis de serem superadas na linha de montagem. [...] Seu projeto não permite uma eficiência na fabricação. [...] Não atende às exigências básicas de consumo, poluição, aerodinâmica, peso, conforto, segurança e desempenho. [...] O projeto do carro é tão antigo que não permite aplicar métodos modernos e eficientes de montagem. [...] Há quem diga que o carro combina com um país de terceiro mundo como o nosso. Mas, nostalgia de lado, o carro parou no tempo e no espaço e não tem condições de competir com modelos mais recentes de automóveis chamados populares.

O texto aponta para as limitações do carro nos itens "consumo", "poluição", "cilindrada", "segurança" e "preço". Quanto a este último item, diz que o fusca não seria mais barato que o Uno Mille, o Chevette Júnior e o Gol Mil. Se estes fossem beneficiados com a isenção de tributos, poderiam ser vendidos a um preço abaixo do previsto para a comercialização do fusca nas mesmas condições, ou seja, por menos de 7.000 dólares.

Ainda segundo a reportagem em questão, a concordância da Autolatina em voltar a fabricar o fusca – que, mesmo sem os impostos, custaria 7.000 dólares – seria "uma maneira educada de dizer que não vale mais a pena fazer o carro". A propósito, não nos parece que a concordância em retomar a fabricação do Fusca se trate de um assunto que diga respeito à educação, até porque esta não é preponderante nas estratégias utilizadas pelas empresas para se manterem no mercado e não foi ela que fez a Volkswagen chegar até onde chegou.

A matéria aduz que, segundo a Associação Nacional dos Fabricantes de Veículos Automotores (Anfavea), "apenas 0,5% da população brasileira tem [condições de adquirir] um carro zero-quilômetro.

Reduzir os impostos poderia [torná-lo] acessível a 1%, ou seja, o dobro". As razões impeditivas são "o baixo poder de compra e o elevado patamar de juros". E finaliza: "Existem várias saídas para que o Brasil tenha seu carro popular. Mas, nenhuma delas aponta na direção do fusca."

Assim, o *Estado de Minas* transmitiu de Itamar Franco uma imagem que, se não foi maculada, já que dele se esperam atitudes surpreendentes, retrata alguém que tem vocação para a polêmica e, como um político, que joga na arena pública, se vale de artifícios em benefício próprio, muito mais do que competência administrativa.

Fusca: a materialização da imagem de Itamar Franco

O jornal *Estado de Minas* analisou a inviabilidade do retorno do fusca, sob os mais variados aspectos. Entretanto, deixou entrever que a proposta trazia, intrínseca, a marca de Itamar: um político tradicional, antiquado – o fusca seria um símbolo desses adjetivos. Ao mesmo tempo, demonstrou a capacidade de liderança do presidente como homem político, que usa o poder de que está investido para fazer valer a sua vontade, que lança idéias na busca de um consenso.

Como veículo de comunicação, o jornal se coloca como um canal aberto aos vários setores sociais implicados no processo. Apresenta o tema, que é conflitivo, e coloca-o à discussão pública, repercutindo avaliação de distintos setores e segmentos sociais. A mídia usou seu poder de divulgar, julgar e projetar a imagem de Itamar, construída por ele mesmo, através da sua trajetória de homem público.

Diante do exposto aqui, entendemos que o fusca foi retratado como uma estratégia de Itamar para assegurar a projeção da sua imagem. Isto corresponde à idéia defendida por Álvarez e Caballero (1997) sobre a construção da imagem pública, quando preconizam que a exposição desta na mídia deve levar em conta seu sentido e seu conteúdo, uma vez que ela interfere na direção das condutas individuais. Assim, o êxito de um político relaciona-se de maneira direta com a sua habilidade e capacidade de comunicar-se de forma eficiente.

Itamar parece ter garantido a efetividade da sua intenção: o fusca voltou. Fazia sentido propor o retorno de fabricação de um carro popular em um contexto de crise, sob a justificativa de que traria mais empregos e, conseqüentemente, promoveria o crescimento econômico, além de, aparentemente, tornar a aquisição de um veículo zero-quilômetro possível a uma parcela maior da população.

O sucesso de sua atuação política, nesse caso, parece residir no fato de que ele convenceu o público de sua efetividade, lançando mão do que Poyares (1998, p. 48) denominou "postulantes da boa imagem", ou seja, "obras [e] iniciativas em benefício do cidadão". Ele adotou uma postura de quem, apesar das inúmeras críticas recebidas, parecia ter clara convicção de que esta seria uma saída, de que encontraria respaldo popular. Tanto é que ele se manteve firme, não recuando de sua posição.

Se ele usou o fusca para autopromoção, conseguiu uma interação com os receptores da proposta, ou seja, com o público, que parece ter se mostrado favorável a ele. Por mais que sua atitude tenha recebido críticas – muito pertinentes, por sinal –, Itamar seguiu o seu trajeto político sem maiores problemas, tanto que, quatro anos depois, foi eleito governador de Minas Gerais.

Apesar do "absurdo" de sua iniciativa, ele conseguiu fazer com que a Fiat produzisse um Uno Mille com preços mais populares. No dia 2 de fevereiro de 1993, o *Estado de Minas* publicou, na seção de Economia, uma reportagem com o título "Fiat também vai fabricar carros populares". O texto se inicia assim: "A Fiat deverá lançar um novo modelo de automóvel, a preço popular, para competir com o fusca".

Na visita que o presidente da Autolatina, Pierre-Alain de Smedt, fez a São Bernardo do Campo, no ABC Paulista, para comunicar oficialmente a decisão do retorno da fabricação do carro, ele se encontrou com o presidente do Sindicato dos Metalúrgicos, Vicentinho, que lhe entregou uma miniatura do fusca, mas não se deixou fotografar com o presidente. A atitude de Vicentinho esclarece a sua postura em relação à volta do fusca. Smedt afirmou que a ministra Yeda Crusius dissera que "o fusca é a cara do Brasil". Vicentinho, no entanto, segundo o *Estado de Minas*, demonstrava um entusiasmo bem mais modesto. Afirmou ele: "A volta do fusca é apenas um paliativo para enfrentar a crise. Eu me pergunto se, no passado, houve um erro de avaliação em interromper sua produção ou se o equívoco está sendo cometido agora. Torço pela primeira hipótese".

Equivocado é mais um adjetivo atribuído a Itamar diante do episódio da proposta da volta do fusca. Ao pensarmos na repercussão da imagem pública, vem-nos à mente o argumento de Poyares (1998, p. 88) sobre a natureza da opinião pública, que

> não é resultado matemático nem mesmo [...] fruto de combinações lógicas. Sua natureza inclui a tônica da fragilidade, da sensibilidade forte, da instabilidade. Por conseqüência não podemos exigir-lhe o que entendemos por justiça e equilíbrio.

Assim, a percepção do receptor em relação à imagem veiculada assume uma importância tão grande quanto aquilo que se comunica. Não foi proposta nossa, neste trabalho, empreender uma análise sob o ponto de vista da recepção. No entanto, sentimo-nos tentados a fazer uma rápida referência a ela, considerando que a percepção daquilo que é veiculado ocorre diferentemente de pessoa para pessoa. Talvez se deva a isso a explicação da manutenção de Itamar no cenário político brasileiro.

Em nenhum momento as reportagens analisadas o classificaram como um político desonesto, em um momento no qual a honestidade era um atributo muito valorizado. Essa é uma marca política presente em Itamar e que tem efeito sobre os governados e acaba distinguindo-o de tantos outros políticos brasileiros, inclusive daqueles com os quais ele tem feito alianças.

O marketing político é uma estratégia de "venda" de produtos, que retira o olhar da qualidade do produto concreto, ou seja, da qualidade das idéias que vende, e o dirige para a imagem que essa idéia ou esse produto é capaz de criar na mente do consumidor. Privilegia a interligação do "produto" com idéias e sentimentos positivos. Para isso, realça os teores positivos subjetivamente presentes nos atos, muito mais do que relaciona o ganho ao valor utilitário dos produtos.

É possível afirmar que o fusca, como uma estratégia de marketing político, teve a capacidade de criar uma identificação positiva entre o líder e seus liderados, uma vez que não se chocou com a imagem que os eleitores e o próprio veículo tinham em relação a Itamar. Dele se esperava e se espera uma proposição desse tipo. E é isso que o distingue dos demais políticos: essa ação, vinda dele, era legítima. Vinha ao encontro de sua personalidade. Se a proposta do carro era absurda e incoerente, sob o ponto de vista da viabilidade, veio confirmar o fato de Itamar ser um político que nunca se pautou pela coerência. A ambigüidade da proposta reflete a própria ambigüidade de Itamar.

Na verdade, ao sugerir que se voltasse a fabricar o fusca, ele propunha a sua essência, um carro barato e simples, como ele e os seus liderados. Ele conseguiu vender uma idéia de confiança e segurança. Do possível naquele contexto socioeconômico, ele conseguiu elaborar uma proposta que aparentava atender aos interesses da sociedade naquele momento. Notícia publicada no *Estado de Minas* no dia 7 de fevereiro de 1993, na coluna "Em dia com a política", confirma a nossa argumentação. Intitulada "A voz do povo", ela se referia a uma pesquisa feita pelo Ibope para saber o que os entrevistados achavam de si mesmos e de Itamar Franco. Os resultados indicaram que os brasileiros estavam satisfeitos com o presidente. Dizia a nota:

> [Isso] mostra que o otimismo está em alta, a confiança no governo também e até a expectativa de que as coisas vão melhorar está crescendo. Este é de acordo com a opinião dos entrevistados pelo Ibope, o perfil do brasileiro, pobre mas otimista, mal nutrido, mas bonito.

Segundo o jornal,

> nem mesmo quando do afastamento do ex-presidente Collor, Itamar conseguiu tamanha popularidade junto à sociedade. De lá para cá a confiança da nação no presidente aumentou doze pontos percentuais [...]. Por mais que suas atitudes sejam alvo de críticas das elites econômicas e dos políticos [...]. Itamar tem falado a linguagem do povo.

Ao se referir à indústria automobilística, o jornal afirmava: "Além do mais [Itamar] troca imposto por emprego e logo com a indústria automobilística, que, via de regra, era símbolo do imperialismo, no tempo em que essas posições de esquerda ainda tinham crédito".

Eis aí um claro exemplo de um ator político que age na sua esfera de atuação de maneira que pareça estar sempre em conformidade com aquilo que dele se espera. Faz-se pertinente realçar que, a despeito das críticas e das contraposições apresentadas pelo *Estado de Minas* em relação à sua proposta, Itamar conseguiu, por meio de sua atuação, uma repercussão favorável junto aos brasileiros entrevistados pelo Ibope.

As charges e ilustrações como expressão da imagem pública de Itamar Franco

A imagem é um elemento que compõe o universo opinativo do jornal, juntamente com o texto. Ela constitui um recurso de fundamental importância para influenciar uma ampla faixa do público leitor, muitas vezes menos interessada em se deter na leitura de editoriais, crônicas ou artigos. Transmitindo imediatamente, por si só, de forma evidente, o que se apreende no dia-a-dia, ela tem o mérito de produzir um impacto muito maior na mente do leitor.

A caricatura, por exemplo, tem uma finalidade satírica ou humorística, pressupondo a emissão de juízo de valor por parte de quem a faz. Segundo Marques de Melo (1994, p.164), trata-se de "uma forma de ilustração que a imprensa absorve com sentido nitidamente opinativo". A caricatura traduz uma opinião sobre acontecimentos sociais ou políticos, deformando ou exagerando as características de pessoas ou fatos. Ela usufrui de uma possibilidade ímpar, qual seja a de apresentar a realidade dos fatos políticos com uma perversidade sadia, que só é possível exprimir por meio do desenho. Se, por um lado, a caricatura tem a especificidade de estigmatizar personagens da vida pública, por outro, também tem o poder de legitimá-los, destacando-os na sociedade por intermédio da popularização.

Genericamente, Marques de Melo define a caricatura como "a forma de expressão artística através do desenho que tem por fim o humor" (Idem, pp. 167-168). Dentro desta acepção mais ampla, ele a distingue da charge. A primeira é um "retrato humano ou de objetos que exagera ou simplifica traços, acentuando detalhes ou ressaltando defeitos. Sua finalidade é suscitar risos, ironia. Trata-se de um retrato isolado". A charge, por sua vez, implica uma crítica – sob a óptica do humorista – de caráter humorístico, pela reprodução gráfica de um fato sobre o qual o público tem conhecimento prévio. Ela pode se apresentar somente por meio de imagens, como também pode mesclar imagens e texto.

A charge representa as ocorrências reais, expressas através da apreensão do autor, que procura enfocar o que há de hilário, de controverso, de criticável no cotidiano. Reflete sua opinião em relação aos fatos que ele seleciona, alimentando-se dos "símbolos e valores" presentes nos fatos retratados. Ela possui um caráter de veracidade que constitui o "atributo basilar do jornalismo" (Idem, pp. 172-173).

Reside nisso nosso objetivo de incluir na análise uma leitura das charges e ilustrações publicadas nos dois jornais em questão, que, no período estudado, por meio delas, expressaram sua opinião em relação aos fatos sobre os quais nos debruçamos no decorrer da pesquisa. Não nos preocupamos em aprofundar, aqui, o estudo das charges. Consideramos que uma incursão, ainda que rápida, pelo universo das imagens viria a contribuir na confirmação da nossa leitura sobre os fatos estudados.

Das edições do *Estado de Minas* em fevereiro de 1993, pareceu-nos pertinente realçar uma ilustração veiculada no dia 6, de autoria de Oldack Esteves, representando Itamar por meio de uma milícia com armas brancas, composta por uma pequena multidão de maltrapilhos, todos eles de topete armado, igual ao de Itamar. A charge remetia à situação na qual se achava mergulhada a Alemanha quando sua indústria criou o "carro do povo", em um contexto no qual a população havia sido destroçada pela Primeira Guerra Mundial. Ao mesmo tempo, ela fazia uma analogia com a população brasileira, que, no início do governo Itamar, também se encontrava "destroçada" pela crise econômica, pela inflação e pelo desemprego. A "única" diferença era o espaço temporal de, aproximadamente, cinqüenta anos entre o surgimento do primeiro fusca e a proposta do seu ressurgimento, no início da década de 1990.

A charge nos permite relacionar a multidão como uma representação do povo brasileiro e a pretensa conexão de Itamar com a população, o que lhe permitiria uma interpretação do seu generalizado anseio, de possuir um carro popular, que, além de não ter um preço tão popular assim, era atrasado tecnologicamente. A "cara" dos que estavam representados na multidão não nos permite imaginar que existia sintonia entre a idéia de Itamar e o imaginário popular.

A *Folha de S.Paulo*, no dia 3 de fevereiro de 1993, veiculou, na seção Opinião, uma charge que apresentava Itamar em visita a uma concessionária de carros antigos, sendo atendido por um vendedor que apontava para um carro em destaque, dizendo: "Aquele combina com o senhor". O carro ao qual o funcionário se referia era identificado por uma placa indicativa: "Fuscão preto". Era uma clara comparação entre Itamar e o carro antigo que combina com ele, ou seja, só um homem com uma mentalidade "passadista" ousaria propor a volta de um carro da mesma natureza. A charge vinha em um quadro no alto da folha, acima da coluna de Marcos Augusto Gonçalves, que apresentava a sua opinião sobre o intento de Itamar de ressuscitar o fusca. Como já mencionamos anteriormente, o espaço foi usado para criticar Itamar, chamando a atenção para o seu perfil de "homem simples".

No dia seguinte, 4 de fevereiro, Itamar foi retratado dirigindo um carro antigo, possivelmente da década de 1920, que continha na porta a inscrição "Pão de queijo", estereótipo do mineiro. A charge o mostrava entrando em um espaço que aparentemente era uma fábrica de carros e falando aos trabalhadores que olhavam para ele com cara de espanto: "Que foi? Não gostaram da idéia?" A imagem aludia indiretamente ao posicionamento assumido por Vicentinho, presidente do Sindicato dos Metalúrgicos, que aceitava a volta do fusca como um paliativo para a criação de novos empregos no setor automobilístico, mas deixava claro que não seria esse o caminho mais viável para resolver o problema do desemprego, exatamente por comungar com a maior parte das idéias difundidas em relação ao atraso tecnológico do carro, o que, conseqüentemente, o tornava inviável sob o ponto de vista econômico.

Considerações finais

Nosso estudo das matérias veiculadas na *Folha de S.Paulo* e no *Estado de Minas* caminhou procurou atentar para aquilo que estava oculto nelas. Tentamos perceber o significado conotado nas declarações feitas não só por eles, como também pelos entrevistados.

A análise relativa ao "caso do fusca" demonstrou uma tendência, nos dois jornais, de repercutir negativamente a imagem pública de Itamar. Destacou-se nisso a *Folha de S.Paulo*, na qual 69% do material avaliado, ou seja, mais da metade, apresentou um teor negativo. O jornal *Estado de Minas* teve o maior percentual (30,8%) de veiculações que realçavam tanto os aspectos positivos quanto os negativos da proposta de voltar a fabricar o fusca, bem como da atuação de Itamar na esfera política. Esse mesmo percentual aparece nas veiculações do jornal na categoria de conotações positivas.

Ao buscarmos a compreensão do problema da pesquisa, por meio do tema selecionado para a apresentação deste artigo, ou seja, das veiculações sobre a volta do fusca, proposta por Itamar em 1993, quando ocupava a presidência da República, percebemos que o carro foi retratado como um símbolo de uma época passada, um remanescente que não encontraria mais espaço para se materializar no presente.

Era um recurso simbólico que remetia a um saudosismo só possível de realizar no imaginário, uma vez que a volta do fusca não resolveria efetivamente os problemas pelos quais a sociedade passava naquela época e que, supostamente, justificariam o seu retorno. A imagem de Itamar retratada pelos jornais foi a de um político bem-intencionado, mas retrógrado, tanto quanto o carro que propôs ressuscitar.

Sob o aspecto ideológico, os jornais relacionaram a simplicidade de Itamar à simplicidade do fusca. Ao propor a volta do carro, Itamar se colocava como um líder que defendia os interesses da população, como aquele que, por ser tão simples "como o carro" e, conseqüentemente, como o povo, era capaz de compreender os anseios deste e utilizar o poder do qual estava investido para responder à necessidade do momento, materializada na volta do carro.

Sua atitude estribava-se na justificativa de que estaria atendendo aos interesses dos governados, promovendo o desenvolvimento econômico, gerando empregos e possibilitando a realização do sonho de boa parte da sociedade de possuir um carro zero-quilômetro. Neste sentido, Itamar aparece como um político propositivo, ainda que, de fato, o seu intento não respondesse à necessidade efetiva do país naquele contexto. Haja vista as críticas que recebeu por parte daqueles que consideravam a volta do fusca economicamente inviável. Era um carro obsoleto, que saíra de linha havia sete anos (1986), exatamente por não corresponder às necessidades ligadas ao avanço tecnológico da indústria automobilística. Ainda assim, ele o propôs como uma alternativa capaz de responder à nova demanda socioeconômica.

Para grande parcela da população, o fusca representava a possibilidade de realização do anseio por um carro zero, que, por sua vez, vinha carregado de todo o significado simbólico de um objeto de consumo em uma sociedade capitalista. O sonho se materializava na possibilidade para a qual o retorno do carro acenava. Sob essa óptica, a postura assumida por Itamar, como já assinalamos antes, sugeria a de um político propositivo, de um líder capaz de tornar reais as expectativas dos seus liderados.

O objetivo do marketing político é maximizar a competitividade daquele que o utiliza. Para conseguir esse intento, deve vender idéias coerentes com aquelas exigidas pelo contexto político, pois, caso contrário, ninguém as "comprará". Sabe-se da necessidade imposta no mercado político de trabalhar com a subjetividade dos potenciais eleitores. Assim, vender um sonho pode ser uma maneira de conseguir agregar o apoio de uma grande maioria de indivíduos, estratégia importante para aquele que pretende dar continuidade à sua carreira.

Ainda sob o ponto de vista ideológico, Itamar, como um representante das elites dominantes, transferiu os seus interesses para os receptores, na tentativa de levá-los a acreditar que as suas ações eram implementadas em prol da população, ocultando-se os reais interessados que estavam por trás do projeto. Para tanto, ele pediu ao Banco do Brasil que estudasse uma maneira de viabilizar o financiamento de carros populares a juros mais baixos. Como contraponto, os jornais investigados demonstraram que a grande beneficiada com a volta do carro seria a Autolatina, que, para viabilizá-la, adequando a sua linha de montagem, exigiu, como contrapartida, que o governo a isentasse de impostos, o que acabaria gerando uma lucratividade muito maior do que aquela que a empresa apresentava antes de o carro sair de linha. Neste ponto, é possível detectar a contradição presente nos atos políticos de Itamar.

A postura política performática de Itamar ecoou e recebeu críticas, não só da imprensa nacional como também da imprensa internacional. Essa é uma possibilidade colocada a partir do desenvolvimento tecnológico e midiático, que transforma a mídia em um elemento capaz de mudar a natureza da publicidade. Ao privilegiar alguns temas em detrimento de outros, acaba por expor os homens públicos a um enorme número de receptores, dispersos no tempo e no espaço. Assim, os políticos devem tomar cuidado com aquilo que fazem e dizem, sob pena de verem a sua imagem retratada de forma negativa, o que implica o risco de que a mesma se fixe na mente do receptor, imbuída do mesmo teor.

A imagem de Itamar refletida pela mídia era a de um político com clara vocação para a polêmica, que atuava na esfera política jogando de maneira que equacione crédito político a seu favor. Os jornais investigados realçaram que Itamar possuía uma habilidade política maior que a sua habilidade administrativa.

A despeito de todas as críticas que Itamar recebeu por pretender trazer o fusca de volta, o projeto garantiu a projeção de sua imagem de maneira, se não totalmente, pelo menos parcialmente favorável. Se, por um lado, a sua proposta não apresentava viabilidade do ponto de vista econômico e tecnológico, por outro, ela tinha algum sentido, reconhecido até mesmo por setores sociais diretamente ligados à indústria automobilística, como vimos, por exemplo, na posição do presidente do Sindicato dos Metalúrgicos, Vicentinho. Este, apesar de ter criticado a volta do carro, considerou a proposta como um paliativo na solução do problema socioeconômico que o país enfrentava naquele momento. A população, por seu turno, parece que respaldava o projeto, como mostraram as pesquisas feitas pelo Datafolha e pelo Ibope.

Com todas as críticas recebidas, e que foram contundentes, a imagem pública de Itamar não foi maculada, mesmo considerando-se que a sua proposta implicava ressuscitar um carro obsoleto, caro e contraproducente como o fusca. Antes, parece que seu "fazer político", construído ao longo de sua trajetória até a presidência da República, avalizava seus deslizes sem comprometer a sua imagem. Pelo menos, não a ponto de impedir a sua manutenção no cenário político.

O marketing político é uma estratégia de formação de imagem no longo prazo, envolvendo ações cheias de intencionalidade e não deixando espaço para o improviso. A imagem pública, para ser eficaz, deve ser construída com base em sólidas convicções e em consonância com a personalidade do político. A proposta do fusca pareceu correspondente à imagem pública de Itamar, podendo ser vista como uma das várias representações do seu estilo político.

Sua proposta não se chocou com a imagem que a sociedade e os próprios jornais faziam a seu respeito. Se ela foi considerada absurda e incoerente, segundo a análise dos especialistas, Itamar também não era exatamente um político respaldado pela coerência. Dele as pessoas esperavam uma ação desse tipo. Sua postura vinha ao encontro de sua personalidade política, como um fator de legitimação. Se a ação era vista como uma contradição, considere-se que Itamar sempre assumiu posições contraditórias.

Podemos concluir dizendo que a proposta de Itamar de se voltar a produzir o fusca estava em consonância com aquilo que ele procurava aparentar ser: simples e popular. O fusca, como mercadoria permeada por ideologia, torna-se possível e adquirível, com seu caráter material consumido antes de mais nada pela mente. Se o fusca pode ser entendido como um produto de marketing, é pelo fato de ele vir imbuído de uma dimensão que extrapola a sua materialidade.

Ao propor a volta do carro, Itamar se revelou um líder político de fácil conexão com o público. A imagem que dele traçaram os jornais estudados demonstram a continuidade política em relação às suas ações. O fusca, no mínimo, permitiu uma identificação com um público específico: o trabalhador brasileiro que ansiava pela possibilidade de ter um carro zero-quilômetro e não conseguia realizar o seu sonho naquele contexto de crise. Sem contar, é claro, a criação de oitocentos empregos na indústria automobilística e o fato de que outras montadoras se dispuseram a produzir carros com preços mais acessíveis, concorrendo, assim, para maior satisfação social.

Referências bibliográficas

Álvarez, Tomás; Caballero, Mercedes. *Vendedores de imagen: los retos de los nuevos gabinetes de comunicación*. Barcelona: Paidós Ibérica, 1997.

Bourdieu, Pierre. *O poder simbólico.* Trad. Fernando Tomaz. 3. ed. Rio de Janeiro: Bertrand Brasil, 2000.

Garcia, Nelson. *O que é propaganda ideológica.* São Paulo: Brasiliense, 1982 (Primeiros Passos, 77).

Marques de Melo, José. *A opinião no jornalismo brasileiro*. 2. ed. Petrópolis: Vozes, 1994, 162-165 (Comunicação de Massa, 2).

Poyares, Walter. *Imagem pública: glória para uns, ruína para outros.* São Paulo: Globo, 1998.

Queiroz, Adolpho. "De Debret a Nizan: a construção da imagem pública dos governantes". *Revista Brasileira de Ciências da Comunicação*, São Paulo: Intercom/MCT/CNPq/Finep. v. XXII, pp. 69-77, jan./jun. 1999.

Thompson, John B. *A mídia e a modernidade: uma teoria social da mídia.* Trad. Wagner de Oliveira Brandão. Petrópolis: Vozes, 1998.

9

Fernando Henrique Cardoso: as armas de sedução na propaganda política

Adolpho Queiroz*

A construção da imagem pública dos governantes brasileiros – do imperador Pedro I ao presidente Fernando Henrique Cardoso, reeleito em 1998 – tem passado, invariavelmente, pelas mãos exímias de pintores, fotógrafos, redatores publicitários, roteiristas de vídeo e áudio, produtores e pesquisadores arrolados desde o final do século passado sob a designação marqueteiros.

A eleição presidencial ocorrida no Brasil em outubro de 1998 configura-se como base deste capítulo, que procurara discutir o efeito publicitário da campanha, transmitida pela televisão e pelo rádio, estampada nos jornais, veiculada por meio de *outdoors*, camisetas, faixas, bonés e toda a imensa parafernália utilizada para a difusão de nomes, *slogans* e atributos dos candidatos junto ao eleitorado, composto por cerca de 80 milhões de brasileiros com mais de dezesseis anos.

Houve nela um componente de marketing estratégico que pode ter passado despercebido por muitos, mas que conseguiu impor-se

* Adolpho Queiroz, membro da Associação Brasileira de Consultores Políticos (Abcop), é docente do Programa de Pós-Graduação em Comunicação Social da Universidade Metodista de São Paulo, onde é responsável pelo projeto de pesquisa "Comunicação e Marketing Político". Este texto foi publicado originalmente na *Revista Brasileira de Ciências da Comunicação*, da Intercom. E-mail: adolpho.queiroz@metodista.br.

como um diferencial importante: o Plano Real completou seu quarto ano de vida e, junto com ele, foram lançadas novas moedas de 1 real e 50, 25, 10 e 5 centavos, mediante uma campanha publicitária ampla, que emoldurava as moedas em dourado, dava-lhes aspecto estético mais belo e, por serem distribuídas em quantidades menores, acabaram sendo objeto do desejo e da disputa de colecionadores e aficionados, um verdadeiro "santinho" em favor da recandidatura do presidente Fernando Henrique Cardoso.

Moedas e votos

Não foram propriamente os magos das eleições de 1998 os inventores da moeda cunhada com a efígie do candidato como elemento de marketing e construção da imagem pública. Talvez o governante que tenha se apropriado com maior rigor e competência da emissão de moedas durante os 72 anos em que reinou na França, de 1643 até 1715, foi Luís XIV, o chamado "Rei Sol". Num estudo que fez sobre o seu reinado, o historiador inglês Peter Burke (1992) apresenta-o como precursor do marketing moderno, ao descrever suas ações como indutor da criação de pinturas, tapeçarias, medalhas comemorativas, moedas, livros, construção de palácios (como o de Versailles) ou monumentos (como arcos de triunfo), além de ter sido ator teatral, entre outras ações desenvolvidas com o objetivo de torná-lo popular perante a sociedade francesa da época. É bom lembrar que Luís XIV incentivou sobremaneira a difusão do *slogan* "Rei Sol", tornando-se ainda mais conhecido e idolatrado por seus contemporâneos.

O estudo de Burke dá conta de que o rei mandou confeccionar cerca de 332 tipos diferentes de medalhas e moedas comemorativas de suas façanhas políticas e culturais. A sua iconografia aponta 284 retratos pintados entre 1630 e 1710, além de inúmeras estátuas e tapeçarias.

Pouco mais de um século depois, em 2 de dezembro de 1825, nasceria no Rio de Janeiro, no Brasil, o príncipe herdeiro da Coroa

Portuguesa, D. Pedro II, que viveria até 5 de dezembro de 1891, quando faleceu em Paris. Neste período, Pedro II foi igualmente um cultor da estratégia de construção da imagem pública, associando o seu reinado à imagem do rei-cidadão.

Jean Baptiste Debret (1768-1848) foi um dos expoentes criativos do período, ao desenhar e pintar imagens e figuras do soberano brasileiro. Além da percepção sobre a importância da imagem, Debret foi igualmente um bom fotógrafo, quando os daguerreótipos assumiam um novo e importante lugar na fixação das imagens.

Como muito bem descrito pela historiadora Lilia Moritz Schwarcz (1998), além de moedas, medalhas e pinturas, D. Pedro II foi igualmente exímio na produção e distribuição de objetos que lembrassem a realeza. No livro há uma imensa iconografia de peças – chamadas hoje de brindes mercadológicos –, tais como lenços com a estampa do imperador, porcelanas, broches com imagens da família imperial, relógios de pulso e mesa, copos com símbolos e temas da monarquia, pratos com a imagem do imperador, moringas de água, bolsas de montaria, abridor de cartas, serviços de mesa, xícaras e pires com monogramas do imperador, colher, navalha, garrafa contendo o busto do imperador, espadas e bainhas com monogramas, maçanetas, bengalas, entalhes, *gobelins* ou tapeçarias, adornos de diversos tamanhos e efeitos e até mesmo um baralho de cartas em que os personagens da família imperial figuram como o rei, a rainha e o valete usados na seqüência máxima do jogo.

Símbolo expressivo da tradução do imaginário do período monárquico em obras de arte, Debret pintou cenas do cotidiano carioca, de ações vivenciadas pelos negros nos seus vários rituais e procedimentos sociais, bem como se manteve fiel à realeza, retratando painéis em teatros, quadros, pinturas oficiais, tendo vivido a transição entre o primeiro e o segundo reinado e, por isso mesmo, tendo tido o privilégio de ser o primeiro a retratar D. Pedro de Alcântara, Pedro II, desde o nascimento.

O *slogan* como um grito de guerra

Quem passar os olhos pela literatura especializada da propaganda política, no capítulo dedicado aos *slogans*, perceberá de que forma os marqueteiros de ontem e de hoje procuram simplificar, reduzir e popularizar os símbolos e signos que acabam identificando seu produto/candidato eleitoral.

Os primeiros *slogans* foram criados pelos gauleses, no século XVI, e desde então têm usado palavras e símbolos para confirmar idéias-força, verdadeiras sínteses dos políticos e de seus projetos.

Associar, por exemplo, Hitler à cruz suástica e Lênin ao gesto do braço esquerdo erguido e dos punhos cerrados é rever de que forma esses atores políticos consolidaram suas trajetórias junto às massas, seduzindo-as com uma propaganda restrita a poucos pontos repetidos como estribilhos ou repetindo uma só idéia ou um pequeno número delas, sempre, continuadamente.

No Brasil do pós-Segunda Guerra ninguém deixa de associar Getúlio Vargas ao *slogan* "pai dos pobres"; Jânio Quadros ao "Varre, varre, vassourinha", Emílio Médici ao "Brasil, ame-o ou deixe-o", Fernando Collor de Mello ao "Caçador de marajás"; e Luiz Inácio Lula da Silva ao "Lula lá". Utilizando a força das palavras, as charges e caricaturas, os *jingles* e a cultura popular, os políticos contemporâneos encarnam estes *slogans* para muito além das eleições e os introjetam nas suas próprias personalidades.

Na cultura comunicacional político-partidária contemporânea, a rosa do PDT, a estrela do PT, a pomba da paz do PSB, o arco-íris do PPS, o tucano do PSDB, a foice e o martelo do PC do B compõem uma diversidade de informações e situações que entram igualmente no fundo da alma dos seus partidários e militantes, nos discursos levados a sério ou nas brincadeiras para acirrar ânimos e contradições.

Marketing requentado

Portanto, apresentadas estas premissas históricas, quem assistiu à campanha presidencial de 1998, além de considerá-la requentada, diante dos poucos lances criativos de marketing, pode ter achado que cunhar moedas que se transformaram em símbolo eleitoral tivesse sido uma façanha criativa. A história desmente isso, pois, afinal, Luís XIV, D. Pedro II e outros tantos monarcas e governantes se valeram desse recurso de forma muito eficaz.

A coleção de moedas – da qual a de R$ 1,00 era sem dúvida a mais bem concebida, não só pelo valor, mas do ponto de vista estético – entrou no mercado circulante do país no primeiro semestre de 1998. Ao lado da moeda principal, havia novas concepções também para as moedas menores, de cobre, com qualidade do material bem superior à da remessa inicial, embora algumas perdessem o brilho poucos meses após o início de circulação.

Esta história política – com nítidos contornos mercadológicos – começou a ser contada dois anos antes, em 1996, quando o então ministro das Comunicações, Sérgio Motta, atuando como porta-voz do presidente Fernando Henrique Cardoso, lançou o projeto da reeleição e passou a construí-lo com minúcias de requintes. A variável política do projeto foi, na opinião de Cláudio Barreto[1], da CBVR, de Salvador – que participou da equipe de publicidade da campanha –, "o elemento decisivo para a vitória, pois a aliança que elegeu-reelegeu Fernando Henrique dedicou a maior parte do seu tempo à arquitetura das alianças políticas, tendo partidos como o PMDB e PTB como maiores desafios a serem conquistados para a sua concretização".

A campanha contou com um orçamento anunciado de US$ 42 milhões, tendo sido criado um estúdio especialmente para ela, onde eram emitidos programas eleitorais com forte linguagem e argumentação jornalísticas. O cantor Dominguinhos foi contratado pelo PSDB nacional e pela seção paulista para gravar o *jingle* da campanha: "Levante a mão e vamos lá, que o Brasil está melhorando, ele não pode parar; levante a mão, seguir em frente, reeleger Fernando Hen-

[1] Em depoimento público no II Encontro Nacional de Estudos de Comunicação e Política, no dia 17 de dezembro de 1998, promovido pela Facom/UFBa, em Salvador (BA).

rique presidente". O *slogan* básico era: "Quem derrubou a inflação vai acabar com o desemprego". Além disso, foram editados um livro com o programa de governo e inúmeras peças de publicidade eleitoral distribuídas em todo o país, como *bottons*, adesivos, camisetas, bonés e brindes diversos. A campanha deixou de ser considerada "uma campanha morna" por um dos publicitários que a conduziu[2].

A influência das pesquisas eleitorais foi outro fator marcante no processo reeleitoral de 1998. Tais pesquisas não se constituíram propriamente em novidade. O Ibope, segundo Gontijo (1996, p. 37), iniciou suas primeiras pesquisas eleitorais em 1945, sendo publicadas pelo jornal *Diário da Noite*, anunciando que o candidato a presidente Eduardo Gomes era o preferido dos eleitores de São Paulo, com 42,5% entre os eleitores de nível superior, 28,9% entre os de nível médio e 15,6% entre os de nível elementar, vindo a seguir o candidato Eurico Dutra, com votação bem menos expressiva.

Passado o "mês negro", maio, quando as pesquisas davam conta da queda da popularidade de Fernando Henrique e da ascensão de Lula – por conta de episódios como as secas no Nordeste, as invasões promovidas na época pelo Movimento dos Sem-Terra ou mesmo a evasão de divisas do país – e acertado o tema para o *slogan* da campanha, esta passou a fluir com mais originalidade.

As modificações ocorridas no processo de reeleição dão uma visão nítida da inconstância da legislação eleitoral. Saímos dos "santinhos eletrônicos" da época de Armando Falcão, ministro da Justiça no governo Geisel, para os clipes eletrônicos, com um envolvimento maior das equipes de criação publicitária. Desta vez, os limites da campanha eleitoral foram fixados em 45 dias – eram sessenta nas campanhas anteriores. A legislação tem sido, ao mesmo tempo, protagonista e vilã dos pleitos eleitorais. Ora pelos casuísmos praticados em seu nome, ora por exigência dos veículos de divulgação que são obrigados a reproduzi-la gratuitamente, ora por pressão dos políticos e de seus partidos,

---

2 Cláudio Barreto, da CBVR, no depoimento citado.

os maiores interessados nas conseqüências de sua ação perante a sociedade. Quem se dispuser a coletar e comparar as marcas da legislação eleitoral no Brasil, especialmente no pós-1964, verá como se consagrou a tendência de fazer uma nova legislação a cada novo pleito.

Uma das decorrências da legislação eleitoral que se evidenciou no processo de 1998 foi a suspensão dos debates entre os candidatos. A legislação determina que, para a realização de um debate público transmitido por canais de televisão ou pelo rádio, é obrigatória a presença de todos os candidatos – dos bem-posicionados nas pesquisas aos representantes dos pequenos partidos. Como tivemos uma dezena de candidatos no pleito daquele ano, reuni-los num mesmo dia, compatibilizando agendas e horários, pareceu impraticável aos promotores de debates. Mas não deixou de ficar patente, nessa articulação, a falta de vontade do candidato Fernando Henrique Cardoso de participar de um processo como aquele, até porque ele tinha uma relativa folga quanto à perspectiva de uma vitória eleitoral já no primeiro turno, o que acabou se confirmando.

Contudo, a legislação eleitoral, nas eleições de 1998, ainda não conseguiu interferir em uma mídia alternativa criada recentemente e com razoável poder de sedução entre os formadores de opinião: a internet. Com a presença acentuada dos microcomputadores pessoais em expressiva parcela de residências brasileiras, os partidos políticos aderiram à comunicação *on-line* por meio de *home pages*, correspondência eletrônica e outros produtos comunicacionais transmitidos pela *web*. Bem-feitas, as *home pages* do PSDB e de seus aliados foram razoavelmente visitadas pelos internautas brasileiros. Não tanto quanto a do PT, cujos militantes a utilizaram para fóruns de debates, atualização de informações e transmissão de opiniões, de forma mais ousada e constante. Na opinião de um dos coordenadores da campanha do PT, Eduardo Godoy[3], ela "foi uma fonte de referência diária para os militantes no período pré-eleitoral".

---

[3] Depoimento público durante o II Encontro Nacional de Estudos de Comunicação e política, realizado no dia 17 de dezembro de 1988, Facom/UFBa.

Godoy fez também uma retrospectiva de como se desenvolveu a campanha de Lula nos bastidores. Criticou "as muitas reuniões [de que teve que] participar, para decidir, às vezes, questões triviais da campanha". Explicou as pretensões subjacentes à mudança das cores formais da campanha – do vermelho para o branco –, o que gerou críticas nos primeiros dias de seu lançamento. E acentuou as dificuldades técnicas que o PT teve com sua operacionalização, além de ter conseguido recursos de apenas três milhões de reais para o financiamento dela e de outras atividades decorrentes do processo. Para combater as novas moedas de Fernando Henrique Cardoso, Lula e sua equipe sugeriram, como idéia de um marketing mais criativo, a confecção de milhares de cofres de papelão, de forma arredondada, para arrecadar fundos, repetindo a tática famosa de campanhas mais antigas que usavam o *slogan* "O tostão contra o milhão".

Aliás, toda a estruturação da campanha de Fernando Henrique passou por momentos críticos. Primeiro foi a morte de dois executivos importantes no processo: o ex-ministro das Comunicações, Sérgio Mota – que era porta-voz e articulador dos processos de arrecadação de fundos –, e o publicitário Geraldo Walter, da DM-9 Institucional, que tinha sido responsável pelas articulações de marketing e propaganda em campanhas anteriores. Sem essas duas figuras-chave, Fernando Henrique recorreu a outro publicitário de renome, Nizan Guanaes, que comandou uma legião de profissionais para atuar na campanha. A composição formal da equipe foi montada a partir de critérios técnicos estabelecidos pelo cliente-candidato. A Nizan coube o papel de criador e interlocutor junto à G.W. (que ficou responsável pelas imagens do presidente e pelas informações à imprensa), à Teleimage (que cuidou da parte técnica dos programas e comerciais) e à M.C.R. (que produziu as trilhas e os *jingles*).

Um dos colaboradores de Nizan, o publicitário Rui Rodrigues, da DM 9 Institucional, afirmou recentemente[4] que, "quando a cam-

[4] *Revista Marketing*, a. 32, n. 312, pp. 48-59, jan. 1999.

panha começou para valer e todos os candidatos se apresentaram, a população passou a acompanhá-los e viu que FHC realmente era o mais preparado". O próprio Nizan chegou a recomendar ao presidente-candidato "para não andar de jegue, como na eleição anterior, usar roupa solene na televisão e mangas de camisa nos comícios", como forma de evidenciar o seu papel durante o processo eleitoral. Foi ele igualmente que estimulou a presença do presidente-candidato nos livros-reportagens que se fizeram ao longo do período de preparação do processo eleitoral, como elemento decisivo para a construção de sua imagem pública entre os formadores de opinião.

Sobre encontros e desencontros

Aliás, quanto à questão da opinião pública, as eleições de 1998 marcaram momentos de profunda tensão. Os diretores responsáveis pelos diversos institutos de pesquisa (Ibope, Datafolha, Vox Populi, entre outros) nunca sofreram tantas críticas como naquele episódio. O sobe-e-desce das intenções de voto (não só para o cargo de presidente, mas especialmente no segundo turno entre os candidatos aos governos estaduais) submeteu suas metodologias a reações ferrenhas. Procedeu-se até mesmo a uma audiência pública dos institutos na Câmara dos Deputados, em 11 de novembro de 1998, precedendo a abertura de uma CPI sobre o assunto, que acabou não ocorrendo.

Mesmo assim, erros de digitação nas urnas eletrônicas – que estavam sendo usadas pela primeira vez em larga escala naquele pleito –, além de dados oficiais incompletos fornecidos aos interessados pelos tribunais regionais eleitorais, ampliaram as margens de erro e as previsões por parte dos institutos.

Embora os institutos representados naquela audiência tivessem reconhecido que a influência no resultado induz o voto-útil, abate a militância e afasta financiadores potenciais, ressalte-se que a presença, distanciamento crítico do candidato-financiador e, principalmente, a oposição a qualquer tipo de proibição para a divulgação das pesquisas marcaram a posição dos institutos naquele encontro.

Já a audiência dos programas eleitorais na televisão, especialmente, foi inferior às expectativas. A inexistência de debates e as apresentações esteticamente bem concebidas conseguiram empolgar pequenas parcelas de espectadores. O advento recente dos canais de televisão por assinatura criou alternativa ao horário para as residências que assinam estes serviços, atualmente estimadas em dois milhões. Uma pesquisa interna feita da agência DPZ, publicada pelo jornal *Meio e Mensagem*[5], apontou um índice de audiência de 17% para os programas eleitorais, bem inferior ao de telejornais, novelas e demais programas líderes de audiência nos horários preestabelecidos pelo Tribunal Superior Eleitoral.

Conclusão

A profissionalização no campo da propaganda política hoje tem sinais evidentes de crescimento e evolução, tanto no campo das ações executivas como no desenvolvimento de novas linguagens, padrões e produtos ou mesmo na pedagogia dos candidatos e partidos.

Se perguntarmos qual a diferença entre vender um sabonete e um candidato a cargo eletivo, certamente ninguém mais vai se engasgar para encontrar respostas. Ideologicamente as sociedades contemporâneas têm sido educadas para o valor da higiene pessoal e de seus evidentes reflexos na condição do bem-estar e da própria saúde. Do ponto de vista mercadológico, ninguém teve mais competência que a Palmolive/Colgate, desde os tempos da radionovela, ou da Lux, mais recentemente, persuadindo a sociedade a imitar grandes estrelas hollywoodianas durante o banho caseiro, construindo uma poderosa identificação de suas respectivas marcas junto aos públicos-alvo.

No caso das campanhas eleitorais, além de armas de sedução, há um ingrediente no processo que as diferencia das dos demais produtos: a promessa. E falar em promessa não cumprida para um candi-

[5] *Meio e Mensagem*, edição da primeira semana de dezembro de 1998, p. 28.

dato a cargo eletivo pode parecer redundância. A diferença, portanto, entre o sabonete e o candidato está no plano do discurso, que é a essência que os diferencia.

Enquanto do ponto de vista ideológico fomos ensinados a ser asseados, do ponto de vista político temos tido contratempos graves para exercer a pedagogia do voto e da cidadania. A interrupção do direito de votar, por quase quatro décadas de ditaduras de diversos perfis no país, contribuiu para criar gerações de céticos em relação à conjuntura política, à participação, ao envolvimento comunitário. A reconstrução de um regime democrático, a partir da década de 1980, tem possibilitado o ressurgimento da atividade política na sua plenitude, incluindo-se, mais recentemente, como seus subprodutos, o marketing eleitoral e a propaganda ideológica.

Nos períodos em que ditaduras e democracias prevaleceram na sociedade brasileira do século XX, a propaganda política tem se comportado como criadora e indutora nos processos eleitorais, colocando-se diante da história recente do país com as qualidades e os defeitos decorrentes da cultura criada como decorrência desses episódios.

A mesma sociedade que vai a um supermercado e, ao adquirir um sabonete, se define pelo cheiro ou pelo preço do produto, na hora de eleger seus representantes discute apaixonadamente, defende posições, briga e luta por convicções emanadas de um processo persuasivo com ingredientes de modernidade. Entre as inúmeras vantagens de um regime democrático, a propaganda política apresenta-se como um componente importante. Compreendê-la significa rever sua contribuição ao longo da própria história do país no século passado e perceber que, no futuro, não haverá de ser com uivos do tipo "meu nome é Enéas", vassouras, caçadores de marajás e fura-filas que construiremos uma sociedade mais justa e mais fraterna. Que os marqueteiros de hoje incluam amanhã, como ingrediente necessário para as suas formulações, uma dose indispensável e maciça de ética. E que, de Jean Baptiste Debret a Nizan Guanaes, a imagem pública dos nossos governantes (ainda em busca de uma sistematização mais adequada para a sua compreensão) possa ser construída com ousadia, competência e responsabilidade.

Referências bibliográficas

BURKE, Peter. *A fabricação do rei: a construção da imagem pública de Luís XIV*. Trad. Maria Luiza X. de A. Borges. Rio de Janeiro: Jorge Zahar, 1992.

CAPELATO, Maria Helena Rolim. *Multidões em cena: propaganda política no varguismo e no peronismo*. Campinas: Papirus/Fapesp, 1998 (Textos do Tempo).

GONTIJO, Silvana. *A voz do povo: o ibope do Brasil*. Rio de Janeiro: Objetiva, 1996.

POYARES, Walter Ramos. *Imagem pública: glória para uns, ruína para outros*. Rio de Janeiro: Globo, 1998.

QUEIROZ, Adolpho. "Voto, mídia e pesquisa: propaganda política no Brasil". *Revista Comunicação & Sociedade*. São Bernardo do Campo, Umesp, n. 30, pp. 105-140, 1998.

RIEDINGER, Edward Anthony. *Como se faz um presidente: a campanha de JK*. Rio de Janeiro: Nova Fronteira, 1988.

SCHWARCZ, Lilia Moritz. *As barbas do imperador: D. Pedro II, um monarca nos trópicos*. São Paulo: Companhia das Letras, 1998.

leia também

ELEIÇÃO É GUERRA

MARKETING PARA CAMPANHAS ELEITORAIS

Carlos Augusto Manhanelli

A importância do tratamento estratégico em uma campanha política e as técnicas de marketing consagradas em campanhas eleitorais. À medida que o coronelismo, os currais eleitorais e o clientelismo perdem força, a prática do marketing político como técnica de persuasão e cooptação se torna necessária nessa luta pela conquista do espaço político.

REF. 10410 ISBN 85-323-0410-9

MARKETING PÓS-ELEITORAL

Carlos Augusto Manhanelli

A tarefa do marketing político não se encerra com a eleição do candidato. É fundamental que, ao assumir seu mandato, o político eleito mantenha aberto um canal de comunicação com seus eleitores: de uma lado, para manter-se atento às expectativas e exigências; de outro, para prestar contas de suas ações e criar um clima de credibilidade, aceitação e confiança. Manhanelli mostra a importância de uma estrutura de comunicação sólida e ágil.

REF. 10861 ISBN 85-323-0861-9

ATOS RETÓRICOS

MENSAGENS ESTRATÉGICAS DE POLÍTICOS E IGREJAS

Tereza Lúcia Halliday (org.)

Quem quer exercer influência usa a palavra para acusar ou defender, criticar, explicar, propor e justificar realidades conhecidas ou pretendidas. Assim fazem políticos e governos. Quem é governado, liderado e protagonista de "situações retóricas" é público-alvo do discurso dos que buscam, detêm e desejam manter poderes. Este livro mostra como analisar criticamente essas situações e esse discurso.

REF. 10328 ISBN 85-323-0328-5

ESTRATÉGIAS ELEITORAIS

MARKETING POLÍTICO

Carlos Augusto Manhanelli

A campanha eleitoral é uma guerra, mas que fortalece a democracia e deve ser enfrentada com armas e estratégias democráticas. É isso que o autor nos ensina neste livro, indicando com precisão as estratégias e a organização de uma campanha eleitoral. Recorrendo a um grande número de exemplos práticos, mostra o que é o verdadeiro marketing político.

REF. 10311 ISBN 85-323-0311-0

leia também

MARKETING POLÍTICO E GOVERNAMENTAL

UM ROTEIRO PARA CAMPANHAS POLÍTICAS E ESTRATÉGIAS DE COMUNICAÇÃO

Francisco Gaudêncio Torquato do Rego

Uma coletânea de pequenas lições e conselhos, fundamentada nos princípios do marketing e em nossa realidade política. Útil para candidatos a postos eletivos e para funcionários governamentais.

REF. 10229 ISBN 85-323-0229-7

TEORIA DA COMUNICAÇÃO DE MASSA, SUBSÍDIOS PARA UMA

Luiz Beltrão e Newton de Oliveira Quirino

Os autores dirigem-se aos estudantes de comunicação social e a todos que querem saber o que se passa com os meios de comunicação de massa e com a mensagem que veiculam. Uma análise da defasagem entre a tecnologia em constante evolução e as instituições em eterno retardo. O livro apóia-se em amplo referencial teórico-prático, enfatizando a realidade brasileira.

REF. 10243 ISBN 85-323-0243-2

JORNALISMO INVESTIGATIVO

O FATO POR TRÁS DA NOTÍCIA

Cleofe Monteiro de Sequeira

O livro traça um modelo de jornalismo investigativo brasileiro, tendo por base as rotinas produtivas de repórteres dos principais veículos de mídia impressa. Trata de conteúdo de reportagem, métodos de trabalho e técnicas de apuração de informações. Analisa a importância do contexto empresarial para uma reportagem e as balizas éticas que norteiam o profissional. Também avalia a função desse jornalismo, quer para denunciar problemas, quer como fiscalizador dos setores públicos.

REF. 10215 ISBN 85-323-0215-7

A ÉTICA JORNALÍSTICA E O INTERESSE PÚBLICO

Francisco José Karam

O livro ressalta a importância contemporânea do jornalismo para a disseminação pública, massiva e imediata de informação e de conhecimento. Mas analisa, com base em princípios éticos e deontológicos subscritos por empresas da mídia – como interesse público – alguns discursos, coberturas e práticas midiáticas que, muitas vezes, desmentem tais princípios.

REF. 10858 ISBN 85-323-0858-9

leia também

ÉTICA NA COMUNICAÇÃO

Clóvis de Barros Filho

A objetividade informativa é possível? A quem interessa a objetividade aparente da informação? Como se desenvolvem os processos de produção e recepção das mensagens informativas? Que efeitos sociais elas produzem ao impor temas e leituras da realidade? Essas são as questões polêmicas que o autor se propõe a responder, abrindo uma perspectiva ética fundada no processo comunicacional, e não na simples regulamentação do trabalho informativo.

REF. 10844 ISBN 85-323-0844-9

A DEUSA FERIDA

POR QUE A REDE GLOBO NÃO É MAIS A CAMPEÃ ABSOLUTA DE AUDIÊNCIA

Silvia H. Simões Borelli, Gabriel Priolli (orgs.)

O livro analisa a variação da audiência da TV Globo nos principais mercados, nos últimos trinta anos. Examina o desgaste inerente ao próprio padrão de qualidade, a concorrência de outras emissoras de canais abertos e da TV paga, e os novos hábitos e relações com as mídias e as novas tecnologias assumidos pelos receptores.

REF. 10753 ISBN 85-323-0753-1

TELEJORNALISMO NO BRASIL

UM PERFIL EDITORIAL

Guilherme J. de Rezende

Cuidadoso estudo dos critérios que norteiam os gêneros de telejornalismo, estudando como o tipo de apresentador (repórter, comentarista etc.) reflete o perfil editorial de cada telejornal. Analisa o importante papel da palavra em contraponto à apregoada soberania da imagem. Inclui reflexões de expoentes do jornalismo como Armando Nogueira e Boris Casoy.

REF. 10743 ISBN 85-323-0743-4

COMUNICAÇÃO DE MASSA SEM MASSA

Sérgio Caparelli

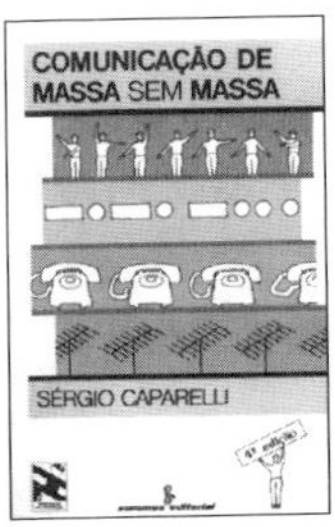

Esta obra reflete uma preocupação pelas relações entre os fenômenos culturais, ideológicos e econômicos e o meio de comunicação social. O bloqueio da palavra é indicador da existência de um bloqueio mais amplo, qual seja, o bloqueio econômico, político e cultural que tolhe os setores mais carentes da sociedade.

REF. 10252 ISBN 85-323-0252-1

IMPRESSO NA GRÁFICA sumago

sumago gráfica editorial ltda
rua itauna, 789 vila maria
02111-031 são paulo sp
telefax 11 **6955 5636**
sumago@terra.com.br

dobre aqui

Carta-
resposta

2146/83/DR/SPM
Summus Editorial Ltda.

CORREIOS

CARTA-RESPOSTA

NÃO É NECESSÁRIO SELAR

O SELO SERÁ PAGO POR

grupo
editorial
summus

AVENIDA DUQUE DE CAXIAS
14-999 São Paulo/SP

dobre aqui

summus editorial

CADASTRO PARA MALA-DIRETA

Recorte ou reproduza esta ficha de cadastro, envie completamente preenchida por correio ou fax, e receba informações atualizadas sobre nossos livros.

Nome:__________ Empresa:__________

Endereço: ☐ Res. ☐ Coml. __________ Bairro:__________

CEP: _____-____ Cidade: __________ Estado: _____ Tel.: (   ) __________

Fax: (   ) __________ E-mail: __________ Data de nascimento: __________

Profissão:__________ Professor? ☐ Sim ☐ Não Disciplina: __________

1. Você compra livros:

☐ Livrarias ☐ Feiras
☐ Telefone ☐ Correios
☐ Internet ☐ Outros. Especificar:__________

2. Onde você comprou este livro?

____

3. Você busca informações para adquirir livros:

☐ Jornais ☐ Amigos
☐ Revistas ☐ Internet
☐ Professores ☐ Outros. Especificar:__________

4. Áreas de interesse:

☐ Educação ☐ Administração, RH
☐ Psicologia ☐ Comunicação
☐ Corpo, Movimento, Saúde ☐ Literatura, Poesia, Ensaios
☐ Comportamento ☐ Viagens, *Hobby*, Lazer
☐ PNL (Programação Neurolingüística)

5. Nestas áreas, alguma sugestão para novos títulos?

____

6. Gostaria de receber o catálogo da editora? ☐ Sim ☐ Não

7. Gostaria de receber o Informativo Summus? ☐ Sim ☐ Não

cole aqui

Indique um amigo que gostaria de receber a nossa mala-direta

Nome:__________ Empresa:__________

Endereço: ☐ Res. ☐ Coml. __________ Bairro:__________

CEP: _____-____ Cidade: __________ Estado: _____ Tel.: (   ) __________

Fax: (   ) __________ E-mail: __________ Data de nascimento: __________

Profissão:__________ Professor? ☐ Sim ☐ Não Disciplina: __________

Summus Editorial
Rua Itapicuru, 613 7º andar 05006-000 São Paulo - SP Brasil Tel. (11) 3872-3322 Fax (11) 3872-7476
Internet: http://www.editoraagora.com.br e-mail: agora@editoraagora.com.br